Thomas Kilian / Sascha Langner

Online-Kommunikation

Thomas Kilian
Sascha Langner

Online-Kommunikation

Kunden zielsicher verführen
und beeinflussen

Bibliografische Information der Deutschen Nationalbibliothek
Die Deutsche Nationalbibliothek verzeichnet diese Publikation in der
Deutschen Nationalbibliografie; detaillierte bibliografische Daten sind im Internet über
<http://dnb.d-nb.de> abrufbar.

1. Auflage 2010

Alle Rechte vorbehalten
© Gabler Verlag | Springer Fachmedien Wiesbaden GmbH 2010

Lektorat: Barbara Möller

Gabler Verlag ist eine Marke von Springer Fachmedien.
Springer Fachmedien ist Teil der Fachverlagsgruppe Springer Science+Business Media.
www.gabler.de

Das Werk einschließlich aller seiner Teile ist urheberrechtlich geschützt. Jede Verwertung außerhalb der engen Grenzen des Urheberrechtsgesetzes ist ohne Zustimmung des Verlags unzulässig und strafbar. Das gilt insbesondere für Vervielfältigungen, Übersetzungen, Mikroverfilmungen und die Einspeicherung und Verarbeitung in elektronischen Systemen.

Die Wiedergabe von Gebrauchsnamen, Handelsnamen, Warenbezeichnungen usw. in diesem Werk berechtigt auch ohne besondere Kennzeichnung nicht zu der Annahme, dass solche Namen im Sinne der Warenzeichen- und Markenschutz-Gesetzgebung als frei zu betrachten wären und daher von jedermann benutzt werden dürften.

Umschlaggestaltung: KünkelLopka Medienentwicklung, Heidelberg

ISBN 978-3-8349-1949-6

Inhaltsverzeichnis

Über dieses Buch 9

Teil 1
Einführung 11

Im Überblick 12

1 Potenziale der Online-Kommunikation: Kunden zielgruppengenau ansprechen 13

2 Kommunikation im Internet: Interaktiv, vernetzt und multimedial 19

3 Ziele und Zielgruppen der Online-Kommunikation 25
    3.1 Ziele der Online-Kommunikation 25
    3.2 Zielgruppen der Online-Kommunikation 26
    Zusammenfassung 28

Teil 2
Above-the-Line-Instrumente der Online-Kommunikation 31

Im Überblick 32

4 Im Zentrum: Webseitengestaltung 33
    4.1 Die Webseite als Eingangsportal des Unternehmens 33
    4.2 Webseiten benutzerfreundlich gestalten 33
        4.2.1 Nutzerfokussierung 34
        4.2.2 Leserfreundlich Texten fürs Internet 36
        4.2.3 Informationsarchitektur und Navigationsstruktur 44
        4.2.4 Layout und Design 53
    4.3 Internationalisierung von Webseiten 56
        4.3.1 Kulturelle Unterschiede 57
        4.3.2 Sprachliche Gestaltung 58
        4.3.3 Formale Aspekte 59

5 Online-Werbung: Banner und mehr 61
    5.1 Was ist Online-Werbung? 61
        5.1.1 Klassische Banner 61
        5.1.2 Weitere Werbeformate 62
    5.2 Online-Werbung umsetzen 63
        5.2.1 Bannergestaltung 64
        5.2.2 Platzierung von Bannern 66

		5.2.3	Abrechnung von Online-Werbung	67

	5.3	Warum Online-Werbung häufig nicht funktioniert 68

6	Affiliate-Marketing: Auf gute Partnerschaft 70
	6.1 Was ist Affiliate-Marketing? 70
	6.2 Affiliate–Marketing umsetzen 71
	6.2.1 Technische Umsetzung 73
	6.2.2 Akquisition von Partnern 74
	6.2.3 Anmeldung zum Programm 76
	6.2.4 Partner pflegen 76

7	E-Mail- und Newsletter-Marketing: Elektronische Werbebriefe und Kundenzeitschriften 79
	7.1 Was ist E-Mail- und Newsletter-Marketing? 79
	7.2 Permission-Marketing 81
	7.3 E-Mail- und Newsletter-Marketing umsetzen 82
	7.3.1 Aufbau 82
	7.3.2 Abonnentengewinnung 84
	7.3.3 Newsletterinhalt 86
	7.3.4 Loyalität bei Newsletter-Abonnenten erzeugen 86
	7.3.5 Newsletter-Frequenz und Timing 88
	7.4 Beispiele für Werbe-E-Mails 89

8	Suchmaschinenwerbung: Erfolgreiche Anzeigen mit den richtigen Keywords 91
	8.1 Was ist Suchmaschinenwerbung? 91
	8.2 Suchmaschinenwerbung umsetzen 92
	8.2.1 Keyword-Auswahl 92
	8.2.2 Suchwort-Kampagnen erstellen 95
	8.2.3 Position und Preis 97
	8.3 Kontextsensitive Werbung 99
	Zusammenfassung 100

Teil 3
Below-the-Line-Instrumente der Online-Kommunikation 103

Im Überblick 104

9	Suchmaschinenoptimierung: ganz nach oben unter die Top 10 105
	9.1 Was ist Suchmaschinenoptimierung? 105
	9.2 Suchmaschinenoptimierung umsetzen 106
	9.2.1 Onsite-Optimierung 107
	9.2.2 Offsite-Optimierung 113
	9.2.3 Linkmarketing 114

Inhaltsverzeichnis

10 Online-PR : Mit Glaubwürdigkeit punkten 117
    10.1 Was ist Online-PR? 117
    10.2 Online-PR umsetzen 118
        10.2.1 Pressemitteilungen verfassen 118
        10.2.2 Versand der Pressemitteilung 121
        10.2.3 Nacharbeit 122
    10.3 Pressebereiche 123

11 Virales Marketing: Unterhaltsam und kreativ ans Ziel 126
    11.1 Was ist virales Marketing? 126
    11.2 Virales Marketing umsetzen 127
    11.3 Beispiele für virales Marketing 129

12 Social-Media-Kommunikation: Web 2.0-Dienste aktiv nutzen 133
    12.1 Was ist Social-Media-Kommunikation? 133
    12.2 Social-Media-Kommunikation umsetzen 135
        12.2.1 Teil der Community werden 136
        12.2.2 Die Community integrieren 145
        12.2.3 Die Community im Auge behalten 146
    Zusammenfassung 147

Teil 4
Erfolgskontrolle und Beurteilung der Kommunikationsinstrumente 149

Im Überblick 150

13 Erfolgskontrolle der Online-Kommunikation 151
    13.1 Der Prozess der Erfolgskontrolle 151
    13.2 Erfolgskriterien bei der Kontrolle der Online-Kommunikation 152
        13.2.1 Logfileanalyse und Tracking 153
        13.2.2 Inhaltsanalyse zur Auswertung qualitativer Daten 154
    13.3 Erfolgskontrolle bei Bannerwerbung 155
    13.4 Erfolgskontrolle beim Newsletter-Marketing 156
    13.5 Erfolgskontrolle bei Social-Media-Kommunikation 159

14 Welches Kommunikationsinstrument sich wofür eignet 162
    14.1 Interaktiv, multimedial oder individuell? Die Instrumente im Vergleich 162
    14.2 Wie Sie Ihre Kommunikationsziele am besten erreichen 165
    14.3 Vor- und Nachteile der Instrumente 167
    Zusammenfassung 173

Teil 5
Beeinflussungstechniken in der Online-Kommunikation 175

Im Überblick 176

15 Beeinflussungstechniken in der Übersicht 177

16 Bitte folgen: Beeinflussen mit Hilfe der sozialen Verhaltensorientierung 179
    16.1 Nutzung der Orientierung an anderen Personen oder Personengruppen 179
        16.1.1 Das Herdenverhalten 179
        16.1.2 Integration von Kundenlob in die Webseite 184
        16.1.3 Meinungsführer 186
        16.1.4 Testergebnisse, Gütesiegel und Awards 188
    16.2 Nutzung der Interaktionsprozesse 190
        16.2.1 Fuß-in-der-Tür-Strategie 190
        16.2.2 Autoresponder 193
        16.2.3 Danksagungen 194
    16.3 Nutzung der Denk- und Orientierungsmuster 196
        16.3.1 Service 196
        16.3.2 Geld-zurück-Garantien 206

17 Blicke geschickt lenken: Beeinflussen mit Hilfe der Wahrnehmungsprozesse 207
    17.1 Nutzung optischer Schlüsselreize 207
    17.2 Nutzung der Wahrnehmungsschemata 213

18 Emotionen und Aktionen:
Beeinflussen durch die Gestaltung der Rahmenbedingungen 217
    18.1 Emotionalisierung 217
        18.1.1 Produktvideos 217
        18.1.2 Erlebnis-Shopping 218
        18.1.3 Kultmarketing 221
    18.2 Motivation 224
        18.2.1 Verknappung 224
        18.2.2 Informative Einkaufsratgeber 227
        18.2.3 Individualisierung und Upselling 228
        18.2.4 Coupons und Zugaben 233
        18.2.5 Feiertagsaktionen 234
Zusammenfassung 237

Literatur 239
Stichwortverzeichnis 241
Die Autoren 244

Über dieses Buch

Seien es Suchmaschinen, soziale Netzwerke oder Blogs – Unternehmen von heute müssen sich neuen kommunikativen Herausforderungen stellen. Wie kommuniziert man mit Konsumenten, die untereinander hochgradig vernetzt sind? Wie regt man digitale Mundpropaganda an? Und wie setzt man sein Kommunikationsbudget so ein, dass viele Neukunden gewonnen werden? Kurz: Wie gestaltet man professionelle Online-Kommunikation?

Online-Kommunikation – richtig angewandt – ist die effizienteste Werbeform überhaupt. Sie ist integraler und dominanter Bestandteil eines Online-Marketings. Preis- und Produktpolitik laufen bei Online-Unternehmen nicht wesentlich anders ab als bei Unternehmen, die in der realen Wirtschaft verankert sind. Die Online-Kommunikation übernimmt aber gleichzeitig wesentliche Aufgaben der akquisitorischen Vertriebspolitik, indem Nutzer per Online-Kommunikation zum Kern des Angebots von Online-Unternehmen, Webseite oder Online-Shop, geleitet werden. Damit ist die Webseite Dreh- und Angelpunkt der Online-Kommunikation. Zwar bleibt Online-Kommunikation der klassischen Kommunikationspolitik im Rahmen eines Marketing-Mix[1] stark verbunden. Jedoch ergeben sich wegen der Besonderheiten des Internets, insbesondere der Interaktivität, eigenständige Merkmale einer Online-Kommunikation.

Dieses Buch wendet sich primär an „Praktiker", die in die Welt der Online-Kommunikation eintauchen wollen. Es ist aus einer „Marketingperspektive" heraus geschrieben und kommt weitgehend ohne technische Fachbegriffe aus. Neben den Grundlagen, den wichtigsten Instrumenten und Beeinflussungstechniken der Online-Kommunikation finden Sie in diesem Buch viele praktische Tipps und Tricks, die es Ihnen erleichtern, ein Konzept zur Online-Kommunikation auch tatsächlich in die Praxis umzusetzen. Zwar entstammen viele Beispiele dem Online-Handel, das Buch liefert aber auch für andere Branchen Anregungen und Kniffe. Im Einzelnen ist es wie folgt aufgebaut:

Teil 1 führt Sie in die Online-Kommunikation ein und stellt Ihnen deren Charakteristika vor.

In den Teilen 2 und 3 lernen Sie die Instrumente der Online-Kommunikation näher kennen. In der Kommunikation wird zwischen **Above- und Below-the-Line-Instrumenten**[1] unterschieden. Die Begriffe entstammen der Schifffahrt. Die sichtbaren Teile eines Schiffes befinden sich oberhalb der Wasserlinie, also „above the line". Ähnlich „sichtbar", also wahrnehmbar und als Werbung erkennbar, sind Instrumente der Above-the-Line-Kommunikation, etwa durch Bannerwerbung. Below-the-Line-Kommunikation ist hingegen weniger offensichtlich als Werbung wahrnehmbar und damit analog zu den nicht direkt sichtbaren Teilen eines Schiffes „unterhalb der Wasserlinie". Gerade die sinkende Wirksamkeit klassischer (Massen-)Werbung macht Below-the-Line-Instrumente wie Suchmaschinen-Optimierung oder virales Marketing so interessant.

Ein großer Vorteil der Online-Kommunikation sind die – im Vergleich zu klassischer Werbung – guten Möglichkeiten zur **Erfolgskontrolle**, die im ersten Kapitel von Teil 4 vorgestellt werden. In den Folgekapiteln werden die **verschiedenen Above- und Below-the-Line-Instrumente** bewertet.

Teil 5 beschließt das Buch und enthält aus der Verhaltenspsychologie stammende **Beeinflussungstechniken,** mit deren Hilfe Sie im Rahmen Ihrer Online-Kommunikation aus Interessenten Kunden machen können.

Vor jedem Teil finden Sie einen **Überblick**, nach jedem Teil eine **Zusammenfassung** der wesentlichen Erkenntnisse.

Wir wünschen Ihnen nun viel Erfolg bei der Gestaltung und Optimierung Ihrer Online-Kommunikation!

Thomas Kilian　　　　　　　　　　　　　　　　　　　　　　　　　Sascha Langner

Teil 1
Einführung

Im Überblick

Teil 1 führt Sie in die Welt der Online-Kommunikation ein:

- Sie lernen die Vorteile und Chancen kennen, die Ihnen Online-Kommunikation bietet (Kapitel 1).

- Online-Kommunikation unterscheidet sich stark von klassischer Unternehmenskommunikation über traditionelle Medien. Sie erfahren, welches die **Charakteristika der Online-Kommunikation** sind und wie sich deren verschiedene Instrumente anhand dieser Charakteristika klassifizieren lassen (Kapitel 2).

- Grundlage für die Konzeption der Online-Kommunikation und für die Erfolgskontrolle ist die Definition von **Zielen und Zielgruppen** (Kapitel 3).

1 Potenziale der Online-Kommunikation: Kunden zielgruppengenau ansprechen

Die Online-Wirtschaft ist mittlerweile zu einem selbstverständlichen Bestandteil des täglichen Lebens geworden. In der öffentlichen Wahrnehmung sind es vor allem Phänomene wie eBay, Amazon und Google, die die Diskussion beherrschen. Diese Unternehmen haben es in frühen Jahren der Internet-Wirtschaft binnen kurzer Zeit geschafft, neue Geschäftsmodelle zu etablieren, und sind aufgrund ihrer hohen Innovationskraft zu Giganten ihrer Industrie geworden. Der Online-Handel entwickelt sich kontinuierlich weiter. Obwohl die Einschätzungen zum zukünftigen Potenzial des elektronischen Handels zum Teil deutlich voneinander abweichen, wird in verschiedenen Studien hinsichtlich Wachstum und Volumen des E-Commerce zumeist ein positives Zukunftsbild gezeichnet. Im Jahr 2008 wurde in Deutschland über das Internet im Endkundengeschäft ein Umsatz von etwa 20 Milliarden Euro generiert. Die Zahlen sind im Vergleich zu den Umsätzen im stationären Einzelhandel naturgemäß noch relativ gering; jedoch wächst der Online-Handel stabil von Jahr zu Jahr.[2]

Konsumentenverhalten im Internet

Das Internet hat sich mittlerweile auf alle relevanten Lebensbereiche ausgedehnt. Es dient u.a.:

- als effizientes Informations- und Kommunikationsmedium in der Arbeitswelt,
- als Kanal für den Kauf von Gütern,
- als Trägermedium für Spiele,
- zur Selbstdarstellung und Unterhaltung,
- als journalistisches Medium, das durch seine Geschwindigkeit spezifische Vorteile gegenüber den klassischen Massenmedien hat.

Gerade bei der „Generation Internet", die mit dem Medium aufgewachsen ist, prägt das Internet maßgeblich die Wahrnehmung der Welt mit allen Konsequenzen, die sich daraus ergeben. Vor allem Phänomene, die mit dem Begriff „Web 2.0" umschrieben werden, üben einen nicht zu unterschätzenden Einfluss auf das Kaufverhalten aus. Kommentare über Unternehmen und Bewertungen von Konsumenten über deren Leistungen sind per Mausklick einer enormen Zahl an potenziellen Kunden zugänglich. Kaum ein internetaffiner Konsument bucht noch eine Reise, ohne sich vorher Fotos und Kommentare zum Hotel angesehen zu haben. Auch innovative Unternehmen haben mittlerweile das Potenzial hoch-frequentierter Web-2.0-Portale wie YouTube erkannt. Sie nutzen diese als Kommunikationskanal, um ihre Werbespots schneeballartig durch die Nutzer verbreiten zu lassen (virales Marketing). Einige Unternehmen gehen noch einen Schritt weiter und nutzen die Kreativität und die Erfahrungen ihrer Konsumenten, indem sie diese an der Erstellung von Marketingkonzepten mitwirken lassen (Open Source Marketing).

Gleichzeitig findet eine Ausdifferenzierung der Bedürfnisse der Menschen statt. Während Unternehmen aus Kostengründen die Vermarktung standardisierter Güter bevorzugen, haben Internetnutzer die Möglichkeit, im Internet ihre individuellen Bedürfnisse und geheimste Wünschen zu befriedigen. Das Internet stellt auch für die allerkleinste Nische noch thematisch passende Portale und Einkaufsmöglichkeiten zur Verfügung. Von einer Angleichung der Bedürfnisse der Konsumenten kann, wie teilweise postuliert, also nicht die Rede sein, das Gegenteil ist der Fall.

Long Tail
Aus Sicht der Konsumenten ist das Internet ein Marktplatz, auf dem auch wenig gebräuchliche Produkte gesucht und gefunden werden. Viele Güter wie antiquarische Bücher oder Comic-Hefte können im stationären Einzelhandel außerhalb von Großstädten nur schwer gefunden werden. Hier bietet das Internet eine Alternative. Das dahinter stehende Phänomen wird auch als „Long Tail" bezeichnet. Dieser wurde von Chris Anderson, dem Chefredakteur des Wired-Magazins, geprägt.[3] Am Beispiel des Buchhändlers Amazon stellte er dar, wie Firmen im Internet durch das Anbieten einer breiten Palette an Nischenprodukten Gewinne erzielen können. Der Long Tail ist der Teil der Produktpalette, der mengenmäßig den größten Anteil darstellt, von Konsumenten aber relativ selten nachgefragt wird, also beispielsweise CDs oder Bücher, die in den aktuellen Verkaufscharts keinen vorderen Platz einnehmen. Der stationäre Einzelhandel kann aufgrund des begrenzten Regalplatzes nur die aktuell beliebtesten Produkte vorrätig halten. Dagegen bietet das Internet Online-Händlern die Möglichkeit, auch den Verkauf von Produkten profitabel zu gestalten, die sich aufgrund ihrer kleinen Zielgruppe über den stationären Einzelhandel nicht effizient vermarkten lassen. **Abbildung 1.1** illustriert dieses Phänomen. Es gibt eine kleine Anzahl von Produkten, die für eine große Zielgruppe interessant sind und von denen deshalb viele Einheiten verkauft werden („Charthits"). Daneben gibt es den Long Tail an Produkten mit Büchern oder CDs abseits der Bestsellerlisten. Von jedem einzelnen Titel werden dabei nur wenige Einheiten verkauft. In der Summe über alle Titel ist das Marktvolumen des Long Tail aber nicht selten größer als das der Charthits.

Dank ihrer Suchfunktionen machen es Online-Shops wie Amazon potenziellen Interessenten leicht, auch diese Nischenprodukte aufzufinden. Da Amazon diese Nischenprodukte nicht in Ladengeschäften vorhalten muss, können relativ niedrigere Kosten realisiert werden. Die Waren werden entweder in eigenen Zentrallagern platzsparend gelagert oder erst bei Bestellung vom Großhändler geordert. Noch kleinere Zielgruppen lassen sich schließlich mit nicht-physischen Produkten adressieren. So entfällt etwa durch den Übergang vom klassischen Musikvertrieb via CD zum Online-Vertrieb per Download nicht nur die Lagerung, sondern auch die Auflagenkalkulation. Virtuelle Güter eignen sich damit besonders gut für die Bedienung kleinster Kundensegmente.

Abbildung 1.1 Der Long Tail (www.thelongtail.com)

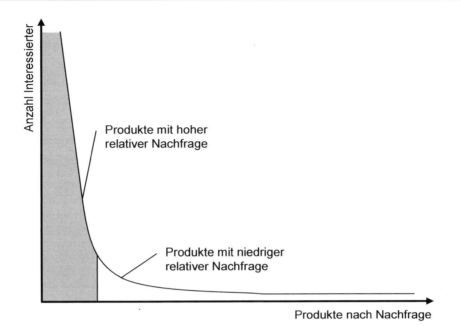

Vorteile der Online-Kommunikation

Über Jahrzehnte hinweg haben Unternehmen sich bei der Werbung für Konsumgüter auf die klassischen Massenmedien wie Fernsehen und Printmedien konzentriert. Durch das Internet verlieren Massenmedien jedoch schleichend ihre Dominanz. Dies liegt zum einen an der zurückgehenden Reichweite klassischer Medien, insbesondere bei jüngeren Zielgruppen. Zum anderen suchen Unternehmen zur Verringerung von Streuverlusten nach effizienteren Möglichkeiten einer individuellen Kundenansprache. Dementsprechend werden Kommunikationsbudgets zunehmend auf Online-Medien umgeschichtet, da die Zielgruppen hier präziser auf themen- oder interessensbezogenen Webseiten angesprochen werden können.

Die Entwicklung der Online-Medien hat für die Unternehmenskommunikation vielfältige innovative Optionen eröffnet. Klassische Online-Werbung wie Banner machen Kunden auf Angebote von Unternehmen aufmerksam. Im Rahmen von Suchmaschinenmarketing werden Kunden erreicht, wenn sie aktiv nach Produkten und Dienstleistungen suchen. Bei „Affiliate-Marketing" werden Kunden über Verkaufspartner angesprochen. Alle drei genannten Formen der Above-the-Line-Kommunikation gehören heute zum gängigen Repertoire von Werbeagenturen und Unternehmen. Die Wachstumszahlen in den Ausgaben für Instrumente sind beeindruckend und versprechen auch für die Zukunft eine dynamische Weiterentwicklung, wie **Tabelle 1.1** verdeutlicht.

Tabelle 1.1 Volumen des Online-Werbemarktes in Deutschland in Mio. Euro (www.ovk.de)

	2007	2008	2009
Online-Werbung	1.503	1.904	2.094
Suchmaschinenmarketing	1.190	1.476	1.624
Affiliate-Netzwerke	215	268	308
Gesamt	2.908	3.648	4.026

Kennzeichnend für die Kommunikation im Online-Kontext sind Machtverschiebungen zwischen Konsumenten und den Online-Unternehmen: weg von der Push-Kommunikation (wie zum Beispiel Anzeigen oder TV-Spots), der sich immer mehr Kunden verschließen, hin zur Pull-Kommunikation, bei der sich Kunden bewusst für die Betrachtung von Werbung entscheiden (etwa durch Klick auf einen gesponserten Link im Sucherergebnis oder das Abonnement eines Newsletters). Dieser Trend stellt vordergründig ein Risiko für die klassische Werbewirtschaft dar, eröffnet aber auch Chancen für Unternehmen, die das Internet konsequent als Kommunikationsmedium nutzen. Online-Kommunikation ist richtig angewandt die effizienteste Werbeform überhaupt, sie ist nämlich unter anderem:

- interaktiv,
- performanceorientiert,
- verhaltensbasiert.

Interaktivität bezieht sich auf die Möglichkeit des Nutzers, Umfang, Art, Zeit und Dauer der Kommunikation frei zu bestimmen. Dabei ist der Kommunikationspartner des Nutzers eine Software, die es dem Nutzer über Klicks erlaubt, den Fortgang des interaktiven Austauschs zu steuern. Die spezifische Rückantwort besteht häufig im Bereitstellen angeforderter Informationen, etwa in Form der Ergebnisseite einer Suchmaschine oder der Weiterleitung auf einen Online-Shop bei Klick auf ein Banner. Sie kann aber auch bis zu einem individualisierten Angebot auf Basis gespeicherter Nutzerpräferenzen, zum Beispiel in Form eines individualisierten Online-Shops, reichen. Gerade der letzte Aspekt verdeutlicht den entscheidenden Unterschied der Online-Kommunikation zu anderen Kommunikationsformen wie dem Fernsehen, die einem strikt festgelegten Programm folgen.

Performanceorientiert heißt, dass die Interaktion des Nutzers mit dem Kommunikationsmittel, also beispielsweise der Webseite oder dem Banner, detailliert gemessen werden kann. Das allein ist schon eine kleine Revolution. Bei Lesern von Tageszeitungen ist nicht messbar, wie viele von ihnen die Anzeige gleich überblättern oder wie viele sich eingehender damit beschäftigt haben. Dahingegen kann jeder Webseitenbetreiber genau messen, wie viele Nutzer die Anzeige gesehen haben und wie viele damit interagiert, sprich darauf geklickt haben.

Die wirklich große Chance der Online-Kommunikation liegt jedoch in ihrer verhaltensbasierten Einblendung. Bestes Beispiel ist das Werbesystem AdWords von Google. Anzeigen werden dort auf Basis der jeweiligen Suchwörter geschaltet und passen somit (mal mehr, mal weniger) zu dem, was der Konsument sowieso gerade sucht. Wenn beispielsweise jemand einen „Fliesenleger in der Region Hannover" sucht, blendet ihm Google neben den natürlichen Suchergebnissen Anzeigen von Handwerkern aus der Region ein. Die Wahrscheinlichkeit, dass diese Anzeigen den Bedarf des Suchenden treffen, ist relativ hoch. Je genauer Unternehmen die Kommunikation auf die Bedürfnisse von Konsumenten zuschneiden wollen, umso mehr Informationen müssen aber über die Kunden gesammelt werden. Hier stößt Online-Kommunikation an ihre Grenzen; seien es gesetzliche oder auch die Akzeptanz der Online-Nutzer.

Online-Kommunikation kann gegenüber traditionellen Werbeträgern deutlich effektiver und effizienter sein. Eine hohe Effektivität der Online-Kommunikation wird durch ihre spezifische Wirkungsweise ermöglicht: Der Nutzer hat bei Online-Kommunikation ein relativ hohes Maß an Kontrolle über die Werbesituation. Werber nutzen dies, um Kunden zielgruppengenau und kontextsensitiv zu erreichen. Im besten Falle führt dies dazu, dass die Werbung tatsächlich als gern gesehene Produktinformation empfunden wird und nicht als störende Werbung (zum Beispiel bei Kaufempfehlungen bei Amazon).

Zudem ist bei Online-Angeboten von einem relativ hohen Involvement der Werbeempfänger auszugehen, da diese die Webseite aktiv aufgesucht haben. Trifft der Nutzer dann auf für ihn abgestimmte Werbeformen, nimmt er diese im Vergleich zu klassischer Werbung mit höherer Aufmerksamkeit wahr als bei „aufgezwungener" Werbung wie TV-Spots, die er womöglich schon dutzendfach gesehen hat. Diese positive Wirkung kann noch verstärkt werden, wenn Werbeinhalte mit nützlichen Informationen und Anwendungen verknüpft werden (zum Beispiel bei Online-Spielen), die die Identität der Marke transportieren. Durch eine solche interaktive Ansprache über unterschiedliche Sinnesorgane wird beim Nutzer außerdem eine intensivere Lernerfahrung beziehungsweise Einprägung erreicht als bei klassischen Werbemitteln.

Online-Kommunikation bietet aber auch zentrale Vorteile in der Effizienz der Kommunikation. Diese beruhen wesentlich auf der wenig aufwendigen, schnellen Kontrollierbarkeit der Kommunikationswirkung. Wie lange und wie intensiv beispielsweise Printanzeigen in einer Zeitschrift oder TV-Spots vom Empfänger wahrgenommen werden, lässt sich, wenn überhaupt, nur mit aufwendigen Verfahren der Werbewirkungsforschung testen. Zugriffsraten auf eine Webseite, das Navigationsverhalten von Online-Besuchern oder Responsequoten auf E-Mails lassen sich jedoch sehr einfach, häufig automatisiert und daher sehr kostengünstig erfassen und ermöglichen eine umfassende Kontrolle der Kommunikation. Als Maßstab für den Erfolg dienen klar definierte Kennziffern, bei Werbebannern im Internet zum Beispiel „Klick Through Rates", also der Anteil der Besucher einer Webseite, die ein Werbebanner anklicken. Bei solchen performanceorientierten Werbeformen hat das Unternehmen überdies den Vorteil, dass es nur für Kontakte zahlen muss, die tatsächlich zustande gekommen sind (das heißt, wenn der Kunde auf die Werbung geklickt hat).

Online-Kommunikation bietet damit immense Chancen, Kunden zielgruppengenau und wirkungsvoll anzusprechen. Damit dies gelingt, müssen sich Unternehmen jedoch der Besonderheiten der Kommunikation im Internet bewusst sein.

2 Kommunikation im Internet: Interaktiv, vernetzt und multimedial

Allgemeine Merkmale der Kommunikation im Internet

Kommunikation zwischen Personen stellt einen Schwerpunkt der Anwendungen im Internet dar, beispielsweise in Foren, Chats, per E-Mails oder Internet-Telefonie. Die Kommunikation, die im Internet stattfindet, unterscheidet sich fundamental von der Kommunikation über andere Kanäle. Die „Sprache des Internets" ist aufgrund der Vorreiterrolle der USA Englisch, was auch die hohe Anzahl von Anglizismen im Online-Kontext erklärt. Deren Verwendung hat aber auch Signalfunktion: Sie signalisieren technisches Know-how, Modernität und Jugendlichkeit. Im Unterschied zur persönlichen Kommunikation ist die per Internet vermittelte Kommunikation zu einem großen Teil durch den Wegfall nonverbaler Kommunikationselemente, also Gestik und Mimik, gekennzeichnet. Damit fehlen wichtige soziale Hinweisreize, was unter Umständen zu Missverständnissen in der Online-Kommunikation führen kann. Daher werden in Chats, Foren und E-Mails sogenannte „Emoticons" (Emotion + Icon) wie Smileys eingesetzt, die die Stimmung des jeweiligen Nutzers anzeigen und damit die fehlenden nonverbalen Kommunikationselemente ersetzen. Eine ähnliche Funktion besitzen Soundwörter („grumpf", „arrrrrgh"), Aktionswörter (*zwinker*, *staun*) und Abkürzungen wie LOL (laughing out loud) oder ROTFL (rolling on the floor laughing).

Insgesamt erweitert das Internet die Möglichkeit zwischenmenschlicher Interaktion. Foren und „Blogs" machen auf Themen aufmerksam, die sonst nur in Nischen vorkamen. Soziale Netzwerke ermöglichen Kontakte mit Menschen, die man sonst nie kennengelernt hätte. Mit dem Internet hat sich ein kommunikativer Raum gebildet, der neue Formen weltweiter Kommunikation fördert und damit bisherige Kommunikationsstrukturen und -formen erweitert und ergänzt. Kritiker des Internets bemängeln bisweilen das Fehlen persönlicher Nähe, den Mangel an spontanen Austauschmöglichkeiten und den Verlust nonverbaler Kommunikationsformen. Internetenthusiasten werten virtuelle Communities hingegen als Ersatz für verloren geglaubte Orte der Kontaktpflege, etwa in der Nachfolge von Clubheimen. Überdies ändert sich aber auch die Rolle der Konsumenten. Eben noch reine Rezipienten, werden sie immer mehr zu Sendern, da sie einfach und kostengünstig Webseiten erstellen, Blogs kommentieren oder E-Mails weiterleiten können.

Dabei ist es häufig die zum Teil undurchschaubare Mischung zwischen Anonymität und Öffentlichkeit, die die Kommunikation im Internet für viele Menschen so reizvoll macht. Der Nutzer muss – wenn er dies nicht wünscht – keine Hinweise auf seine tatsächliche Identität geben. Dieser (vermeintliche) Mangel ermöglicht für eine Vielzahl von Nutzern die Überwindung von Kommunikationsbarrieren, etwa für Menschen, die aufgrund Behinderung, Geschlecht, Hautfarbe oder Herkunft in der realen Welt Diskriminierung erfahren haben.

Merkmale der Online-Kommunikation

Die Charakteristika des Internets bestimmen in hohem Maße dessen Nutzbarkeit als Medium für die Online-Kommunikation. Hier sind besonders die folgenden Aspekte von Interesse:

- Interaktivität
- Vernetzung
- Multimedialität
- Individualisierung
- Verhaltensbasierung
- Performanceorientierung
- Raumzeitliche Unabhängigkeit und Nichtlinearität
- Pull- statt Push-Kommunikation

Interaktivität

Interaktivität bezieht sich auf die Möglichkeit, dass das Kommunikationsmittel – anders als klassische Massenmedien – nicht starr und unveränderlich ist, sondern auf Anfragen und Handlungen des Nutzers reagiert. Der „interagierende Partner" ist dabei die Webseite, die aufgerufen wird und es dem Nutzer erlaubt, die Interaktion durch die Wahl bestimmter Menüpunkte oder Steuerungselemente zu lenken. Die Reaktion der Webseite kann unterschiedliche Aspekte umfassen:

- Bereitstellung angeforderter Informationen (etwa Ergebnisseite einer Suchmaschine)
- Ansicht bereits gewählter Produkte (zum Beispiel durch die Darstellung des Einkaufswagens im Online-Shop)
- Individuelle Konfiguration von Produkten (zum Beispiel durch Neuwagen-Konfiguratoren wie sie viele PKW-Hersteller anbieten).

Das Beispiel des Neuwagen-Konfigurators verdeutlicht den entscheidenden Unterschied zwischen Internet und anderen Medien wie dem Fernsehen, bei denen der Ablauf strikt festgelegt ist: Während ein Fernsehzuschauer lediglich das Programm wählen kann, steht dem (potenziellen) Autokäufern die Möglichkeit offen, sich über die Webseite des Herstellers einen individuellen PKW zu designen und zu bestellen. Die Interaktion mit einem Kommunikationsmittel führt bei dem Nutzer zu einer tieferen Auseinandersetzung mit der Kommunikationsbotschaft. Dadurch kann der Nutzer stärker aktiviert werden, und die Kommunikationsziele (beispielsweise stärkere Bindung an eine Marke) werden weitaus besser erreicht. Ein hervorragendes Beispiel für Interaktionen, die direkt Verkäufe fördern, sind Rezensionen von Büchern und sonstigen Unterhaltungsprodukten, die meistens sogar von anderen Nutzern und damit für das Unternehmen kostenlos erstellt werden.

Vernetzung

Ein weiteres Charakteristikum der Kommunikation im Internet ist ihre Vernetzung. Die Kommunikation eines Kunden mit einem Unternehmen über Produkte des Unternehmens (zum Beispiel Lob oder Kritik) bleibt im Internet häufig nicht auf wenige Gesprächspartner begrenzt, sondern wird Teil der Öffentlichkeit. Internetnutzer verschicken beispielsweise per E-Mail Links zu besonders gelungenen Werbespots von Unternehmen an eine Vielzahl von Bekannten oder machen auf Konsumentenportalen wie ciao.de ihre Meinung über Produkte einer breiten Öffentlichkeit zugänglich. Durch den intensiven Austausch über Unternehmensleistungen, die auf Webseiten gespeichert und damit dauerhaft der Öffentlichkeit zugänglich gemacht werden, kommt es zu einer Vernetzung von sehr vielen Informationen über ein und dasselbe Informationsobjekt. Dies ermöglicht es den Nutzern, sich umfassend aus unterschiedlichen Quellen zu informieren und damit bessere (Kauf-)Entscheidungen zu treffen. Dieses Phänomen, auch als „Wisdom of the Crowds" bezeichnet, ist ein wesentlicher Grund für die erstaunlich hohe Qualität des freien Online-Lexikons Wikipedia.[5] Eine Vernetzung der Kommunikation kommt im Internet also insofern zustande, dass Individuen ihre Meinungsäußerungen einem breiteren Kreis an Personen zur Verfügung stellen können, als dies in der realen Welt möglich wäre. Insofern wächst auch die Größe des sozialen Netzes von Internetusern, am auffälligsten wohl in sozialen Netzwerken wie Facebook oder Xing. Online-Unternehmen versuchen die Vernetzung zu fördern, indem sie in ihre Online-Kommunikation Möglichkeiten der Weiterempfehlung integrieren.

Multimedialität

Die Multimedialität des Internets beschreibt die simultane Verwendung unterschiedlicher Kommunikationsmittel – also nicht nur Text, sondern auch Ton sowie Bilder und Videos. Dadurch werden gleichzeitig mehrere Sinnesorgane der Nutzer angesprochen, wodurch eine reichhaltigere mediale Erfahrung erzeugt wird. Durch den Einsatz von Multimedia können an den Nutzer komplexere Botschaften gesendet werden. Da viele Konsumenten Botschaften, die über mehrere Medien gesendet werden, intensiver wahrnehmen und besser verarbeiten können, wird meist eine höhere Kommunikationswirkung erzielt. Dazu ist es aber nötig, die einzelnen Medien intelligent aufeinander abzustimmen – andernfalls wird lediglich eine Überreizung und Abstumpfung der Zielgruppe erreicht. Vor einigen Jahren beschränkte sich die Multimedialität noch auf Text- und Bildelemente, da viele Internetanschlüsse nicht die notwendige Bandbreite[1] mitbrachten, um Multimedia-Anwendungen wie Videos zu unterstützen. Mittlerweile stehen durch die zunehmende Verbreitung von Breitbandanschlüssen die infrastrukturellen Voraussetzungen für den Erfolg multimedialer Anwendungen zur Verfügung. Ein prominentes Beispiel ist die Videoplattform YouTube.

---

[1] Bandbreite beschreibt die Geschwindigkeit einer Datenverbindung, also die Datenmenge, die innerhalb eines bestimmten Zeitraums übertragen wird, z. B. in Millionen Bit pro Sekunde (Mbps).

Individualisierung

Individualisierung beschreibt die Möglichkeit, die durch das Internet gebotenen technologischen Merkmale für eine individuelle Kommunikation zu nutzen. Anspruchsvolle Konsumenten und Internetnutzer erwarten zunehmend, dass ihren individuellen Bedürfnissen und Wünschen, insbesondere durch Bereitstellung individualisierter Informationen, Rechnung getragen wird. Beispielsweise lassen sich über sogenannte Cookies[2] die Bewegungen eines Kunden bei einem Online-Shop wie Amazon speichern. Bei späteren Besuchen können dem Kunden dann auf Basis älterer Such- oder Kaufvorgänge individuelle Angebote unterbreitet werden, wie in **Abbildung 2.1** dargestellt.

Das Internet birgt viele Potenziale für die Individualisierung von Angeboten und die Kommunikation, die jedoch nur selten umfassend genutzt werden. Momentan dominiert beim Online-Angebot vieler Unternehmen noch eine relativ undifferenzierte Massenkommunikation (One-to-Many und nicht One-to-One).

Verhaltensbasierung

Nicht ganz so weit wie die individualisierte geht die verhaltensbasierte Kommunikation. Dabei wird dem Nutzer je nach seinem Verhalten ein Kommunikationsangebot gemacht. Zum Beispiel wird beim Aufruf einer bestimmten Webseite thematisch passende Werbung im Rahmen kontextsensitiver Online-Werbung eingeblendet (Targeting).

In der Offline-Kommunikation wird die häufig fehlende Relevanz der Werbebotschaft für die Zielgruppe durch eine relativ hohe Frequenz ausgeglichen. Dadurch werden Werbeslogans wie „Wie, wo, was weiß OBI" ähnlich bekannt wie der Originaltext der Rockgruppe Queen („We will we will rock you"). In der Online-Kommunikation ist so eine breite Streuung des Werbereizes nicht notwendig, da die Zielgruppe sehr viel differenzierter angesprochen wird. Über bestimmte Keywords in der Suchmaschinenwerbung lassen sich beispielsweise die Nutzer ansprechen, die ein hohes Interesse an entsprechenden Produkten haben.

---

[2] Cookies (deutsch: Kekse) sind kleine Dateien, die von Online-Shops auf der Festplatte des Besuchers abgelegt werden. Darin können beispielsweise Informationen über Besuchsdauer, Passworteingaben und besuchte Seiten gespeichert werden.

Abbildung 2.1 Beispiel einer One-to-One-Kommunikation (Quelle: www.amazon.de)

Performanceorientierung

Das Problem vieler traditioneller Above-the-Line-Instrumente ist die mangelnde Möglichkeit zur Erfolgskontrolle. Bei Anzeigen in Zeitschriften oder TV-Spots ist nicht ohne Weiteres messbar, wie viele Nutzer wirklich vom Werbemittel aktiviert werden und wie viele aufgrund des Werbemittels das entsprechende Produkt kaufen. Online-Kommunikation bringt hier einen wirklichen Fortschritt. Nicht nur die Aktivierung[3] ist messbar, etwa dadurch wie viele Nutzer den Link einer gesponsorten Suchanzeige anklicken, sondern auch die Konversion in Käufer. Darüber hinaus bedeutet Performanceorientierung für Online-Unternehmen, dass die Werbemittel (zum Beispiel Anzeigen in der Suchmaschinenwerbung und Banner in der klassischen Online-Werbung), die die gesetzten Ziele nicht erreichen, systematisch angepasst oder eliminiert werden.

Nicht jeder Besucher, der die Webseite erreicht, ist auch an dem Produkt oder der Dienstleistung interessiert. Häufig erwarten Besucher einfach etwas ganz anderes als das, was sie bekommen. Dennoch zielen viele Online-Kommunikationskampagnen darauf ab, möglichst viele Klicks zu erzielen. Dabei spielt es häufig keine Rolle, wie die Klicks zustande gekommen sind. Die Werbetreibenden erhalten auf diese Art und Weise zwar eine Menge Traffic, doch ob das Angebot tatsächlich dem entspricht, was die Nutzer erwarten, ist häufig fraglich. In seiner extremsten Form fordert Performanceorientierung, nur solche Kommunikationsinstrumente einzusetzen, mit denen nachweisbar Konversionen und Gewinne erzielt werden.

---

[3] Aktivierung ist ein Begriff aus der Konsumentenverhaltensforschung und beschreibt die psychologische Antriebsenergie des Menschen. Im Sinne von „Wachheit" oder „Aufmerksamkeit" ist Aktivierung im Kontext der Unternehmenskommunikation ein wichtiges Konzept, da man davon ausgeht, dass es notwendige Voraussetzung ist, um beim Konsumenten die Aufnahme, Verarbeitung und Speicherung von Werbeinformationen anzuregen.[1]

Raumzeitliche Unabhängigkeit und Nichtlinearität

Weiteres Kennzeichen der Internetkommunikation ist ihre räumliche und zeitliche Unabhängigkeit und ihre Nichtlinearität. Webseiten sind 24 Stunden pro Tag erreichbar, virtuelle Shops rund um die Uhr geöffnet und von nahezu jedem Internetzugang weltweit erreichbar. Bei der Darstellung von Informationen erfolgt im Online-Kontext eine teilweise Loslösung von der Linearität klassischer Medien. Während ein Buch in aller Regel von der ersten bis zur letzten Seite gelesen wird, bieten Webseiten durch Hyperlinks Querverweise zu kontextuellen Informationen an. In journalistischen Angeboten wird beispielsweise häufig auf frühere Artikel mit ähnlichem Themenschwerpunkt verlinkt.

Von der Push- zur Pull-Kommunikation

Vergleicht man anhand dieser Charakteristika das Internet mit anderen Medien, so zeigt sich, dass auch andere Medien durchaus über Potenziale etwa in der Individualisierung verfügen. Im Rahmen eines Direktmarketing werden Massen-Mailings personalisiert, Multimedialität liegt auch in TV und Videotext vor. Kein anderes Medium verfügt jedoch über eine solche Kombination kommunikationsrelevanter Eigenschaften wie das Internet. Infolgedessen kann beim Vergleich der Marketing-Kommunikation in Online-Medien mit der in klassischen Medien von einem Paradigmenwechsel gesprochen werden:

- weg von der „Push-Kommunikation", bei der Unternehmen ungefragt über Massenmedien Werbebotschaften an möglichst viele Konsumenten senden beziehungsweise „drücken",
- hin zur „Pull-Kommunikation", bei der der einzelne Nutzer selbst entscheidet, wann und wie er kommunizieren möchte und sich entsprechende Informationen aus dem Netz „zieht"; beispielsweise indem er einen Newsletter abonniert oder Anfragen an eine Suchmaschine schickt.

Bei der Pull-Kommunikation ist der Kunde daher in der Regel aufnahmebereiter für Kommunikationsbotschaften. Das Unternehmen verliert aber die Kontrolle über die Kommunikation und muss darauf hoffen, dass der Kunde von selbst aktiv wird und die entsprechende Information auch auffindet.

3 Ziele und Zielgruppen der Online-Kommunikation

Um Online-Kommunikation systematisch und kostenbewusst gestalten zu können, ist es notwendig, deren Ziele konkret zu benennen und zu quantifizieren, das heißt, hinsichtlich Inhalt, Ausmaß und zeitlichem Bezug zu definieren.

Globale Oberziele im Online-Geschäft sind, neben der Möglichkeit neue Kunden anzusprechen, Kosten (etwa in der Logistik) einzusparen und die Marktbeziehungen zwischen (Online-)Anbietern und Konsumenten zu individualisieren. Diese Möglichkeit bieten die aus Online-Kaufprozessen gewonnenen Informationen über das Konsumentenverhalten, etwa zum Suchverhalten. Diese können für die direkte, gezielte Ansprache des Interessenten genutzt werden, um diesem die Informationssuche im Internet zu erleichtern.

3.1 Ziele der Online-Kommunikation

Ziele auf der Ebene einzelner Kommunikationskampagnen lassen sich wie folgt unterscheiden:[1]

- Bei Kontaktzielen geht es darum, die Kommunikationsmittel möglichst häufig mit der Zielgruppe in Kontakt zu bringen. Neben der quantitativen Reichweite (wie viele Nutzer besuchen insgesamt die Webseite?) ist hier aber auch die qualitative Reichweite eine wichtige Zielgröße. Es kommt auch darauf an, wie viele Personen aus der definierten Zielgruppe die Webseite besuchen.

- Psychologische Wirkungsziele beziehen sich auf die Beeinflussung der psychologischen Prozesse, die beim Empfänger ablaufen. Diese psychologischen Wirkungsziele können zum einen kognitive Ziele sein, etwa die Wissensvermittlung gemessen anhand der Produktbekanntheit. Zum anderen können sie aber auch als affektive Wirkungsziele formuliert werden, zum Beispiel die emotionale Beeinflussung der Zielgruppen.

- Die beabsichtigte Beeinflussung des offenen Verhaltens der Nutzer, vor allem des Kaufverhaltens, wird im Rahmen von verhaltensbezogenen Wirkungszielen definiert. Gemessen werden solche Zielgrößen in Kennzahlen wie Umsatz, Gewinn und Deckungsbeiträge. Im Online-Kontext ist gerade bei Above-the-Line-Instrumenten vor allem die Konversionsrate interessant, also der Anteil der Nutzer, der nicht nur das Werbemittel betrachtet, sondern auch einen Kauf tätigt. Neben diesen rein ökonomischen Sachverhalten ist aber regelmäßig auch die Erzeugung von Mundwerbung wichtig, gerade für Online-Unternehmen. Empfehlungen von Freunden oder Bekannten sind die glaubwürdigste Informationsquelle überhaupt für Konsumenten. Eine ausgesprochene Empfehlung bedeutet für ein Unternehmen einen (fast) sicheren Verkauf.

▪ Schließlich spielen Kostenziele eine zentrale Rolle in der Online-Kommunikation. Die drei erstgenannten Zielkategorien beziehen sich auf die Effektivität, also die Wirksamkeit der Kommunikation, bei den Kostenzielen geht es um die Effizienz der Kommunikation, also den ökonomischen Ressourceneinsatz.

Gerade in der Einführungsphase eines neuen Online-Angebots dominiert die Bedeutung des erzeugten Traffics auf der Webseite (Kontaktziel) und der Konversionsraten von Webseitenbesuchern (Verhaltensziel). Daher werden häufig Ziele im Zusammenhang mit diesen Kennzahlen definiert. Besonders wichtig für die Formulierung von Zielen ist dabei der Kontext des jeweiligen Geschäftsmodells. Für einen Händler im Privatkundengeschäft stehen primär Umsatzziele im Vordergrund. Der Erfolg von Communities und Marktplatzanbietern hängt hingegen wesentlich von der Anzahl der Nutzer ab. Daher setzen sich diese Anbieter ehrgeizige Nutzerziele, um eine kritische Masse an Nutzern zu gewinnen. Ebay stellte beispielsweise seine Dienstleistung (Inserieren und Suchen von Produkten) zunächst unentgeltlich zur Verfügung. Nachdem eine kritische Masse an Nutzern überschritten war, wurden für das Inserieren von Angeboten Gebühren erhoben. Eine hohe Kundenbindung ist ein weiteres hochrangiges Ziel von Communities, da der Wert der Webseite für Werbekunden unter anderem durch die Anzahl der aktiven Nutzer beeinflusst wird.

Klassische Unternehmen wie Stadtwerke nutzen das Internet als zusätzlichen Servicekanal (zum Beispiel zur Übermittlung von Zählerständen), um sich vom Wettbewerb abzuheben und sich als innovatives, technologieaffines Unternehmen darzustellen. Dadurch sollen psychologische Ziele verwirklicht werden, zum Beispiel durch den Aufbau von psychologischen Wechselbarrieren.

3.2 Zielgruppen der Online-Kommunikation

Eng verbunden mit den Zielen der Online-Kommunikation ist die Wahl der Zielgruppe. Häufig bringt die Wahl des Geschäftsmodells bereits eine Konzentration auf bestimmte Zielgruppen mit sich. Es ist jedoch auch möglich, dass ein Unternehmen mit seiner Online-Präsenz dieselbe Zielgruppe bearbeiten will wie im Kerngeschäft. Beispielsweise dient die Tchibo-Webseite auch dazu, Kunden der Filialgeschäfte schon früh über kommende Aktionsprodukte zu informieren und dadurch zu binden. In einem solchen Fall können die Zielgruppen direkt aus der klassischen Marketingplanung übernommen werden.

Die Online-Nutzung hat in Deutschland mittlerweile nahezu alle Altersgruppen erfasst. Der ARD/ZDF-Onlinestudie 2009 zufolge sind rund zwei Drittel der Deutschen zumindest gelegentlich im Internet.[6] Die Nutzungshäufigkeit ist dabei erwartungsgemäß bei den jüngeren Zielgruppen besonders hoch und liegt im Segment der 14- bis 29-Jährigen bei über 95 Prozent. Aber auch in der Gruppe der 50- bis 69-Jährigen war über die Hälfte der Befragten innerhalb der letzten vier Wochen online. Daran wird deutlich, dass durch Online-Kommunikation mittlerweile sehr breite Bevölkerungsschichten angesprochen werden. Umso wichtiger ist deshalb eine segmentspezifische Ansprache.

Online-Nutzer-Typologie

Rein demografische Aussagen über Online-Nutzer sind recht pauschal und berücksichtigen weder motivationale Faktoren noch konkrete Verhaltensmuster, also warum das Internet genutzt wird und wie. Die im Rahmen der ARD/ZDF-Onlinestudie entwickelte Online-Nutzer-Typologie verbindet als Verfahren der Segmentierung der Online-Nutzer, die demografischen Kriterien und Nutzungsmuster. Unterschieden werden dabei sechs Nutzertypen.[7]

- Als „E-Consumer" werden rund 15 % der Online-Nutzer bezeichnet. Es handelt sich um eher jüngere Personen, die sich besonders aktiv in den Anwendungsfeldern Online-Shopping, Homebanking und Auktionen zeigen.
- Der Anteil der „Jungen Flaneure" an der Online-Population liegt bei 14 %. Die Geschlechter sind gleich verteilt, die Gruppe ist mit einem Anteil von zwei Dritteln der Nutzer unter 30 Jahren relativ jung. Sie interessieren sich besonders für Online-Spiele, Newsgroups und Chats.
- Die „Routinierten Infonutzer" machen ebenfalls 14 % aller Online-Nutzer aus. Sie sind nicht ganz so jung, zumeist berufstätig und verfügen vielfach über eine höhere Bildung. Sie nutzen das Internet weniger lange, dafür aber zielorientierter.
- 10 % der Online-Nutzer werden als „Junge Hyperaktive" klassifiziert. Sie sind tendenziell jünger und nutzen das Internet besonders intensiv. Sie partizipieren wie die Jungen Flaneure gern an Communities.
- „Selektivnutzer" umfassen rund 20 %. Sie nutzen das Internet weniger intensiv als die anderen Gruppen, sind aber gut via E-Mail ansprechbar.
- Die „Randnutzer" sind mit einem Anteil von rund 26 % die größte und älteste Gruppe. Der Stellenwert des Internets als täglicher Begleiter ist bei ihnen ausgesprochen gering. Randnutzer setzen (genauso wie Selektivnutzer und Routinierte Infonutzer) das Internet vor allem zu rationalen Informationszwecken und zum zielgerichteten Suchen nach Angeboten ein.

Die relativ global gehaltene Online-Nutzer-Typologie bietet einen guten ersten Eindruck der „Online-Population". Das Segment der E-Consumer ist prädestiniert für den Online-Handel. Bei den Rand-, Selektiv- und Routinierten Infonutzern handelt es sich um Nutzer, die gern online recherchieren und im stationären Handel kaufen oder die besonderen Angebote in Online-Shops nutzen. Diese Nutzergruppen sind wahrscheinlich sehr preissensibel. Die jungen Nutzergruppen der Flaneure und der Hyperaktiven sind die logische Zielgruppe für communitybasierte Web-2.0-Angebote.

Hoch aggregierte Studien werden aber dem noch recht stark fragmentierten und schwankenden Nutzungsverhalten der Online-Nutzer nicht gerecht. Erst die Verknüpfung spezifischer psychografischer Kriterien (wie Lebensstil, Interessen, Motive und Einstellungen) mit dem beobachtbaren Kaufverhalten (Preisbereitschaft, Mediennutzung und so weiter) ist eine angemessene Grundlage für Bemühungen, aus potenziellen Nutzern Kunden zu machen und diese zu binden. Entscheidend für den Erfolg der Online-Kommunikation ist die Fähigkeit, die eigene Zielgruppe zu identifizieren und ihr differenzierte Angebote bereitzustellen. Ausgangspunkt ist dabei stets eine genaue Kenntnis des Konsumentenverhaltens. **Tabelle 3.1** fasst wesentliche Charakteristika der Online-Nutzer-Typologie noch einmal zusammen.

Tabelle 3.1   Die Online-Nutzer-Typologie

	Randnutzer	Selektivnutzer	Junge Hyperaktive	Junge Flaneure	E-Consumer	Routinierte Infonutzer
Anteil Gesamtnutzer	32,2 %	20,2 %	7,0 %	9,8 %	13,4 %	17,3 %
Geschlecht	W: 54 %	W: 41 %	W: 14 %	W: 63 %	W: 46 %	W: 31%
Alter	67 % 40 Jahre und älter	52 % 30 – 49 Jahre	73 % 14 – 29 Jahre	67 % 14 – 29 Jahre	68 % 30 – 49 Jahre	44 % 40 – 59 Jahre
Werktägliche Nutzungsdauer	70 Min.	110 Min.	330 Min.	137 Min.	155 Min.	141 Min.
Anwendungen	Informationssuche; Homebanking	E-Mail	Alle, sehr intensiv	Freizeitbezogene Infos	Online-Shopping	Informationen

Zusammenfassung

- Angesichts steigender Nutzerzahlen und steigender Umsätze im Online-Handel hat sich die Online-Wirtschaft mittlerweile etabliert, was die Beschäftigung mit Konzepten der Online-Kommunikation rechtfertigt.
- Das Internet bietet den Nutzern, aber auch den Anbietern viele Vorteile bei der Unterstützung von Kaufentscheidungen. Immer mehr Nutzer informieren sich vor einem Kauf vornehmlich online. Der Online-Handel bietet ein extrem breites Angebot an Waren und Dienstleistungen.

- Kommunikation im Internet ist interaktiv, multimedial, individuell, verhaltensbasiert und performanceorientiert. Zwar verfügen auch andere Medien wie Fernsehen und Zeitungen teilweise über ähnliche Charakteristika, keines aber in dem Maß wie das Internet.
- Die Ziele der Online-Kommunikation unterscheiden sich nicht von denen der traditionellen Unternehmenskommunikation.

Teil 2
Above-the-Line-Instrumente der Online-Kommunikation

Im Überblick

In Teil 2 geht es um die Above-the-Line-Instrumente der Online-Kommunikation:

- Kern des Online-Geschäfts ist die **Webseitengestaltung**. Die meisten der anderen Instrumente der Online-Kommunikation dienen dann dazu, Nutzer für die Webseite zu interessieren (Kapitel 4).

- Traditionelle **Online-Werbung** ist noch am stärksten der klassischen, undifferenzierten Massenwerbung aus Printmedien und Fernsehen verwandt (Kapitel 5).

- Eine mit der Online-Werbung verwandte Form der Kommunikation ist das **Affiliate-Marketing**. Affiliate-Marketing ist bei der richtigen Partnerwahl erfolgversprechender (Kapitel 6).

- **E-Mail- und Newsletter-Marketing** ist mit dem klassischen Direktmarketing (also dem Verschicken von Werbebriefen und Kundenzeitschriften) vergleichbar, bietet gegenüber diesem aber eine ganze Reihe von Vorteilen (Kapitel 7).

- Suchmaschinen sind das Informationsmedium Nr. 1 im Internet, was sie auch zu einem begehrten Kommunikationsinstrument im Rahmen der **Suchmaschinenwerbung** macht (Kapitel 8).

4 Im Zentrum: Webseitengestaltung

4.1 Die Webseite als Eingangsportal des Unternehmens

Der Aufbau einer eigenen Webseite mit einer spezifischen URL[4] stellt die Basis jeglicher Online-Kommunikation dar. Hier wird entsprechend des jeweiligen Geschäftsmodells das Angebot präsentiert, seien es Waren bei einem Händler oder Dienstleistungen im Bereich der Kommunikation bei sozialen Netzwerken. Die originäre, plattformunabhängige Programmiersprache für die Darstellung von Multimedia-Inhalten im World Wide Web von Webseiten ist HTML (Hyper Text Markup Language).

Alle potenziellen Kunden, die durch Suchmaschinen oder andere Werbeformen angelockt werden, kommen früher oder später mit Ihrer Webseite in Kontakt. Sie hat dadurch nicht nur funktionalen Charakter, etwa zur Übermittlung von Produktinformationen oder zur Abwicklung von Bestellungen. Sie prägt vielmehr als Eingangsportal Ihres Unternehmens entscheidend Ihr Image bei den Interessenten, noch bevor sie sich eine Meinung über Produkte und Services bilden können. Wie die Webseite wahrgenommen wird, entscheidet daher auch über den möglichen Kauf: Es gibt keine zweite Chance für den ersten Eindruck.

4.2 Webseiten benutzerfreundlich gestalten

Benutzerfreundlichkeit (Usability) und Ergonomie von Internetpräsenzen waren in den Anfangszeiten des Web vielfach problematisch. Dies hat sich zwischenzeitlich gebessert. Gleichwohl gibt es immer noch Webseiten, die ihre Benutzer eher verwirren als zielführend leiten. Gerade Kleinunternehmen, die ihren Schwerpunkt nicht im Online-Geschäft haben, unterschätzen häufig die Bedeutung einer professionellen Webgestaltung.

Damit eine Webseite oder ein Online-Shop als benutzerfreundlich wahrgenommen wird, sind folgende Aspekte zentral:

- Nutzerfokussierung
- Leserfreundliche Texte
- Informationsarchitektur und Navigationsstruktur
- Layout und Design

---

[4] URL (Uniform Ressource Locator) ist die auf den IP-Adressen basierende Adressenangabe für eine bestimmte Webseite.

4.2.1 Nutzerfokussierung

Nutzerfokussierung manifestiert sich im Gesamteindruck der Webseite und deren Zugänglichkeit für die Nutzer.

Gesamteindruck

Vertrauen ist einer der wichtigsten Aspekte in der Online-Kommunikation. Gehört das Unternehmen zu den Top 100 in Deutschland, kennen es wahrscheinlich viele Nutzer. Gehört das Unternehmen jedoch nicht dazu, ist es notwendig, zu erklären, was das Geschäft ausmacht, welcher Markt bedient wird und wie die Kunden von den Produkten profitieren können. Nicht zuletzt sollte noch erläutert werden, was das Unternehmen von den Mitbewerbern unterscheidet. Die Besucher erfahren sofort, was sie zu erwarten haben, was mehr Vertrauen weckt, als wenn man seine Kunden erst nach den wichtigen Informationen suchen lässt.

Große Unternehmen geben jedes Jahr Millionen für den Aufbau und die Pflege ihrer Marke aus. Damit wollen sie das für jedes Geschäft so wichtige Vertrauen der Konsumenten in das Produkt erwerben, da ihnen durch ihre Größe der direkte Kontakt zum Kunden fehlt. Kleine und mittelständische Unternehmen haben häufig nicht das Budget, große Marken zu etablieren. Bei ihnen spielt die persönliche Komponente für das Vertrauen eine entscheidende Rolle. Daher sollten auf der Webseite Bilder vom Geschäftsführer und den Angestellten mit eingebunden werden. Dadurch wird den Kunden gezeigt, mit wem er Geschäfte macht. Auch ein Statement des Geschäftsführers zur Unternehmensphilosophie kann den Nutzern das Unternehmen näherbringen.

Besucht ein Konsument also eine Webseite zum ersten Mal, so sind für ihn nicht nur Preis und Lieferkonditionen wichtig, sondern auch das Gesamtbild des Internetangebots und des Unternehmens. Viele Unternehmen bieten deshalb eine „Über uns"-Seite, auf der die Firmengeschichte erzählt wird und Bilder vom Stammsitz und den Mitarbeitern gezeigt werden. Manche Webseiten nennen zudem noch ein paar Kennzahlen, etwa zu Anzahl der Kunden, Umsatz oder Gewinn. Solche Informationen dienen dem Zweck, dass sich die Kunden selbst ein Bild vom Unternehmen machen können.

Gerade reine Online-Unternehmen sollten aber noch einen Schritt weiter gehen. Online-Shops erhöhen das Vertrauen der potenziellen Nutzer, indem sie sie mit einer Rubrik „Warum Sie gerade bei uns kaufen sollten ..." („... Mitglied werden sollten") direkt ansprechen. Folgende Aspekte können hierbei wichtig sein:

- Wie viele Menschen haben im letzten Jahr bestellt? (Wie viele Mitglieder hat die Community?)

- Wie schnell erhalten Kunden ihre Ware? (Was sind die beliebtesten Aktivitäten in der Community?)

- Warum ist der Shop (die Community) vertrauenswürdig und sicher?

Zugänglichkeit

Nicht jeder Besucher, der die Webseite erreicht, ist auch an dem Produkt oder der Dienstleistung interessiert. Häufig erwarten Besucher einfach etwas ganz anderes als das, was sie bekommen.

Von zentraler Bedeutung ist zunächst die Domain[5], also die Webadresse (URL) der Präsenz, da viele Nutzer direkt den Namen des Unternehmens oder Shops, den sie erreichen wollen, in die Adresszeile ihres Browsers[6] eingeben. Idealerweise sollten Name und Domain von Unternehmen beziehungsweise Shops identisch sein. Dazu müssen Sie prüfen, ob die gewünschte Domain noch verfügbar ist, beziehungsweise ob Sie durch die eigene URL nicht eventuell Rechte anderer Unternehmen verletzen oder ob womöglich die eigenen Rechte durch fremde Webseiten verletzt werden. Wenn Sie selbst Markenschutz für den entsprechenden Namen vorweisen können, ist es möglich, ein Vorrecht bei der URL-Wahl geltend zu machen. Allgemeine Begriffe aus dem Sprachgebrauch (zum Beispiel www.stricken.de) sind mittlerweile weitestgehend vergeben. Die URL sollte möglichst aussagefähig, gut zu merken und kurz sein. Es kann auch sinnvoll sein, benutzte Schlagbeziehungsweise Suchworte im Zusammenhang mit den Kernleistungen der Webseite in der URL zu verwenden, da die URL ein wichtiges Kriterium von Suchmaschinen zur Auffindung relevanter Webseiten ist. Andererseits gibt es auch Internetunternehmen, die Fantasienamen gewählt haben, zum Beispiel Yahoo! oder Google. Solche Kunstwörter sind naturgemäß neu und bedürfen einer intensiven Kommunikation, um sich bei Nutzern gut einzuprägen. Der gewählte Name der Webseite wird bei einem Provider gegen eine Gebühr registriert. Auch URLs von Unterseiten sollten möglichst „sprechend" formuliert werden und keine kryptischen Zeichen enthalten. Bei sprechenden URLs hat der Nutzer, wenn er die entsprechende Seite in einer Suchmaschine findet, bereits bei Betrachtung des Links eine Ahnung davon, was ihn bei Klick erwartet.

Prüfen Sie sich einmal folgende Fragen für Ihre Online-Kommunikation: Wie gelangen Nutzer auf die Webseite? Stimmt der Kontext? Wird ein Bild aufgebaut, das den Leistungen gerecht wird oder gelangt der Nutzer womöglich über ein Banner auf die Webseite, das etwas ganz anderes verspricht als das, was angeboten wird? Oft betrachtet man seine eigene Webseite mit ganz anderen Augen, als ein Besucher es tut. Besonders gravierend ist diese unterschiedliche Wahrnehmung bei Nutzern, die das Internetangebot zum ersten Mal besuchen. Dies liegt daran, dass Spezialisten ihre eigene Webseite bis ins kleinste Detail kennen, Hindernisse unterbewusst umfahren und keinen intuitiven Zugang zu den Inhalten suchen wie neue Nutzer. Diese Situation ist vergleichbar mit dem Vortrag eines

---

[5] Eine Domain ist ein Bereich im Internet, der über die jeweilige Internet-Adresse definiert wird. Es gibt verschiedene Arten von Domains und man findet sie in jeder URL wieder, beispielsweise in http://www.uni-koblenz.de/ ist „.de" die Top-Level-Domain, „.uni-koblenz" die Domain und „www" die Sub-Domain.

[6] Software zum Surfen im Internet. Der Browser (vom englischen „to browse": schmökern, sich umsehen) stellt die Verbindung zum World Wide Web (WWW) her und stellt Text- und Bilddateien dar.

Elektroingenieurs über die Vorzüge eine Mikrowelle. Die technischen Wirkungen der Mikrowelle dürften im Zentrum des Vortrags stehen. Welches Programm am besten zum Aufwärmen geeignet und welches das sinnvollste zum Auftauen ist, kommt dagegen wahrscheinlich kaum vor. Ein Experte beherrscht sein Fachgebiet bis ins kleinste Detail und bringt bisweilen genau dadurch Laien zur Verzweiflung.

Wichtig für die Gestaltung der Webseite ist es daher, dass Sie deren Funktionalität aus Nutzersicht betrachten – am besten, indem Sie Nutzern beim Besuch der Webseite über die Schulter schauen. Schnell kann man so Hindernisse entdecken und Unlogisches wird sichtbar. Jedes kleine Hindernis kostet Zeit und erhöht den Frust auf Seiten der Nutzer; und da heutzutage viele Menschen nur wenig Zeit haben, haben sie auch wenig Geduld. Niemand quält sich lange mit einem Bestellprozess oder sucht nach den Lieferbedingungen.

Zur Verbesserung der Usability können zum einen Nutzungsdaten der Webseite (sogenannte Logfiles) analysiert werden: Welche Seiten werden am häufigsten besucht, über welche Seiten wird die Webpräsenz am häufigsten verlassen? Zum anderen ist es unumgänglich, die Nutzer selbst zu befragen. Die Erfahrung zeigt, dass sich rund 80 % der Fehler in der Usability durch eine Befragung von gerade mal 10 bis 15 Usern auffinden lassen.

Personalisierung

Die Nutzerfokussierung in einer extremen Form ist die Personalisierung von Online-Shops. Sucht ein Nutzer beispielsweise nach Fantasy-Romanen, führt aber keine Bestellung aus oder bricht diese ab, merkt sich das System diesen Sachverhalt und bindet die recherchierten (und ähnliche) Produkte beim nächsten Besuch in die Startseite ein. Das heißt, je nachdem, wie sich ein Nutzer verhält, werden die Inhalte beziehungsweise Elemente einer Webseite für ihn auf Basis seines Verhaltens angepasst.

Personalisierung hat aber einen Haken: Nicht immer kann man vom Verhalten der Nutzer Rückschlüsse auf dauerhafte Interessen ziehen. Wenn jemand sich häufig auf Reiseseiten tummelt, liegt es natürlich nahe, dass die Person gern reist. Doch was ist, wenn derjenige zum Beispiel in einem Online-Shop nach einem Geschenk für einen Freund sucht? Eine Personalisierung kann immer nur so gut sein wie die Algorithmen zur Ableitung der Nutzerinteressen und die Informationen, mit denen er gefüttert wird. An beidem hapert es immer wieder: Einige Konsumenten geben nur ungern Informationen über ihr Kaufverhalten preis oder verschleiern dieses aktiv, indem sie zum Beispiel keinen Download von Cookies zulassen. Algorithmen können daran scheitern, dass sie sehr komplexes, zum Teil irrationales menschliches Verhalten analysieren müssen.

4.2.2 Leserfreundlich Texten fürs Internet

Wenn Sie erfolgreiche Texte für Ihre Webseiten schreiben wollen, müssen Sie das Leseverhalten auf Internetseiten kennen und verstehen. Der Frage, ob das Leseverhalten der Menschen im Internet anders ist und Texte für das Web deshalb anders aufgebaut werden sollten, ist in den letzten Jahren leidenschaftlich diskutiert worden. Einig ist man sich, dass es Unterschiede in der Informationsverarbeitung gibt. Wie gravierend die Unterschiede sind, ist aber gar nicht so klar.

In den westlichen Ländern liest man von links nach rechts und von oben nach unten. Dieses Verhalten hat sich so tief in das Bewusstsein eingeprägt, dass es die meisten Design-Entscheidungen dominiert. Wenn man beispielsweise das Titelbild einer Zeitschrift betrachtet, stellt man fest, dass die wichtigen Informationen auf einer Linie von links oben nach rechts unten liegen (siehe **Abbildung 4.1**). Danach erst fällt der Blick auf die linke Seite und erst ganz zuletzt betrachtet man den oberen rechten Bereich. Oben rechts befinden sich deshalb auch relativ unwichtige Informationen wie der Strichcode, die Ausgabe oder der Preis. Der Blickverlauf ändert sich auch im Internet nicht. Es ist aber zu bedenken, dass von langen, scrollbaren Webseiten am Anfang nur der obere Teil auf dem Bildschirm zu sehen ist. Wenn man beispielsweise einen Artikel in einer Zeitschrift liest, richtet sich der Blick in der Regel nach unten. Dadurch tränen die Augen immer ein wenig, sodass sie ständig mit Flüssigkeit versorgt werden. Liest man den gleichen Text an einem Bildschirm, ist der Blick aufrechter und die Augen tränen weniger. Es konnte sogar gezeigt werden, dass Menschen beim Lesen vor dem Bildschirm weniger blinzeln.

Abbildung 4.1 Typischer Blickverlauf auf einem Titelbild

Vielfach wird daher empfohlen, Texte zu kürzen, um Unwohlsein und Konzentrationsschwächen vorzubeugen. Ein Beitrag müsse so knapp gefasst werden, dass er auf eine Bildschirmseite passt. Bei längeren Texten solle mit Fortsetzungsseiten gearbeitet werden. Ob das unterschiedliche Leseverhalten wirklich so gravierende Anpassungen nötig macht, ist aber fraglich. Computerbildschirme existieren schon recht lange. Oft wird die Anpassungsfähigkeit der Menschen unterschätzt. Es spricht – gerade wenn man die junge Generation betrachtet – einiges dafür, dass die Unterschiede beim Lesen am Bildschirm und in klassischen Medien doch nicht so erheblich sind. Kritiker der „Ende-Bildschirm-neue-Seite-Methode" sind der Ansicht, dass hinter dieser Strategie nicht zuletzt das Motiv steht, mehr Seitenabrufe[7] („Page-Impressions") zu erzielen, um mehr Werbung zu verkaufen. Vor allem Nutzer mit relativ hoher Internetaffinität bevorzugen die scrollbaren Seiten gegenüber dem ständigen Klicken, um auf eine neue Seite zu gelangen.

Neben diesem subjektiven Eindruck gibt es auch weitere Vorteile von langen Seiten:

- Das „Scannen" eines Artikels auf relevante Inhalte (Überfliegen) ist einfacher.
- Das Ausdrucken des Artikels fällt leichter.
- Durch Scrollen gelangt man schnell zum Ende des Artikels und kann das Fazit lesen, ohne mehrfach vorher klicken zu müssen.

Der Nutzen langer Seiten ist aber kein Freifahrschein für ausschweifende Texte. Grundsätzlich ist es wichtig, Texte zu straffen und lesefreundlich zu gestalten. Unabhängig davon, welche Art Webtext gestaltet werden soll, sollten Sie einige Grundregeln bei der Formulierung beachten.

Nutzenargumentation

Gute Texte rücken den Leser in den Mittelpunkt und nicht den Autor. Viele Unternehmen machen den Fehler und präsentieren ihren potenziellen Kunden langweilige Produktbeschreibungen, die mehr das eigene Produkt loben, als dass sie klar und deutlich erläutern, warum man es kaufen sollte. Dabei ist es gerade der Nutzen des Produktes, der den potenziellen Käufer interessiert. Bevor Sie einen neuen Werbetext gestalteten, sollten Sie daher analysieren, wie die Konsumenten die Leistung sehen, welchen praktischen Nutzen sie aus dem Produkt ziehen und welche Vorteile sie durch die Nutzung haben. Wenn man beispielsweise einen Boss-Anzug oder ein Chanel-Kostüm kauft, dann nicht primär wegen der Farbe oder des eleganten Schnitts. Es ist das Image, das Modemacher verkaufen. Man findet keine Mode-Werbung, in der die Verarbeitungsqualität der Kleidung besonders hervorgehoben wird, weil dies selbstverständlich ist. Die Nutzenargumentation muss also die Kundensicht in den Mittelpunkt stellen. Ein Versicherungsmakler verkauft zwar Versicherungen, viel wichtiger ist aber, dass er Sicherheit verspricht.

Schon recht lange propagiert das Marketing den Wandel von der leistungsbezogenen hin zu einer kunden- und nutzenzentrierten Vermarktung von Produkten. Kern der Argumentation ist, dass die Kunden nur interessiert, was letzten Endes unterm Strich übrig bleibt,

---

[7] Der Seitenabruf, auch Page View, Page Impression oder Sichtkontakt genannt, ist eine Maßeinheit für den vollständigen Abruf einer Seite im WWW mit allen zugehörigen Elementen wie Grafik oder Texten.

der individuelle Produktnutzen. Nutzen ist ein im Gehirn erzeugtes, künstliches Konstrukt aus Produkteigenschaften einerseits und inneren Wünschen und Bedürfnissen des Konsumenten andererseits. Wenn Konsumenten nach den Vorteilen eines Produkts suchen, dann geschieht dies vordergründig rational anhand der Produktmerkmale. Unbewusst sucht der Mensch jedoch vor allem nach der Befriedigung von elementaren Bedürfniskategorien. An einem Beispiel lässt sich dies anschaulich verdeutlichen.

Angenommen, jemand interessiert sich für einen Festplatten-DVD-Recorder und durchsucht im Internet das Angebot eines großen Elektronikversands. Dabei ist es wahrscheinlich, dass er beim Stöbern auf eine Vielzahl von sehr nüchternen Produktbeschreibungen stößt. Nach einer Weile entdeckt er ein relativ teures Gerät. Es wird mit

> „12 Bit Video-D/A-Wandler / 108 MHz und Noise Shaped Video (NSV) Technologie"

angepriesen. Etwas teurer wird noch ein Recorder mit

> „2 x 12-Bit, 216 MHz Video-D/A-Wandler mit Video Noise Shaping"

und

> „DCDi Faroudja FLI-2310 für beste Progressive Scan-Wiedergabe"

angeboten.

Für einen Neuling auf dem Gebiet der DVD-Recorder-Technologie – und das dürfte die Masse der Kunden sein – sind die beschriebenen Produktmerkmale böhmische Dörfer. Sie stellen den Nutzen der Produktmerkmale für den Kunden nicht dar. Man fragt sich unwillkürlich, was die Produkteigenschaften denn für einen konkreten Vorteil bieten. Zwar versteht man ansatzweise auch als Laie, was sich hinter den Begrifflichkeiten wohl verbergen könnte. „Noise Shaped Video" könnte irgendetwas mit der Bildqualität zu tun haben, und die Megahertzzahl des „Video-D/A-Wandlers" könnte mit der Übertragungsqualität des digitalen DVD-Video-Signals auf ein analoges Fernsehgerät zusammenhängen. Aber „DCDi Faroudja" klingt mehr nach Irak-Krieg als nach unbeschwertem Filmerlebnis.

Will der Kunde nun eine begründete Kaufentscheidung treffen, sucht er nach Informationsquellen im Internet. Webseiten, die die Technologien mit ihren kryptischen Bezeichnungen erklären und so für ihn in Nutzen übersetzen:

- Wie viel mehr an Sehqualität bringt ein 216 MHz Wandler?
- Ist „DCDi Faroudja" so einmalig, dass man damit Freunde und Bekannte beeindrucken kann?
- Bietet „Video Noise Shaping" tatsächlich eine zuverlässigere Rauschunterdrückung als ein Standard-Recorder?

Ob der Nutzer nach dieser Recherche wieder zur Webseite des Elektronikversands zurückkehrt, ist zweifelhaft. Die folgende Beschreibung ist ein besseres Beispiel dafür, wie man technische Produktinformationen nutzenorientiert aufbereitet.

> Die Signalverarbeitung von Faroudja (FLI2310) sorgt für ein Bild, das frei von Bewegungs-Artefakten ist. Ihre Filmsammlung wird so wiedergegeben, wie es der Regisseur beabsichtigt hat,

Dieses kurze Beispiel zeigt, wonach sich viele Konsumenten bei der Informationssuche tatsächlich sehnen: der Befriedigung von tieferliegenden Bedürfnissen:

- Sicherheit (zuverlässig scharfes Bild),
- Prestige (Beeindrucken von Freunden),
- Ästhetik (Bildqualität als Ausdruck von Stil und Schönheit).

Dennoch machen viele Händler und Hersteller den Fehler, herausragende Innovationen und Technologien von einer rein sachlichen Seite zu beleuchten, anstatt das zu erläutern, wonach die Kunden tatsächlich suchen, den individuellen Nutzen. Um den Nutzen für ein Produkt zu finden, bietet sich das folgende Vorgehen an:

- Erfassen Sie im ersten Schritt sämtliche Produkt- beziehungsweise Dienstleistungseigenschaften. Die Eigenschaften des Produkts oder der Dienstleistung stellen die Basis für jede Nutzenargumentation dar.
- Als nächstes formulieren Sie zu jeder Kerneigenschaft der Leistung mindestens eine auf den Nutzen fokussierte Aussage (Nutzeneigenschaften). Wenn Sie ein klares Bild der Zielgruppe haben, können Sie auch gleich spezifische Nutzenaussagen für die Zielkäufer formulieren. Dabei ist es nicht schlimm, wenn Sie in dieser frühen Phase übertriebene oder gar absurde Produktnutzen formulieren. Teilweise entwickeln sich gerade aus diesen „weichen" Nutzenaussagen hinterher sehr gute Differenzierungsmöglichkeiten zum Wettbewerb. Denn so sinnvoll die Orientierung an Bedürfnissen auch ist, letztendlich entscheidet die menschliche Psyche darüber, ob die Nutzenbeschreibung als fesselnd und besonders wahrgenommen wird oder nicht.

Konkrete Gestaltung von Werbetexten

Wie baut man nun konkret einen erfolgreichen Werbetext für die Webseite auf? Ein erfolgreicher Text sollte nach der AIDA-Regel, einer Basisformel der Kommunikation, funktionieren:

- Aufmerksamkeit erregen (Attention).
- Interesse wecken (Interest).
- Verlangen induzieren (Desire).
- Handlung auslösen (Action).[1]

Diese Formel ist zwar schon etwas in die Jahre gekommen, stellt aber gerade durch ihre minimalistische Art konzentriert das dar, worauf es ankommt.

Am wichtigsten ist es, dass Sie zuerst die Aufmerksamkeit der potenziellen Kunden erregen. Hier kommt beispielsweise eine ausgefallene Grafik oder eine ansprechende Überschrift ins Spiel, die den Interessenten aktiviert und dazu motiviert, zu lesen. Um aber wirkliches Interesse zu wecken, braucht es häufig mehr. Ein Zwischentitel und der erste Gesamteindruck des Textes sind entscheidend. Wenn der Leser sich innerlich sagt: „Das muss ich jetzt aber mal genauer wissen", ist bereits viel erreicht. Jetzt müssen Sie ihm die Leistung so schmackhaft machen, dass er sich wünscht, sie zu besitzen. Verspürt der „Fast-Kunde" das Bedürfnis, das Produkt zu erwerben, müssen Sie ihm erklären, was er als nächstes tun muss. Eine klar definierte Handlungsaufforderung führt schlussendlich zum Abschluss einer Transaktion. Besonders wichtige Elemente eines Webseitentextes sind also die Überschriften. Sie gestatten es dem Schnell- und Vielleser, einen Text zu überfliegen. Bei Interesse nimmt er sich dann Zeit, den gesamten Text zu lesen.

Gestaltung der Überschrift
In der Regel bleiben Ihnen nur ein paar Sekunden, um den Nutzer zu überzeugen. Kann die Überschrift das Interesse des Lesers wecken, liest er weiter, wenn nicht, ist ein potenzieller Kunde verloren. Einen Großteil der Zeit und Energie des Textens sollten Sie deshalb in die Erstellung der Überschrift investieren. Der Text kann noch so interessant geschrieben und illustriert sein, wenn die Überschrift nicht anspricht, war die Arbeit vergebens. Oft finden sich in Überschriften Wortspiele, allgemeine Aussagen oder ein Mix aus beidem wie beispielsweise:

> „Nur weil wir selber buttern, haben wir frische Buttermilch." (Ehemaliger Slogan von Weihenstephan)

Eine solche Überschrift bringt zwar Aufmerksamkeit, aber keine genaue Vorstellung, um was es sich bei diesem Angebot handelt. Sie erzeugt auch nicht unbedingt das Interesse, wissen zu wollen, was sich dahinter verbirgt. Um möglichst viele Interessenten dazu zu bringen, den Text zu lesen, muss bereits in der Überschrift klar der Nutzen dargestellt werden.

Ein schlechtes Beispiel:

> „Heute besser als Miete. Später besser als Rente."

Ein gutes Beispiel:

> „Ihr eigenes Haus. Sparen Sie mit uns 37.720,- Euro."

Zwischentitel als Leseaufforderung
Ist das Interesse geweckt, will der Leser mehr erfahren. Kurz und bündig will er wissen, worum es sich bei dem Angebot handelt. Diese Funktion übernehmen Zwischen- beziehungsweise Untertitel. Sie geben dem Leser einen kurzen Überblick über den Inhalt des gesamten Textes. Wenn Sie den Text fertiggestellt haben, sollten Sie ihn nochmals intensiv durcharbeiten und eine Liste aller beschriebenen Nutzenvorteile für potenzielle Interessenten erstellen. Diese Liste kann häufig in einem einzigen Satz zusammengefasst werden.

Schlechtes Beispiel:

> „Bausparen mit einem kompetenten Partner"

Gutes Beispiel:

> „Wir sagen Ihnen, wie Sie ab sofort die staatliche Förderung am besten nutzen."

Noch effektiver wird ein Untertitel, wenn er eine klare Handlungsaufforderung integriert:

> „Erfahren Sie, wie Sie ab sofort die staatliche Förderung am besten nutzen."

Die richtige Formulierung

Wenn man nicht den richtigen Ton trifft oder potenzielle Kunden gar verwirrt, verlassen diese schnell wieder die Webseite. Es ist ein ungeschriebenes Gesetz, dass man nicht so schreibt, wie man spricht. Bereits in der Grundschule wird Kindern beigebracht, dass sich das geschriebene vom gesprochenen Wort unterscheidet. Die meisten Menschen verstehen einen komplizierten Sachverhalt aber besser und schneller durch eine gesprochene Erklärung als durch einen Text. Das persönliche Gespräch zwischen Verkäufer und Käufer ist deshalb häufig auch die effektivste Lösung im Vertrieb. Leider ist dies über das Internet nur bedingt möglich und von den meisten Nutzern auch nicht immer gewünscht. Um die eigenen Verkaufstexte aufzulockern und verständlicher zu gestalten, können Sie aber durchaus Elemente einer Konversation nutzen. Scheuen Sie sich nicht, Aussagen wie „Wir machen das so ...", „Schauen Sie noch einmal hier ..." oder „Lassen Sie uns nun übergehen ..." zu verwenden.

Effektive Wörter

Es gibt außerdem Schlüsselworte, die den Erfolg Ihres Textes merklich erhöhen können. An der richtigen Stelle eingebunden, wird aus einer langweiligen Produktbeschreibung eine spannende Nutzenargumentation. Wörter, die Nutzer aktivieren und daher die Effektivität der Texte steigern, sind beispielhaft in **Tabelle 4.1** aufgeführt.

Tabelle 4.1 Aktivierende Wörter

Neu	günstig	flexibel
Sicher	verlässlich	handlich
Schön	klein	kostenlos
Einfach	leicht	nur für kurze Zeit
Revolutionär	bequem	schnell
Jetzt	nur	

Der Erfolg eines Textes steigt aber nicht, wenn man viele der aufgeführten Wörter hintereinander hängt. Es gibt keine kumulativen Effekte. Vielmehr würde ein solcher Text den Eindruck erwecken, dass es sich um recht plumpe Werbung handelt.

Das Wort „nur" hat in Kommunikationsbotschaften eine besondere Bedeutung.

> „Eine ausgefallene Kollektion aus erlesenen Weinen der Provence, inkl. Lieferung für nur 49,95 Euro."

Fast jeder Preis klingt zunächst vernünftig, wenn man das Wort „nur" davor stellt. Selbst große Preise wirken angemessen, beispielsweise „nur 19.995 Euro" bei einem Auto. Ob das Argument der Preiswürdigkeit haltbar ist, ist eine andere Frage. Wichtig ist es zunächst, Interesse zu erzeugen, damit sich der eigene Kunde mit der Leistung beschäftigt.

Genauso wie es aktivierende Begriffe gibt, führt die Verwendung der folgenden Wörter oft zum Gegenteil:

- „Versuchen": Ein Versuch ist schön und gut, impliziert aber häufig das Scheitern. Kunden wollen nicht, dass Anbieter etwas versuchen, sondern dass die Leistung funktioniert.
- „Vielleicht": Siehe versuchen.
- „Sollten", „könnten", „müssten": Entweder man will, dass die Kunden handeln, oder man will es nicht. Eine Aufforderung wie „Sie sollten ..." ist zu schwach und führt zu Skepsis. Ist sich der Anbieter seiner Sache etwa selbst nicht ganz sicher?
- Verneinungen: Wo immer möglich, sollten Sie auf Verneinungen wie „kann nicht", „soll nicht" und ähnliches verzichten. Eine Verneinung lenkt die Aufmerksamkeit des Kunden direkt auf den verneinten Aspekt. Auch wenn man vermitteln will, dass dieser eine Aspekt gerade nicht auf das eigene Produkt zutrifft, ist es sinnvoller, nicht darauf hinzuweisen. Kunden denken gar nicht darüber nach, was das Produkt alles nicht kann, bevor man sie selbst mit der Nase darauf stößt.
- „Aber": Wer „aber" sagt, verneint die vorherige Aussage.

Kurz, knapp und präzise
Erfahrungsgemäß nehmen sich die Leser für einen Text deutlich weniger Zeit, als der Autor vermutet. Beschreiben Sie deshalb möglichst kurz, knapp und präzise den Nutzen der Leistung. Das wichtigste Kaufargument sollte gleich an den Anfang des Textes gestellt werden. Liest ein potenzieller Kunde nur den ersten Teil der Ausführungen, ist er vielleicht bereits überzeugt. Formulieren Sie kurze Sätze mit nicht mehr als 15 bis 20 Wörtern, das fördert den Lesefluss. **Hervorhebungen** oder **farbliche Markierungen** weisen den Leser zudem auf wichtige Textpassagen hin. Vermeiden Sie Fremdwörter und Buzz-Words. Es mag zunächst großartig klingen, Begriffe wie „leveraged digital capability" oder „parallel reciprocal contingency" zu verwenden, die Verkaufszahlen werden diese Worte aber nicht aufbessern.

Nutzen Sie Auflistungen:

- Sie fassen kurz und präzise wichtige Sachverhalte zusammen,
- erleichtern das Lesen und
- können vom Nutzer schnell aufgenommen werden.

Test der Texte
Gerade wenn man die eigene Leistung bis ins Detail kennt, hat man häufig Scheuklappen auf, die einem den unabhängigen Blick auf deren Nutzen unmöglich machen. Im nächsten Schritt gilt es deshalb, die entwickelten Nutzenaussagen zu testen. Hierzu reicht es meistens schon aus, dass Sie Ihre Ideen einigen Probanden aus der Zielgruppe vorzustellen, um wertvolles Feedback zu bekommen. Eine bedürfnisorientierte Nutzenargumentation ist der Kern einer erfolgreichen Produkt- beziehungsweise Dienstleistungsvermarktung. Nur wenn Ihre Zielgruppe versteht, was Sie zu bieten haben, wird sie die Leistung auch entsprechend wertschätzen. Über eine kreative Nutzenfokussierung lassen sich außerdem geschickt Alleinstellungsmerkmale herausarbeiten, die die eigene Leistung in der Wahrnehmung der Zielgruppe einzigartig erscheinen lassen. So können effizient Wettbewerbsvorteile erschlossen werden.

4.2.3 Informationsarchitektur und Navigationsstruktur

Wenn eine Webseite nur über wenige Einzelseiten verfügt, ist es relativ einfach, den Überblick zu behalten. Bei Webseiten, die über mehrere hundert Einzelseiten verfügen, ist eine Strukturierung nicht nur für den Webmaster notwendig, sondern sollte sich auch in der Nutzerführung beziehungsweise Navigation widerspiegeln.

Bei der Gestaltung der Navigation gibt es eine Vielzahl von Gestaltungsmöglichkeiten, die Sie auch in Kombination miteinander einsetzen können, wie **Abbildung 4.2** zeigt.

Sehr gebräuchlich sind Menüs auf der linken Seite, in denen die verschiedenen Abteilungen der Seite und möglicherweise auch Unterabteilungen aufgeführt werden. Auch Menüs, die vertikal im Kopf der Seite angeordnet sind, werden häufig eingesetzt genauso wie eine seiteninterne Suche am linken oder am rechten Rand der Seite.

Mit der Zeit wächst die Webseite, neue Funktionen werden hinzugefügt und immer mehr Inhalte ergänzt. Früher oder später wird der Internetauftritt dadurch immer komplexer. Informationsarchitektur und Navigationsstruktur sollten aber möglichst beibehalten werden, damit sich die URLs der einzelnen Seiten nicht ändern. Unter Umständen haben Nutzer Seiten als Lesezeichen (Bookmarks)[8] in ihrem Browser gespeichert oder auf die betref-

---

[8] In Bookmarks kann der Benutzer die Adressen von Internet-Seiten speichern – besuchte Seiten lassen sich so schnell wiederfinden, da man sie einfach nur anklicken muss und nicht immer die komplette Adresse per Hand eingeben muss.

fende Seite wurde ein Link gesetzt. Wird die URL geändert, laufen die Links ins Leere. Daher muss die Informationsarchitektur im Vorhinein unbedingt sorgfältig durchgeplant sein. Dabei muss auch berücksichtigt werden, dass die Webseiten durch Suchmaschinen gut gefunden werden können. Voraussetzung dafür ist aber, dass die „Webcrawler", die Webpräsenzen für Suchmaschinen durchsuchen, die Seite vollständig indizieren, wofür die Informationsarchitektur nicht zu tief sein darf. Als Faustregel kann man sagen, dass alle Webseiten, die mehr als sechs Klicks von der Startseite entfernt sind, Gefahr laufen, nicht indiziert zu werden. Dies ist natürlich besonders für Webseiten mit vielen Neuigkeiten wie Nachrichtenseiten eine große Herausforderung.

Abbildung 4.2   Navigation von Webseiten (Quelle: www.monsterzeug.de)

Gestaltung der Informationsarchitektur

Um die Informationsarchitektur optimal zu gestalten, sollten Sie einige grundlegende Aspekte beachten.

Hindernisse abbauen

Besucher kommen auf eine Webseite, um bestimmte Handlungen auszuführen. Sie lesen News, besuchen den Downloadbereich, informieren sich über Produkte und so weiter. Man sollte als Betreiber eine Liste aller Aktionen erstellen, die Besucher auf der Webseite vornehmen können und wollen. Hierzu zählen unter Umständen auch komplexe Vorgänge. Nutzer suchen nicht nur nach Informationen, sondern wollen zum Beispiel häufig auch die Premiumversion eines Produkts mit der Basisvariante vergleichen können. Ist die Liste erstellt, sollten Sie jeden Vorgang Schritt für Schritt durchgehen und versuchen, Hindernisse für die Besucher abzubauen. Oft sind Fehler in der Benutzerführung gar nicht so schnell erkennbar. Bei der Suche können Logfiles helfen. Anhand der Besucherpfade durch die Seite kann man erkennen, welche Inhalte auf der Webseite besonders häufig abgefragt wurden und auf welchem Weg die Besucher dorthin gelangt sind. Wenn die Nutzer immer einen Umweg von drei Seiten nehmen, um zum Downloadbereich zu gelangen, gilt es herauszufinden, warum.

Short Cuts
Für Nutzer, die das Angebot schon lange kennen, sind Abkürzungen (engl. Short Cuts) hilfreich. Andernfalls wird es gerade für diese erfahrenen User irgendwann zur Last, fünfmal zu klicken, um die gewünschte Seite zu erreichen. Viele Banken binden beispielsweise gleich auf der Startseite einen Button „Zum Online-Banking" ein.

Orientierung erleichtern
Über Suchmaschinen und Links können Besucher direkt auf irgendeine Seite der Internetpräsenz gelangen. Um diesen Nutzern die Orientierung zu erleichtern, sollte es klar erkennbar sein, was sie gerade betrachten und bei wem. Jede einzelne Page der Webseite sollte daher mit Namen und Logo des Unternehmens versehen werden. So weiß der User umgehend, wo er sich befindet.

Auch für regelmäßige Nutzer ist es leicht, sich auf einer komplexen Webseite zu verirren. Schnell kann es passieren, dass die Benutzer den Überblick darüber verlieren, wo sie sind und vor allem wo sie vorher waren. Zeigen Sie daher Ihren Besuchern auf jeder einzelnen Seite, wo sie sich befinden. Dazu können Sie beispielsweise die aktivierte Kategorie in der Navigation farbig hervorheben (siehe **Abbildung 4.3**).

Standards
Webseiten sollten dem Leseverhalten der Nutzer entsprechend aufgebaut sein. Da die Nutzer die Seite von links oben nach rechts unten „scannen", sollten die wichtigsten Elemente, wie Logo und Firmennamen, immer links oben platziert sein. Vermeiden Sie eine Positionierung in der rechten Ecke. Nicht nur, dass der Blick der Besucher hier zuletzt hinfällt, es ist auch ungewohnt. Gewohnheit führt zu Vertrauen, Ungewohntes zu Skepsis. Webseiten sollten also nicht dem widersprechen, was die Nutzer erwarten. Nur wenn man einen sehr guten Grund hat, sollten Internet-Standards wie die Eigenschaften von Links verändert werden (Farbe, unterstrichen und so weiter). Seiten, die in Flash[9] programmiert sind, heben sich zwar optisch von vielen anderen Webseiten ab, können aber von vielen Nutzern erst nach Download eines entsprechenden Plug-Ins[10] betrachtet werden und sind für viele Nutzer, was Navigation und Struktur angeht, erst einmal ungewohnt. Überdies können Bookmarks dann nur auf die Domain, aber nicht einzelne Unterseiten gesetzt werden.

---

[9] Flash (deutsch: Blitz) ist ein von Macromedia entwickeltes Programm zum Erstellen von Animationen inklusive Sound und Interaktivität auf Webseiten. Zum Abspielen ist der Flash-Player als Plug-In für den Browser nötig.

[10] Ein Plug-In ist eine Erweiterung für Programme zur Darstellung von nicht im Programm-Standard vorgesehenen Datentypen, zum Beispiele Multimedia-Plug-Ins für Browser.

Abbildung 4.3 Übersichtselemente der Navigation (Quelle: www.discount24.de)

Splash-Screens

Vermeiden Sie Vorschaltseiten (Splash-Screens). Dies sind Seiten, die der eigentlichen Hauptseite vorgeschaltet sind und neben einer allgemeinen Begrüßungsfloskel das aufwendig gestaltete Logo in Großansicht enthalten. Seiten dieser Art sind vollkommen überflüssig, da sie den Besuchern keine Vorteile bringen. In die gleiche Kategorie fallen auch Flash-Intros. Die Bewunderung der Arbeit der Grafiker mag für Werbeagenturen wichtig sein, ansonsten sind Vorschaltseiten wertlos.

Konzeption der Inhalte

Die Inhalte auf der Webseite sind zumeist hierarchisch strukturiert, indem unterschiedliche Inhalte zu Kategorien (zum Beispiel „Produktinformationen" oder „Über uns") zusammengefasst werden. Auf oberster Ebene findet sich die Startseite als Eingangsseite, die einen Überblick über die gesamte Webseite gibt und häufig bereits direkt auf aktuelle Angebote oder Neuigkeiten verweist. Eine Reihe von Informationen ist dabei so wesentlich, dass sie auf jede Internetpräsenz gehört.

Name und Logo
Ein sehr wichtiger Bestandteil der Webseite sind Name und Logo des Unternehmens. Es sollte niemals ein Geheimnis daraus gemacht werden, wer der potenzielle Geschäftspartner ist. Gleich auf der Startseite und bei jeder weiteren Seite muss der potenzielle Kunde wissen, bei welchem Unternehmen er gelandet ist.

Aktuelles (Neuigkeiten)
Lassen Sie Ihre Besucher sofort erkennen, was es Neues auf der Webseite gibt und was sich geändert hat. Sinnvoll ist es, eine Kategorie „Neu auf der Seite" oder „Aktuelles" zu integrieren. Werden demnächst neue Produkt in einigen Kaufhäusern präsentiert oder auf einer Messe ausgestellt, setzen Sie am besten einen Link zu diesen Informationen direkt auf die Startseite.

Schnäppchen und Angebote
Sonderangebote wecken schnell das Nutzerinteresse und wirken aktivierend. Weisen Sie deshalb gleich auf der Startseite darauf hin beziehungsweise verlinken Sie darauf.

Downloads
Shareware, Freeware, Artikel oder Broschüren, aber auch kostenlose praxisnahe Artikel können im Downloadbereich angeboten werden. Eine KFZ-Versicherung kann zum Beispiel erläutern, auf was bei einem Unfall besonders geachtet werden muss, ein Maler kann Tipps zur Wahl der Innenraumfarben geben.

Links
Interessante Links erhöhen die Attraktivität der Webseite. Der Austausch von Links mit anderen Webseiten erhöht zudem die eigene Linkpopularität, da gut verlinkte Webseiten von Suchmaschinen höher platziert werden (siehe Kapitel 9.2.2).

Pressemitteilungen
Pressemitteilungen geben Kunden und Journalisten einen tieferen Einblick in das Unternehmen. Sie erfahren hier beispielsweise etwas über Produktinnovationen, den Umsatz im letzten Jahr oder wie die Zukunftsfähigkeit des Unternehmens durch strategische Kooperationen ausgebaut wird. Auch die Zeitungsartikel, die über das Unternehmen erschienen sind, sollten hier veröffentlicht werden. Journalisten informieren sich gerne vorab, was Kollegen über ein Unternehmen schreiben. Solche Informationen bieten in Ergänzung der klassischen Öffentlichkeitsarbeit eine ideale Plattform zur Darstellung bei Kunden und Öffentlichkeit (siehe Kapitel 10).

Hilfefunktionen/FAQ
Insbesondere neue Besucher haben viele Fragen. Es ist unrealistisch, alle auf der Startseite beantworten zu wollen. Hilfefunktionen wie Frequently asked questions (FAQ; deutsch: häufig gestellte Fragen)[11] sind deshalb äußerst wichtig, um neuen Besuchern die Orientierung zu erleichtern und schnelle Erfolgserlebnisse zu ermöglichen.

---

[11] FAQs sind eine Sammlung von oft gestellten Fragen und den dazugehörigen Antworten zu einem Thema.

Bestellprozess

Dem Kunden muss es so einfach wie möglich gemacht werden, Geschäfte abzuschließen, Bestellseite oder Bestellbutton dürfen daher nie versteckt werden. Prüfen Sie für jede Seite der Internetpräsenz, wie schnell der Kunde zur Bestellseite gelangen kann, falls er sich entschließt, das Produkt zu kaufen.

Zur Auswahl des Produktes legt der Nutzer die Ware zumeist in einen virtuellen, grafisch visualisierten Warenkorb (bei Modehäusern häufig eine Einkaufstüte) und kann dann weiter das Angebot des Händlers durchstöbern. Der Warenkorb sollte (etwa in der Kopfzeile) immer sichtbar und dadurch erreichbar sein. Bei Klick auf den Warenkorb werden die bisher gewählten Produkte angezeigt mit der Möglichkeit, die Anzahl zu ändern (oder den Artikel ganz zu löschen) und den Bestell- und Zahlvorgang zu initiieren. Der Ablauf des Bestellvorgangs sollte für den Käufer (wie in **Abbildung 4.4** dargestellt) skizziert werden, da Kunden sonst ungeduldig werden können.

Abbildung 4.4 Warenkorb und Bestellvorgang (Quelle: www.amazon.de)

Dadurch wird die Wahrscheinlichkeit gemindert, dass der Nutzer einen Bestellvorgang abbricht, der ihm zu lange dauert. Stammkunden, die häufig identische Produkte bestellen (zum Beispiel Druckerpatronen), sollten Sie die Möglichkeit einräumen, sich direkt mit Kundenkennung einzuloggen, eine alte Bestellung wieder aufzurufen und gleichlautende Nachbestellungen zu tätigen.

Kontaktinformationen

Viele Webseiten verstecken geradezu ihre Kontaktinformationen. Wenn Kunden aber das Gefühl haben, dass man das Unternehmen nur schwer kontaktieren kann, fühlen sie sich unwohl. Fehlt einem potenziellen Kunden das Vertrauen zum Unternehmen, wird er bestimmt nichts kaufen. Binden Sie deshalb auf jeder Seite der Webseite Kontaktinformationen ein. Am Ende jeder einzelnen Seite der Webseite sollte daher zumindest in der Fußleiste Adresse, Telefonnummer, E-Mail-Adresse und Domain integriert werden. Viele Besucher einzelner Internetseiten drucken diese aus, können sich aber später nicht mehr daran erinnern, wo sie die Infos gefunden haben. Mit Kontaktinformationen in der Fußzeile haben potenzielle Kunden auch gedruckt alle wesentlichen Kontaktinformationen zur Hand. Interessenten haben so die Möglichkeit, umgehend Kontakt mit dem Anbieter aufzunehmen.

Impressum

Ein Impressum als Absenderkennung ist nach § 5 des Telemediengesetzes für alle geschäftlichen Webseiten Pflicht. Hier können die Besucher schnell und übersichtlich erfahren, wer der Verantwortliche für die Seiten ist. Darüber hinaus ist das Impressum für fast alle Arten von Internetangeboten gesetzlich vorgeschrieben. Die Impressumspflicht trifft jeden gewerblichen Anbieter sowie Zeitungen und Magazine im Internet. Was das Impressum im Einzelnen enthalten muss, ist rechtlich detailliert geregelt:

- Name und Anschrift: Zunächst sind Name und Anschrift der verantwortlichen Person im Unternehmen anzugeben. Bei juristischen Personen (also vor allem GmbH und AG) ist die Angabe des Vertretungsberechtigten, Geschäftsführer oder Vorstand, vorgeschrieben. Bei Diensten, die unter den Staatsvertrag über Mediendienste (MDStV) fallen, ist zusätzlich ein Verantwortlicher für den Inhalt zu nennen. Teilen sich mehrere Redakteure die Arbeit, sind die Ressorts mit den jeweiligen Verantwortlichkeiten aufzuführen.

- E-Mail und Telefon: Auch wenn es im virtuellen Zeitalter des Internets altmodisch erscheint, sind traditionelle Kontaktinformationen äußerst wichtig. Selbst wenn das Produkt online gekauft und ohne Medienbruch direkt heruntergeladen werden kann, sollte nicht nur eine E-Mail-Adresse als Kontaktmöglichkeit offeriert werden. Zu groß ist die Skepsis vieler Internetnutzer, oft gar nicht mal unberechtigt: Wenn man von einem relativ unbekannten Unternehmen eine Software kaufen will, würde wohl jeder misstrauisch werden, wenn dieses keine Telefonnummer oder Adresse zu haben scheint. Der Gesetzgeber fordert Angaben, die eine schnelle elektronische Kontaktaufnahme und unmittelbare Kommunikation ermöglichen. Deshalb sind mindestens eine E-Mail-Adresse und eine Telefonnummer anzugeben.

- Registernummer: Falls vorhanden, ist die Angabe der Registernummer des Handels-, Vereins-, Genossenschafts- oder Partnerschaftsregisters verbindlich. Liegt eine Umsatzsteueridentifikationsnummer nach § 27a des Umsatzsteuergesetzes vor, ist auch diese zu nennen.

- Zulassungen: Wenn das Unternehmen beziehungsweise bestimmte Leistungen behördlich zugelassen sind, ist ein Verweis auf die zuständigen Aufsichtsbehörden nötig.

- Formvorschriften: Damit niemand seine Angaben versteckt oder missverständlich positioniert, gibt es Formvorschriften, die bei der Einbindung eines Impressums eingehalten werden müssen. Der Gesetzgeber schreibt vor, dass die Informationen leicht erkennbar, unmittelbar erreichbar und ständig verfügbar sein müssen.

Es ist zweckmäßig, eine zentrale Impressumsseite zu schaffen und einen Link dazu in der obersten Hierarchiestufe der Navigationsstruktur einzubinden.

Anfahrtsbeschreibung mit Karte
Wenn neben dem Internetauftritt auch noch ein Geschäftslokal unterhalten wird, ist eine Wegbeschreibung Pflicht. Geschäftspartner suchen auf der Webseite häufig nach einer Anfahrtsbeschreibung. Daneben kann eine aussagekräftige Übersichtskarte mit eingebunden werden. Bei mehreren Filialen oder Standorten bieten sich ein Filialfinder und eine dynamische Routenplanung an, zum Beispiel über Map24.de oder Google Maps.

Sitemap

Auch wenn man selbst hervorragend durch die Webseite navigieren kann, heißt das nicht unbedingt, dass es allen Besuchern genauso ergeht. Navigationselemente werden oft von Webseite zu Webseite unterschiedlich bezeichnet. Ob man den richtigen Ansprechpartner nun im „Impressum", unter „Kontakt" oder „Das Unternehmen" findet, ist von der Struktur der jeweiligen Internetpräsenz abhängig. Eine Sitemap, die alle Kategorien der Webseite und alle einzelnen Seiten auflistet, kann hier als Orientierungshilfe dienen. Der wohl größte Vorteil einer Sitemap ist, dass sie Suchmaschinen die Indizierung der Webseite erleichtert (siehe Kapitel 9.2.1). Wenn auf der Startseite ein Link zur Sitemap gesetzt wird, können die Webcrawler von hier aus bequem alle Bereiche der Webseite erreichen und indizieren.

Startseiten-Usability

Viele Nutzer landen zunächst auf der Startseite eines Internetangebots und entscheiden meist schon hier, ob sie der Webseite eine Chance geben oder nicht. Auf der Startseite sollte kurz, klar und verständlich beschrieben werden, was angeboten wird und was die Leistungen besonders macht, sprich, von Wettbewerbern unterscheidet. Doch die Startseite ist häufig nicht für neue Kunden, sondern eher für wiederkehrende Nutzer optimiert. Neue Besucher finden sich deshalb nicht immer gleich zurecht und verlassen die Webseite frustriert nach kurzer Zeit. Wichtig ist daher, dass Sie auf der Startseite gezielt Mechanismen integrieren, die neuen Nutzern die Orientierung erleichtern und Ihre Leistungen verständlich erläutern. Doch wie gestaltet man eine Startseite, die sowohl für wiederkehrende wie auch neue Besucher gleichermaßen ansprechend und informativ ist?

Speziell für neue Besucher

Zunächst kann ein zentraler Bereich der Startseite speziell für neue Besucher abgegrenzt werden. Ein Beispiel für eine solche Vorgehensweise liefert die Seite BabyCenter.de.

Im Zentrum der Seite werden neue Nutzer umgehend auf die für sie wichtigen Informationen hingewiesen. Interessant ist dabei, dass das Unternehmen die Kommunikation umdreht und nicht berichtet, was es bietet, sondern über einen Fragekatalog Informationen vom potenziellen Kunden abfragt und so einen Dialog beginnt.

Geschickt ist das Vorgehen von BabyCenter vor allem, weil häufige Nutzer die Startseite in der Regel nur überfliegen und nicht Zeile für Zeile durchgehen. Sie blenden den Hinweis für neue Nutzer früher oder später einfach aus und widmen sich vornehmlich den Inhalten für wiederkehrende Besucher.

Klare Trennung von Zielgruppen

Vermeiden Sie es – wann immer möglich –, ein und dieselbe Webseite für unterschiedliche Zielgruppen zu verwenden. Das Angebot ist dann nur ein Kompromiss. Ein Wettbewerber, der sich auf eine bestimmte Zielgruppe festlegt, wirkt durch seine Spezialisierung professioneller und ist dadurch auf lange Sicht überlegen. Da es nicht immer finanziell möglich ist, viele unterschiedliche Webseiten zu unterhalten, ist es sinnvoll, zumindest strukturelle Grenzen einzubauen.

Wenn Sie die Vorgehensweisen der einzelnen Zielgruppen analysieren, können Sie ermitteln, welche Ansprüche diese an den Internetauftritt stellen. Trennen Sie unterschiedliche Kundengruppen so früh wie möglich. Wenn man als Unternehmen neben neuen und wiederkehrenden Nutzern ebenfalls noch unterschiedliche Zielgruppen (zum Beispiel Privat- und Geschäftskunden) erreichen will, wird es schwierig, die speziellen Inhalte für alle diese Anspruchsgruppen auf einer einzigen Startseite zur Verfügung zu stellen. In solchen Fällen kann es sich anbieten, zunächst eine grundsätzliche Trennung der Zielgruppen vorzunehmen. Dell folgt dieser Vorgehensweise und unterteilt zunächst zwischen Privatanwendern, Firmen- und Großkunden sowie öffentlichen Auftraggebern (siehe **Abbildung 4.5**).

Abbildung 4.5   Startseite mit Zielgruppentrennung (Quelle: www.dell.de)

Geschlossene Benutzerumgebung
Wenn sich die Besucher in registrierte und unregistrierte Nutzer einteilen lassen, bietet es sich an, ersteren gleich auf der Startseite eine Möglichkeit zum Einloggen anzubieten. So kann ein Großteil der Fläche der Startseite zur Gewinnung neuer Kunden verwendet werden.

Die richtigen Produkte auf der Startseite
Als Shopbetreiber stößt man immer wieder auf ein Problem: Welche Produkte sollen auf die Startseite? Sollen vor allem Neuerscheinungen oder doch lieber die Top-Seller gut sichtbar platziert werden? Die Entscheidung ist nicht einfach, da die meisten Online-Händler sehr viele Produkte im Sortiment haben.

Das Problem mit Bestsellerlisten oder Top-Sellern ist, dass sie vergangenheitsbezogen sind. Je nachdem, welcher Zeitraum zur Berechnung herangezogen wird, sind sie gerade noch aktuell beziehungsweise schon wieder veraltet. Neuerscheinungen sind natürlich aktueller; man kann aber nie ganz sicher sein, welche der vielen Neuheiten am ehesten den Geschmack des Kunden trifft. Hilfreich wäre eine deutschlandweite Übersicht der am meisten verkauften und der am häufigsten gesuchten Produkte, geordnet nach einzelnen Kategorien und Subkategorien und täglich aktualisiert. Geboten wird dieser Service von den großen Preissuchmaschinen wie geizkragen.de oder guenstiger.de. Diese bieten neben dem Preisvergleich auch die Möglichkeit, in jeder Kategorie die beliebtesten Artikel aufzulisten. Dazu kann man einen Preisfilter angeben und erhält so nur die beliebtesten Artikel bis zu einer gewissen Preisobergrenze (siehe **Abbildung 4.6**).

Abbildung 4.6 Beliebtheit von Gütern (Quelle: www.geizkragen.de)

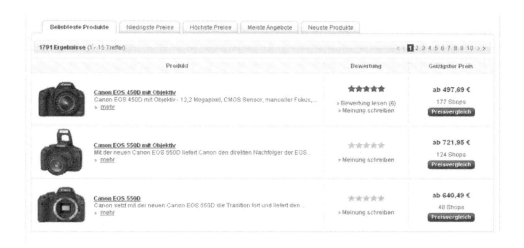

Um Trends frühzeitig zu erkennen, lohnt sich auch der Blick in die USA. Hier gibt es viele ähnliche Dienste, die man auswerten kann. Die Beliebtheitsdaten der Preissuchmaschinen können nicht nur bei der effektiveren Gestaltung der Startseitenangebote helfen. Wenn Sie sie konsequent nutzen, können Sie auch entscheiden, welche Produkte primär vermarktet werden sollten.

4.2.4 Layout und Design

Hinsichtlich Design und Layout der Webseite stehen unzählige Gestaltungsmöglichkeiten zur Verfügung, sodass keine allgemeingültigen Empfehlungen abgegeben werden können – außer, dass die Präferenzen der Zielgruppe bestmöglich erfüllt werden sollten.

Besonders wichtig, um psychologische Wirkungen zu erzeugen, sind Bilder. Die Imagery-Forschung zeigt, dass bildliche Informationen von Menschen im Gegensatz zu Textinformationen unbewusst und schneller verarbeitet werden sowie eine emotionalere Wirkung haben als Textinformationen. Daher spielen Bildinformationen auch eine zentrale Rolle bei der Aufladung von Marken durch Emotionen in der Werbung.[1] In der Online-Kommunikation werden grafische Elemente in Form von Icons, etwa dem Warenkorb, eingesetzt, um eine schnelle Erfassung durch den Nutzer zu erreichen.

Die grafischen Elemente sollten klar angeordnet sein und die Webseite nicht überfrachten. Achten Sie darauf, dass Text und grafische Elemente in einem angemessenen Verhältnis zueinander stehen. Grundsätzlich gilt, dass der Blick des Betrachters sich automatisch größeren, hellen Objekten zuwendet. Hintergrund und Textfarbe sollten eine angenehme Lesbarkeit unterstützen. Wiedererkennbare, auf allen Seiten einheitlich gestaltete grafische oder textbasierte Elemente geben dem Nutzer das sichere Gefühl, direkt auf die für ihn interessanten Informationen zugreifen zu können. Dazu gehört eine ständig sichtbare Navigationsleiste oder das Unternehmenslogo oben links, das den Nutzer zur Eingangsseite verlinkt. Diese grundlegenden Navigationselemente spielen auch eine wichtige Rolle für die grafische Identität der Webseite. Einheitliche Bedienungs- und Seitenelemente sorgen für ein konsistentes Erscheinungsbild und helfen dem Nutzer, sich zu orientieren.

Darstellung der Produkte
Speziell für Online-Shops ist neben ausführlichen Beschreibungen der Produkte eine Reihe weiterer Angaben essentiell:

- Preise: Es sollte für die potenziellen Kunden immer klar sein, was die Leistungen kosten. Auch wenn die Preisfindung unter Umständen (etwa bei Dienstleistungen) schwierig ist, sollte man den Kunden nicht im Ungewissen lassen. Es gibt Webseiten, die verstecken ihre Preise oder geben Preise „nur auf Anfrage" heraus. Dieses Vorgehen stellt nur dann keinen Wettbewerbsnachteil dar, wenn keiner der Wettbewerber Preise auf seiner Webseite angibt. In allen anderen Fällen sind Preisangaben Pflicht. Ansonsten ordnen die Kunden das Unternehmen im Zweifelsfall immer in das höchste Preissegment ein.

- Lieferbedingungen: Wegen der Lieferbedingungen verlieren Online-Händler viele sicher geglaubte Bestellungen. Wenn jemand sich zu einem Kauf entschließt und nicht ausreichend erfährt, wann, wie und zu welchen Kosten das Produkt geliefert wird, wird er seine Bestellung nicht abschicken. Die Art und Weise der Lieferung des Produkts muss klar und deutlich beschrieben werden, das heißt, mit welchen Lieferkosten und -zeiten zu rechnen ist, und auf welchem Weg das Produkt zum Kunden gelangt (via Post, Paketdienst, E-Mail oder per Download). Der Online-Händler sollte dabei immer ehrlich sein. Wenn eine Lieferung erst in drei Wochen möglich ist, dann ist das nun mal so. Es bringt nichts, eine kürzere Lieferfrist anzugeben, die Folge ist meist überaus großer Ärger und keine Wiederholungskäufe.

Wesentlicher Unterschied zwischen stationärem und Online-Handel ist, dass der Konsument bei letzterem auf visuelle und unter Umständen auditive Sinneseindrücke beschränkt bleibt, während er im stationären Handel das Produkt je nach Produkteigenschaften sehen, hören, tasten, schmecken und riechen kann. Im Online-Handel fehlt dem Konsumenten die Möglichkeit, sich selbst vor dem Kauf von Beschaffenheit und Qualität des Produktes zu überzeugen. Während im stationären Handel persönliche Beratung und Verpackung die wichtigsten Instrumente sind, um den Kunden Produktinformationen (zum Beispiel über Größe, Haltbarkeit, Preis oder Herkunft der Ware) zu vermitteln, stehen im Rahmen der Darstellung auf der Webseite andere Möglichkeiten zur Verfügung. So können Produkte in verschiedenen Anwendungssituationen dargestellt oder Musik und grafische Elemente zur gezielten Beeinflussung der Nutzer eingesetzt werden.

Im Internet können Sie als Anbieter verschiedene Optionen zur Darstellung von Produkten bereitstellen, mit denen zumindest das Gefühl einer eingehenden Prüfbarkeit vermittelt wird – zum Beispiel durch Drehen, Zoomen oder Ähnliches. In der Produktdarstellung ergeben sich im Vergleich zu gedruckten Katalogen einige Vorteile. So kann das Produkt relativ problemlos aus unterschiedlichen Perspektiven und in unterschiedlichen Größen oder Auflösungen und Farben dargestellt werden. Über ein Menü oder eine Suche kann der Nachfrager im Produktangebot recherchieren, ein- beziehungsweise ausblendbare Hilfetexte können zum Beispiel technische Detailinformationen liefern.

Die relativ schnelle und flexible Gestaltung der Präsentation von Produkten und Services auf Webseiten ist ein großer Vorteil im Vergleich zu klassischen Kommunikationsmitteln wie gedruckten Prospekten oder Katalogen.

Linktexte

Links ziehen als Eyecatcher die Aufmerksamkeit des Nutzers an, leiten ihn und führen ihn zu den gewünschten Informationen. Viele Nutzer scannen den Text nur oberflächlich. Aussagefähige, farblich hervorgehobene Links können ein Argument sein, die Webseite ausführlicher zu begutachten. Links sind ein Versprechen, dass der darauf folgende Inhalt dem entspricht, was der Nutzer auch erwartet. Doch obwohl sich eigentlich fast jeder selbst ärgert, wenn man nicht schnell die erwarteten Informationen findet, beschränken sich viele Webseitenbetreiber auf Linktexte, die nur ein oder zwei nicht aussagekräftige Worte umfassen. An einem Beispiel soll demonstriert werden, wie unterschiedlich Links wirken können.

Angenommen, ein Dienstleister für Online-Marketing will potenziellen Kunden seine Expertise beweisen und einen kostenlosen Ratgeber zum Thema E-Mail-Marketing als PDF-Dokument zum Download anbieten. Welcher der vier vorgestellten Verweise sagt den Nutzern auf den ersten Blick, was sie auf der Landing Page erwartet?

> Kostenloser Ratgeber
>
> E-Mail Marketing
>
> 87 E-Mail Marketing Strategien & Taktiken
>
> Kostenloser Ratgeber: 87 E-Mail Marketing Strategien & Taktiken

Link Nr. 1 sagt beim Überfliegen nichts anderes aus, als dass es sich hier um einen kostenlosen Ratgeber handelt. Der Link Nr. 2 ist da schon spezifischer. Er verweist bereits auf den Inhalt, nennt aber nur die Worte „E-Mail Marketing" und nicht, dass sich hinter dem Verweis ein umfangreicher und vor allem kostenloser Ratgeber versteckt.

Link Nr. 3 und 4 erfüllen schon eher den Zweck der Orientierung, wobei Link Nr. 4 sogar einbezieht, dass es sich um einen Ratgeber handelt. Doch was macht man bei komplexeren Aussagen: Noch mehr Wörter einbeziehen – bis hin zu ganzen Absätzen? Nein, denn ab einer gewissen Anzahl Wörter sinkt die Effektivität eines Links wieder. Ein effektiver Link ist drei bis zehn Wörter lang, abhängig vom jeweiligen Kontext.

Außerdem sollte der Linktext den Nutzen beschreiben und die zentralen Keywords enthalten. Linktexte, die keinen impliziten Vorteil für den Nutzer offerieren, werden nur selten angeklickt. Nur wenn der Klick von vornherein als lohnenswert erscheint, ist ein Link auch erfolgreich. Auch Suchmaschinen schätzen aussagefähige Links, in denen Suchwörter vorkommen, höher ein.

Der letzte Bestandteil erfolgreicher Links ist eine effektive Handlungsaufforderung. Sie appelliert an die emotionale Ebene des menschlichen Bewusstseins und versucht, einen Impuls auszulösen. Handlungsaufforderungen können Imperative sein, die regelrecht zum Klick auffordern. Effektiv sind aber auch indirekte Handlungsanreize, wie beispielsweise die Limitierung oder die zeitliche Befristung eines Angebots. Bezogen auf das obige Beispiel gab es mit dem kostenlosen Ratgeber zwar ein lohnenswertes Angebot, aber keine klare Handlungsaufforderung.

Ein effektiver Link mit Handlungsaufforderung könnte beispielsweise wie folgt aussehen:

- Ratgeber: 87 E-Mail Marketing Strategien & Taktiken. Jetzt kostenlos downloaden

Eine Handlungsaufforderung muss aber nicht so direkt sein. Die folgenden Links dürften sich ebenfalls als effektiv herausstellen.

- Erprobte E-Mail Marketing Taktiken. Kostenlosen Ratgeber sichern (278KB PDF)
- Nur kurze Zeit: Kostenloser E-Mail Marketing Ratgeber
- Kostenloser E-Mail Marketing Leitfaden (limitierte Auflage)

Man sollte immer ausführlich verschiedene Formulierungen testen, bevor man sich endgültig für einen Linktext entscheidet.

Linkziele

Auch die hinter den Links liegenden Seiten müssen optimiert werden. Die „Landing Page" sollte im Fall des oben genannten Beispiels entweder gleich das PDF laden oder den Nutzer zumindest auf eine Seite führen, deren Ranking im Suchergebnis der Suchmaschinen steigen soll. Muss er erst nach dem Download suchen, weil nur die Startseite verlinkt wurde, ist er genauso schnell wieder weg, wie er gekommen ist.

Richtig angewandt erhöhen Links nicht nur die Orientierung, sondern bieten auch die Möglichkeit, die Nutzer gezielt auf die Webseite zu lenken und auf besondere Angebote des Unternehmens effektiv hinzuweisen.

4.3 Internationalisierung von Webseiten

Spätestens wenn das Potenzial auf dem Heimatmarkt ausgeschöpft ist, kommt die Internationalisierung der Geschäftstätigkeit auf die Agenda. Auch wenn sich jeder bewusst ist, dass die Welt durch die Globalisierung zusammenrückt, sehen viele Menschen die Welt nur aus der Sicht ihres eigenen Kulturkreises. Dabei kann es sein, dass gerade im internationalen Vertrieb von Waren ein großes Potenzial liegt. Bayerische Bierkrüge, die nur mäßigen Absatz in Norddeutschland erzielen, können Verkaufsschlager in den USA oder Großbritannien sein. Die folgenden Schritte stellen einen Überblick dar, um erste Überlegungen in Richtung einer internationalen Online-Kommunikation anzustellen. Ausgangspunkt dafür ist die Internationalisierung der Webseite.

4.3.1 Kulturelle Unterschiede

Es gibt viele Unterschiede zwischen den Kulturen. Manche wirken sich im Internet mehr aus, manche weniger. Die wichtigsten kulturellen Merkmale im Zusammenhang mit Online-Kommunikation sind: [8]

Universalisten vs. Partikularisten
Menschen mit einer universalistischen Orientierung glauben an ein universell gültiges System unumstößlicher Regeln und Gesetze. Universalismus ist besonders ausgeprägt in Ländern wie Amerika, Deutschland, Australien und der Schweiz. Für Universalisten gibt es für ein Problem in der Regel nur eine richtige Lösung. Universalisten bauen ihre Gespräche und Texte vor allem auf rationalen und fachlichen Argumenten auf. Eine direkte „Kommen-wir-zum-Geschäft-Haltung" ist charakteristisch für eine universalistische Grundeinstellung. Partikularisten hingegen entscheiden abhängig von den Gegebenheiten einer Situation und damit weniger universell (also weniger einheitlich beziehungsweise auf „das Ganze" bezogen). Partikularismus ist besonders ausgeprägt in Ländern wie China, Südkorea und Malaysia. Für Partikularisten sind die jeweiligen Umstände zumeist wichtiger als allgemeine Regeln.

Wenn Sie eine Webseite für eine partikularistische Zielgruppe gestalten, ist es wichtig, dass andere Schwerpunkte gesetzt werden. Der persönliche Kontakt und private Beziehungen sind für Partikularisten wesentlich wichtiger als das Produkt. Small Talk stellt beispielsweise für einen Partikularisten kein Begrüßungsgeplauder dar, sondern ist ein wichtiger Bestandteil der Geschäftsverhandlungen. In asiatischen Kulturen ist es beispielsweise üblich, zunächst ausführliche Informationen über das Unternehmen zu erhalten. Erst danach ist das Produktangebot von Interesse. In Europa und Amerika ist es genau andersherum. Berücksichtigen Sie diese Tatsache bei der Navigationsstruktur und der Informationsarchitektur der Webseite.

Synchrone oder sequentielle Kommunikation
Ein für das Design der Webseite entscheidendes Kriterium ist die zeitliche Orientierung einer Kultur. Erledigen die Menschen ihre Aufgaben synchron (also viele Dinge zur gleichen Zeit) oder behandeln sie sie der Reihe nach (eins nach dem anderen)? In Lateinamerika und auch Asien ist es üblich, viele Aufgaben parallel zu erledigen; europäische Manager arbeiten in der Regel eines nach dem anderen ab. Von dieser zeitlichen Orientierung ist die Informationsdichte abhängig, die die Angehörigen der jeweiligen Kultur verarbeiten können. So liegt die Toleranzschwelle bei der Anzahl von parallelen Text- und Bildspalten in westlichen Ländern bei maximal drei, Japaner haben selbst bei vier oder fünf Spalten keine Orientierungsprobleme.

Emotionale Kommunikation
Ein anderer großer Unterschied von Kulturen liegt darin, wie Emotionen geäußert werden. So unterscheidet man zwischen Kulturen, in denen Gefühle offen gezeigt werden (zum Beispiel Italiener) und in denen Gefühle eher verborgen werden (zum Beispiel Japaner). Wenn Sie in einem stark gefühlsbetonten Land Erfolg haben wollen, muss Ihre Online-Kommunikation die Emotionen der Menschen wecken. Ein Design, das Lebensfreude ausdrückt und positive Gefühle bei den Konsumenten erzeugt, gehört hier zum Handwerkszeug. In Japan hingegen würde eine stark emotionsbetonte Kommunikation möglicherweise als Schwäche ausgelegt.

Spezifische oder diffuse Informationsvermittlung
Ein anderes Gegensatzpaar der kulturellen Unterschiede stellen spezifisch, beziehungsweise diffus denkende Menschen dar. Während spezifisch denkende Menschen streng aufgabenorientiert vorgehen, betrachten diffus denkende Menschen stets alle Aspekte einer Situation oder Person. Konsumenten mit einer spezifischen Orientierung (extrem ausgeprägt in den USA) gehen schnell, sachlich und effizient vor. Sie trennen bei ihrem Gegenüber klar zwischen der Arbeit und dem Privaten. Diffus denkende Personen (stark vertreten in Lateinamerika) beziehen das gesamte Unternehmen, den Charakter des Verkäufers und andere für spezifisch denkende Personen unerhebliche Details mit in ihre Entscheidung ein. In der Online-Kommunikation kann dies bedeuten, dass eine auf die Vorteile des Produktes ausgelegte Webseite möglicherweise nicht ausreicht. Man muss sich vielmehr bei diffus orientierten Menschen darauf einstellen, dass viele Kontakte nötig sind und auch Kleinigkeiten der Webseite stark ins Gewicht fallen können, auch wenn sie für das Produkt an sich unerheblich sind.

4.3.2 Sprachliche Gestaltung

Englisch ist die wichtigste Sprache im Internet. Zwar nimmt der relative Anteil der Internetnutzer mit Englisch als Muttersprache ab, da viele asiatische Länder in der Nutzung des Internets nachziehen. Grundsätzlich ist Englisch im Wirtschaftsleben allerdings noch immer die Sprache Nummer eins. Eine international orientierte Webseite sollte daher im ersten Schritt ins Englische übersetzt werden; erst danach sollten weitere Sprachen in Betracht gezogen werden. Eine Überführung der Webseite in eine andere Sprache ist mit hohen Kosten verbunden. Nicht nur Texte müssen geändert werden, sondern auch viele grafische Elemente, die Texte visuell präsentieren (zum Beispiel Überschriften, Logos und so weiter).

Auch Kleinigkeiten sind wichtig. Man zeigt ein hohes Maß an interkultureller Sensibilität, indem man zum Beispiel für die Sprachbuttons die landesüblichen Ausdrücke („English" anstatt „Englisch") benutzt. Landesflaggen können zur Visualisierung von Sprachen problematisch sein. Eine amerikanische Flagge zur Darstellung von Englisch würde beispielsweise Kanadier, Australier und vor allem Engländer verärgern.

Die richtige Wortwahl
In vielen Marketing-Lehrbüchern ist die Anekdote zum Chevrolet „Nova" zu finden. Bei seiner Markteinführung im spanischsprachigen Mittel- und Südamerika stagnierte die Nachfrage. „No va" bedeutet übersetzt nichts anderes als „läuft nicht" – kein Wunder, dass sich in Mexiko kaum Käufer fanden. Der Pepsi-Slogan „Come alive with the Pepsi Generation" (sinngemäß = werde lebendig mit Pepsi) wurde in Thailand übersetzt mit „Pepsi will bring your ancestors back from the dead" (Pepsi macht Ihre Vorfahren wieder lebendig). Man sollte daher immer einheimische Experten zu Rate ziehen, bevor man einen Markennamen oder Slogan in fremdsprachigen Auftritten verwendet.

Auch Bilder können problematisch sein. Die Produkte eines amerikanischen Herstellers für Babynahrung fanden in Afrika nur wenig Absatz. Um dem afrikanischen Markt gerecht zu werden, hatte man anstatt eines weißen Babies auf der Front der Verpackung ein farbiges platziert. Bedacht wurde allerdings nicht, dass ein großer Anteil der afrikanischen Bevölkerung nicht lesen und schreiben kann. Bilder auf Verpackungen in Afrika zeigen deshalb immer den Inhalt. Ebenso können grafische Symbole zu ungewünschten Verwechslungen führen. Ein Briefkasten als E-Mail-Icon wird öfter falsch verstanden, als man denkt. In den USA ist der klassische Briefkasten ein Rohr mit einem Fähnchen. Bedenken Sie: Nicht nur Briefkästen, sondern fast alle Symbole sind landesspezifisch und in der ganzen Welt unterschiedlich.

4.3.3 Formale Aspekte

Farbwahl
Farben werden international durchaus unterschiedlich interpretiert. Grün steht für:

- Hoffnung in Deutschland
- Gefahr in Teilen Indonesiens
- Nationalstolz in Irland

Nicht einmal Schwarz ist eine Konstante. Auch wenn es in den meisten westlichen Ländern für den Tod steht – in Teilen Chinas oder auch in Indien trägt man bei Trauer weiß. Farben stehen in religiösen Ländern oft in Verbindung mit Ritualen oder spirituellem Kulturgut. Eine Verknüpfung dieser Farben mit einem Produkt kann in dem entsprechenden Zielland zu Verwirrung führen.

Zahlungs- und Lieferbedingungen
Mit der Einführung des Euros als allgemeines Zahlungsmittel im größten Teil Europas ist der internationale Geschäftsverkehr wesentlich einfacher geworden. Bei Geschäften mit Ländern außerhalb des Euroraums sind die Probleme mit der Bezahlung jedoch die gleichen geblieben. Daher sind alle Preise in der Währung des jeweiligen Ziellandes auszuzeichnen. Wenn die potenziellen Kunden erst den aktuellen Umrechnungskurs im Internet suchen müssen, ist die Wahrscheinlichkeit groß, dass sie nicht wieder zurückkehren.

Auch bei der Bezahlungsart sollten Sie es Ihren Kunden so einfach wie möglich machen. Kreditkarten haben sich als internationales Zahlungsmittel durchgesetzt, da man mit ihnen in der jeweiligen Währung zum aktuellen Umrechnungskurs bezahlen kann.

Der Versand von Produkten ist innerhalb der Europäischen Union günstig und schnell. Ein Paket in die USA kann aber, abhängig von der Lieferform, einige Wochen unterwegs sein. Schnellere Lieferungen sind mit höheren Kosten verbunden. Ob die Lieferung eines Produktes innerhalb einer Woche erfolgen muss oder ob auch vier ausreichen, weiß nur der Kunde selbst. Daher sollte man für unterschiedliche Kundenanforderungen unterschiedliche Lieferbedingungen bieten, um alle Kunden zu befriedigen. Sinnvoll sind zumindest zwei Varianten:

- eine schnelle, aber möglicherweise teure Lieferart,
- eine kostengünstige Lieferart, die aber den Nachteil einer längeren Lieferzeit beinhaltet.

Wenn man noch eine dritte Lieferoption anbietet, die zeitlich und finanziell zwischen den beiden oben genannten liegt, sollten die meisten Bedürfnisse der Kunden abgedeckt sein.

Anpassung der Kontaktinformationen
Oft ist es sinnvoller, dass die internationale Kundschaft direkt an die lokalen Distributoren weitervermittelt wird. Dabei sollten alle regionalen Adressen, Telefonnummern und E-Mail-Adressen auf der Webseite gelistet werden. Auch die Kontaktformulare müssen angepasst werden. In Deutschland sind die Postleitzahlen numerisch, in Kanada wiederum ein Mix aus Buchstaben und Zahlen. Stellen Sie sicher, dass die internationale Kundschaft keine Probleme bei der Angabe der Informationen hat. Vermeiden Sie auf deutsche Verhältnisse optimierte Formularfelder wie die Postleitzahl mit fünf Zahlen.

Internationale Gesetze und Datenschutzrichtlinien
Man sollte nicht die lokalen Richtlinien und Gesetze des Landes unterschätzen, in dem Internetnutzer die Webseite abrufen. Zwar gilt für in Deutschland niedergelassene Anbieter deutsches Recht, auch wenn sie ihre Dienste im europäischen Ausland erbringen (Herkunftslandprinzip). Wenn aber nicht klar und eindeutig erkennbar ist, in welchem Land der Firmensitz ist, kann ein ausländisches Gericht eine Klage gegen das jeweilige Unternehmen dennoch annehmen.

Sie können dieser Gefahr vorbeugen, indem Sie den internationalen Besuchern bei jeder wesentlichen Transaktion zeigen, wo Ihr Firmensitz ist und nach welchem Recht Verträge abgeschlossen werden. Aber nicht nur die Datenschutzgesetze und Ähnliches können von Land zu Land variieren, auch die Einstellung, wie viele personenbezogene Informationen ein Benutzer bereit ist anzugeben, ist kulturell unterschiedlich. Dieser Problematik sollte man sich bewusst sein.

5 Online-Werbung: Banner und mehr

5.1 Was ist Online-Werbung?

Klassische Online-Werbung kennt viele Erscheinungsformen. Sie basiert darauf, Werbeplatz auf fremden Webseiten zu buchen und diesen für die eigenen werblichen Inhalte zu nutzen. Sie ist in ihrer Ausprägung als Bannerwerbung – schon rein optisch – am stärksten der klassischen Offline-Werbung (insbesondere Printanzeigen) verbunden. Es handelt sich bei Online-Werbung wie auch bei einer Webseite um ein Above-the-Line-Instrument. Bei der Online-Werbung werden die Inhalte vom Nutzer aber nicht aktiv angesteuert, sondern eingeblendet. Die gesamte Werbewirkung wird aber erst entfaltet, wenn der Nutzer aktiv wird, also auf die Werbung klickt und auf die Webseite des Werbenden geleitet wird.

Die elektronischen Werbemittel in der Online-Werbung sind dabei sehr vielfältig. Klassische Formen sind etwa Werbebanner, Werbebuttons und Pop-up-Fenster[12]. Mit zunehmender Bandbreite gewinnen mittlerweile aber auch interaktive Formen und multimediale Videowerbung an Bedeutung.

5.1.1 Klassische Banner

Bannerwerbung wurde schon häufiger tot gesagt, doch bekanntlich leben Totgesagte länger. Das Banner ist nach wie vor einer der größten Werbeträger des Internets. Bannerwerbung ist die Schaltung von Werbung an herausgehobener Stelle auf viel besuchten Webseiten mit einer Verlinkung auf die Webseite des Auftraggebers. Das Interactive Advertising Bureau (IAB) hat in seinem „Universal Ad Package" vier dominate Bannergrößen unterschieden, um Kosten für die Buchung der Werbeformen vergleichbar zu machen. Diese sind das „Medium Rectangle", das „Rectangle", der „Wide Skyscraper" und das „Leaderboard" (siehe **Abbildung 5.1**).

Banner wurden ehemals meistens im Kopfbereich von Webseiten platziert, finden sich aber mittlerweile an den verschiedensten Plätzen. Sie bilden noch immer das Rückgrat vieler Online-Kampagnen. Zugleich führt die Standardisierung von Formaten und Positionierung aber dazu, dass Nutzer Banner häufig nicht mehr bewusst wahrnehmen, sondern automatisch ausblenden, beziehungsweise um sie herum navigieren. Um das zu vermeiden, werden immer wieder neue Werbeformen entwickelt, die die Aufmerksamkeit stärker auf sich ziehen oder weniger leicht umgangen werden können.

---

[12] Pop-ups (deutsch: plötzlich auftauchen) sind kleine Fenster, die über die Hauptseite geladen werden – meist um eine aktuelle Information auffällig darzustellen oder um Werbung einzublenden.

Abbildung 5.1   Bannerformate (Quelle: www.iab.net)

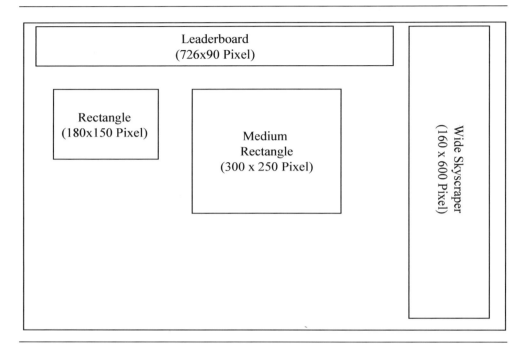

5.1.2   Weitere Werbeformate

Sogenannte „Rich-Media-Banner" integrieren Videos, Animationen und Ton. Typische Beispiele sind Trailer für Kinofilme oder Programmhinweise von Fernsehsendern etwa zur Olympiaberichterstattung. Mit der steigenden Durchdringung von Breitbandanschlüssen wird diese Werbeform immer beliebter bei den Anbietern, weshalb der Anteil der Rich-Media-Banner an der gesamten Online-Werbung stetig steigt.

„Layer Ads" sind nicht in die eigentliche Webseite integriert, sondern öffnen sich in einem eigenen Browserfenster und überlagern die eigentliche Webseite. „Sticky Ads" folgen darüber hinaus den Scroll-Bewegungen der Nutzer mit dem Mausrad und bleiben auf dem Bildschirm sichtbar.

Werbebuttons sind kleine Einblendungen, die häufig nur den Namen des Unternehmens beziehungsweise des Produktes enthalten und die mit der Webseite des Werbers verknüpft sind. Sie treten oft in kleiner, rechteckiger Form auf und werden am seitlichen Rand oder am Ende einer Webseite platziert. Ein häufig anzutreffendes Beispiel sind Werbebuttons von Adobe oder Microsoft, die den Anwender direkt zum Download des Acrobat Readers oder des Windows Media Players leiten.

"Nanosites" sind Mini-Webseiten mit eigenen Funktionalitäten, die in der Größe eines Werbebanners auf fremden Webseiten integriert werden. Daneben gibt es auch verschiedene Spielarten interaktiver Werbebanner, zum Beispiel die vom Rubbel-Los abgeleiteten "Scratch Banner", die Spieltrieb und Neugier der Nutzer anregen sollen, und bei denen der Inhalt mit dem Mauszeiger freiradiert werden muss.

In **Abbildung 5.2** sind einige Werbeformen aufgeführt.

Abbildung 5.2   Verschiedene Online-Werbeformen (Quelle: www.spiegel.de)

5.2 Online-Werbung umsetzen

Wenn Sie Online-Werbung einsetzen wollen, sollten Sie zunächst Ziele definieren. Legen Sie vor allem fest, welche Aktionen die Nutzer durchführen sollen. Ist Ihr Ziel, einen Verkauf im Online-Shop zu induzieren, müssen Sie Klicks anstreben und damit andere Werbemittel und Botschaften entwickeln, als wenn Sie die Markenbekanntheit steigern wollen. Hier reicht eventuell schon die Betrachtung der Online-Werbung aus, um das Ziel zu erreichen.

Online-Werbung, die mit konkreter Produktwerbung auf Umsatz abzielt, wird sehr viel häufiger angeklickt als Online-Werbung, die lediglich einen Firmennamen und ein Logo enthält. Dabei müssen aber konkrete Bedürfnisse der identifizierten Zielgruppe angesprochen werden. Positiv wirken auch konkrete Aufforderungen (zum Beispiel "Klick mich", "Klick jetzt", "Klick hier" und so weiter). Auch zusätzliche Anreize in Form von Gratisangeboten oder Gewinnspielen erhöhen den Anteil der Klicks.

5.2.1 Bannergestaltung

Online-Werbung besteht immer aus einer Kombination aus Text und multimedialen Anteilen, die zu gleichen Teilen berücksichtigt werden müssen. Bei aller multimedialen Gestaltung muss die Hauptbotschaft immer klar erkennbar sein, beispielsweise der Preis (siehe **Abbildung 5.3**).

Abbildung 5.3 Bannerwerbung mit klarer Werbebotschaft (Quelle: www.plus.de)

Gerade bei grafischen Werbemitteln wie Bannern ist es wichtig, sich kurz zu fassen. Im vorstehenden Beispiel ist das gut gelungen. Der längste Textblock hat vier Wörter, die der Nutzer direkt wahrnimmt. Eine Produktbeschreibung wie „PC-Set bestehend aus Tower mit 22 Zoll Monitor und Logitech Tastatur/Maus" schafft auf einem kleinen Banner Platzprobleme und wird nicht auf einen Blick aufgenommen. Ausführliche Produktbeschreibungen auf der Landeseite (auch „Landing Page" oder Zielseite genannt) sind die bessere Alternative. Bei der Anzahl der grafischen Bestandteile müssen Sie einen Kompromiss finden. Schnell sind Banner grafisch überladen und lösen eine übermäßige Stimulierung aus. Ein karges Banner weckt aber keine Aufmerksamkeit. Das Banner (siehe **Abbildung 5.3**) basiert auf der Farbgebung des Unternehmens, auch dessen Maskottchen sind auf dem Monitor dargestellt. Dadurch und durch die Verwendung einer einzigen Schriftart wirkt das Banner recht strukturiert. Gleichzeitig ist die Kernaussage, der preisliche Vorteil des Angebots, rot hervorgehoben und bildet einen farblichen Kontrast zum Rest der Anzeige.

Die Zielseite muss spezifisch auf das Thema der Online-Werbung eingehen und nicht lediglich auf die Eingangsseite der Online-Shops führen. Wird ein Sonderangebot beworben, sollte die Online-Werbung also auch direkt zu diesem Sonderangebot oder zumindest zur Schnäppchenecke des Online-Shops führen. Werden zum Beispiel Weihnachtsgeschenke beworben, sollte der Nutzer per Klick direkt zu den Weihnachtsangeboten geleitet werden (siehe **Abbildung 5.4**).

Online-Werbung: Banner und mehr 65

Abbildung 5.4 Abstimmung von Bannerwerbung und Landing Page (Quelle: www.douglas.de)

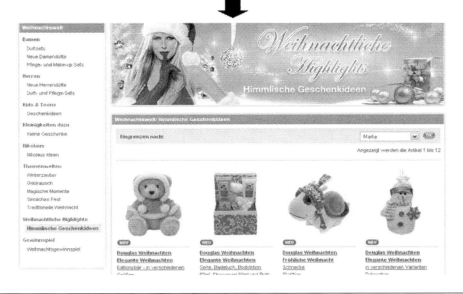

Das Design der Online-Werbung sollte in Farben und Form zu dem gestalterischen Aufbau der jeweiligen Webseite, auf der sie geschaltet wird, passen. Komplementärkontraste in der Farbwahl können die Online-Werbung deutlicher vom Hintergrund der Webseite abheben. Sind zwei Farben komplementär, verstärken sie sich gegenseitig in ihrer Leuchtkraft. Eine Webseite, die bereits viele grafische Elemente beinhaltet, lenkt unter Umständen mehr von der Online-Werbung ab als eine eher textlastige Webseite.

Neue technologische Werbeformen in Verbindung mit kreativen Ideen erzeugen die größte Aufmerksamkeit bei Internetnutzern. Dies gilt allerdings nur, bis Nachahmer mit einem ähnlichen Effekt auftauchen, was relativ schnell passiert.

5.2.2 Platzierung von Bannern

Die Effektivität von Online-Werbung nimmt zu, je besser sie thematisch in das Umfeld der jeweiligen Webseite passt. Die Auswahl der Webseiten, auf denen die Werbung geschaltet werden soll, richtet sich daher nicht nur nach der Anzahl der erreichbaren Nutzer. Bei Webseiten, die große Nutzerzahlen anziehen (zum Beispiel Nachrichtenseiten wie Spiegel Online), sind auch online hohe Streuverluste zu erwarten. Berücksichtigen Sie daher die Zielgruppennähe, und denken Sie auch über die Schaltung der Online-Werbung auf Seiten nach, die sich auf spezielle Interessenten fokussieren. Sinnvoll erscheint es, die Werbung zielgerichtet auf solchen Webseiten zu schalten, bei denen von einem hohen Interesse am eigenen Produkt ausgegangen werden kann. Dieses Involvement kann darin begründet sein, dass auf der entsprechenden Webseite ähnliche Produkte (Produktkongruenz) im Mittelpunkt stehen oder dadurch, dass ein hohes Maß an Zielgruppenkongruenz besteht, zum Beispiel Werbung von Mode für junge Menschen auf Jugendportalen. Außerdem gilt:

- Banner werden umso eher angeklickt, je enger sie mit dem Content, also den redaktionellen Inhalten verknüpft sind. Hierbei muss aber beachtet werden, dass die Werbung weiterhin als solche zu erkennen beziehungsweise gekennzeichnet ist, sonst drohen kostenpflichtige Abmahnungen.
- Größere Banner wie zum Beispiel das Leaderboard werden eher angeklickt als kleinere.
- Banner, die farblich auf die Seiten abgestimmt sind, auf denen sie geschaltet werden, sind erfolgreicher als Banner, die einen starken farblichen Kontrast darstellen.
- Banner, die relativ nah am Zentrum der Webseite platziert sind, haben mehr Erfolg als Banner, die relativ weit vom Content entfernt platziert sind.

Abbildung 5.5 zeigt die Ergebnisse einer entsprechenden Untersuchung von Google. Die erfolgreicheren Orte zur Platzierung von Bannern sind dabei dunkler dargestellt.

Abbildung 5.5 Erfolgreiche Positionen zur Platzierung von Bannern (Quelle: http://websitetips.com/articles/marketing/banneradsizes/)

5.2.3 Abrechnung von Online-Werbung

Die Abrechnung der Werbeschaltung kann nach unterschiedlichen Modellen erfolgen.

Bei der Abrechnung nach Zeitraum wird für eine festgelegte Zeit ein bestimmter Betrag fällig („Flat fee"). Vonseiten der Werbeplattformen wird dies häufig mit der Garantie eines Mindestnutzungsniveaus (gemessen in Page-Impressions) der Webseite verbunden. Bei der Abrechnung nach reinen Werbeträgerkontakten wird nach Abrufen der Trägerseite abgerechnet, auf der sich das Banner befindet. Da die Verrechnung einfacher und die Größe aus der klassischen Werbung bekannt ist, werden die Preise in Tausender-Kontakt-Preisen (TKP) angegeben. Bei der Abrechnung nach „AdClicks" beziehungsweise „Cost per Click" zahlt der Werbende hingegen nur dann, wenn der potenzielle Kunde auch auf das Banner klickt.

Bei der Verrechnung nach TKP ist prinzipiell die Webseite, auf der die Werbung geschaltet wird, besser gestellt. Sie muss lediglich Page-Impressions nachweisen. Diese Abrechnungsform wird daher vor allem von sehr hochwertigen, nachfragestarken Webseiten mit hoher Marktmacht benutzt. Die Webseitenbetreiber haben bei dieser Abrechnungsform einen Anreiz, die Zahl der Page-Impressions zu erhöhen. Dies geschieht zum Teil auch künstlich, zum Beispiel, indem der Inhalt auf mehrere Seiten verteilt wird (zum Beispiel bei Bildergalerien), oder durch Anreicherung mit pseudointeraktiven Elementen (zum Beispiel Umfragen). Jeder Klick des Nutzers wird als Page-Impression gezählt und dementsprechend bepreist, obwohl es fraglich ist, dass die Werbewirkung im selben Maße steigt.

Auf den Webseiten beziehungsweise Servern, auf denen die Werbung geschaltet wird, erfolgt auch die Registrierung der Klicks und der weiteren Kennzahlen zur Abrechnung. Letztlich sind in der Praxis heute alle Abrechnungsvarianten sowie eine Reihe von Kombinationen der genannten Ansätze anzutreffen.

Online-Plattformen von Printmedien bieten ihren Werbekunden neben Mengenrabatten auch Ermäßigungen für Crossbuchungen in Online- und Printmedien an. Preislisten für Online-Werbung lassen sich online finden, kleinere Anbieter vermarkten ihre Werbung nicht selbst, sondern überlassen dies professionellen Vermarktern wie zum Beispiel AdLink. Die Intensität der Nutzung vieler deutscher Webseiten weist die Informationsgemeinschaft zur Feststellung der Verbreitung von Werbeträgern e.V. (IVW) auf ihrer Webseite aus.

5.3 Warum Online-Werbung häufig nicht funktioniert

Klassische Online-Werbung ist bei einer Vielzahl von Nutzern unbeliebt, viele reagieren sogar reaktant. Die Werbeindustrie hat dies aufgenommen und Technologien entwickelt, die eine Werbeeinblendung verhindern, etwa durch sogenannte Pop-up-Blocker. Wenn Sie wirksame und kosteneffiziente Online-Kommunikation gestalten wollen, hilft es Ihnen zu verstehen, warum so viele Werbebemühungen im Internet scheitern.

Wer Online-Kommunikation konzipiert, muss sich darüber im Klaren sein, dass die meisten Nutzer Werbung ablehnen, weil sie stört, unterbricht und ablenkt. Diese Tatsache beeinflusst das Konsumentenverhalten nachhaltig. Sieht etwas nach Werbung aus, bauen die Nutzer umgehend einen „Abwehrschild" auf und blenden die Werbung, wo immer es geht, aus. Folgt man mit seinen Werbebemühungen für den Nutzer bekannten Stereotypen, so ist es ein Leichtes für ihn, diese Werbung zu übersehen und zu ignorieren. Bannerwerbung ist meistens für den Nutzer sofort und eindeutig zu erkennen. Sie wird auf fast allen Internet-Angeboten an der gleichen Stelle platziert, hat in der Regel immer die gleichen Maße und hebt sich vom restlichen Content der jeweiligen Seite merklich ab. Nicht viel anders verhält es sich mit den anderen Above-the-Line-Instrumenten. Natürlich muss Werbung gesetzlich als solche gekennzeichnet werden, andererseits ist aber auch mangelhafte Kreativität verantwortlich.

Stellen Sie sich eine Werbekampagne wie einen Kampf um die Aufmerksamkeit des Nutzers vor. Dabei hat der Konsument fast alle Trümpfe in seiner Hand. Er weiß, wie Werbung aussieht und wo er sie erwarten muss. In der Online-Werbung ist es sinnlos, den Konsumenten auf eine Art und Weise zu umwerben, die für ihn als Werbung offensichtlich ist. Schaltet man beispielsweise immer Banner in der gleichen Größe und an der gleichen Stelle auf einer Webseite, so kann man noch so viel Geld investieren, die Klickraten werden nach und nach sinken. Den Kampf um die Aufmerksamkeit des Nutzers kann man auf diese Weise nicht gewinnen. Versuchen Sie stattdessen, den Nutzern neue Werbeformen zu präsentieren. Menschen erkennen Werbung aus einem Lernprozess heraus. Wenn sie ein neues Werbeformat präsentiert bekommen – wie beispielsweise vor Jahren Pop-ups – sind sie überrascht und können diese Fenster nicht sofort einordnen. Ihr „Abwehrschild" ist noch nicht aufgebaut, und sie sind empfänglich für die Werbebotschaft. Erst wenn ein Konsument herausgefunden hat, dass ein Pop-up nur zur Werbung dient, klickt er es beim nächsten Mal einfach weg. Basis jeder Online-Werbung muss es deshalb sein, zu überraschen – den Konsumenten gewissermaßen auf dem falschen Fuß zu erwischen –, damit er keine Verteidigung aufbauen kann. Nur so gelangt die Botschaft auch im gewünschten Umfang zur angestrebten Zielgruppe. Es gibt eine Reihe von Strategien, um die Reaktanz gegenüber Online-Werbung abzusenken:

- Schalten Sie Banner nie über einen längeren Zeitraum an ein und derselben Stelle. Sinken die Klickzahlen, dann sollten Sie die Platzierung oder die Werbung selbst umgehend ändern.

Online-Werbung: Banner und mehr

- Vermeiden Sie Standardformate und verwenden Sie stattdessen relativ neue Größen.

- Platzieren Sie Werbeflächen immer so, dass sie vom Nutzer am besten gar nicht ausgeblendet werden können. Das Online-Magazin ECIN positioniert seine Anzeigen beispielsweise immer mitten in einem Artikel (siehe **Abbildung 5.6**).

Abbildung 5.6 Contentnahe Werbeplatzierung (Quelle www.ecin.de)

- Online-Werbung sollte innovativ sein und den Nutzer überraschen. Vor einigen Jahren hat beispielsweise der Mini viele Nutzer überrascht, als er mit eingeschalteten Scheinwerfern auf der rechten Seite ihres Browserfensters fuhr Gleichzeitig legte sich ein Herz über die Webseite und unterstrich so noch die Werbeaussage „Is it love?".

Suchen Sie nach neuen Wegen und modifizieren Sie die Art, wie Sie werben. Denn nur, was nach Werbung aussieht, wird auch so wahrgenommen.

6 Affiliate-Marketing: Auf gute Partnerschaft

6.1 Was ist Affiliate-Marketing?

Auch wenn es beim Online-Handel häufig zur Ausschaltung von klassischen Vertriebspartnern also vor allem dem stationären Einzelhandel kommt, werden die Distributionssysteme nicht unbedingt übersichtlicher. Häufig ersetzen eine Vielzahl von neuen Intermediären den stationären Einzelhandel, im Online-Kontext auch als Affiliates (engl.: Partner) bezeichnet.

Im Affiliate-Marketing gibt es meistens drei Akteure:

- Der Affiliate, auch Publisher genannt, ist der Partner des Online-Händlers, der seine Güter vertreiben möchte und auf dessen Seite die Werbeanzeige erscheint.

- Der Online-Händler ist der Werbekunde, der für die Schaltung beziehungsweise den Erfolg der Anzeige bezahlt.

- Affiliate-Netzwerke sind Dienstleister, die immer dann ins Spiel kommen, wenn ein Händler kein eigenes Affiliate-Programm auflegen will, was in der Praxis meistens der Fall ist. In Affiliate-Netzwerken finden Händler und potenzielle Affiliates zueinander und können hier auch ihre Transaktionen abwickeln.

Affiliate-Marketing ist also eine Form des kooperativen Vertriebs im Internet. Dabei werden Partner gewonnen, die auf ihren Webseiten, in ihren Newslettern oder etwa in eigenen Werbekampagnen (z. B. via AdWords) den Vertrieb der Werbenden unterstützen. Prominentestes Beispiel ist Amazon. Die Idee ist so einfach wie auch effektiv: Amazon bietet jedem Webseitenbetreiber an, Bücher und andere Waren mit dem Amazon Shop zu verlinken – sei es über Banner, Logos oder als Textlink am Ende einer Buchbesprechung. Für jeden Kunden, der über den gesetzten Link zu Amazon gelangt und das Buch kauft, schüttet der Buchhändler eine Provision aus. Der Online-Händler setzt dabei auf eine hohe Präsenz und nutzt unzählige private Webseiten zur Kontaktanbahnung, die von ihrer Webseite auf den Amazon-Online-Shop verweisen und die jeweils über eine Vertriebsprovision am Verkaufserlös beteiligt werden (siehe **Abbildung 6.1**).

Regelmäßig bis zu 15 Prozent des Nettopreises erhält man auch heute noch als Werbungskostenerstattung für jedes auf diese Weise verkaufte Produkt, und das Geschäft über Partnerseiten blüht. Zwar gibt Amazon keine offiziellen Zahlen heraus, wie hoch der generierte Umsatz über Affiliate ist. Angesichts der schieren Masse an Webseiten, die auf den Amazon-Shop verlinken, scheint diese Form der Werbung aber sehr attraktiv zu sein. Affiliate-Werbung kann viele Gesichter haben und ähnelt mal eher einem Banner, mal eher einer Textanzeige. Der große Unterschied zu klassischen Online-Werbeformen liegt im Abrechnungsmodell.

Abbildung 6.1 Werbung für das Partnerprogramm (Quelle: www.amazon.de)

6.2 Affiliate-Marketing umsetzen

Provisionsgestaltung

Bei der Provision gibt es unterschiedliche Modelle, etwa die Bezahlung pro Klick, pro Interessent oder als prozentualer Anteil am Umsatz des Kunden. Am gebräuchlichsten ist das letzte Modell, auch „Cost per Order" genannt. Der wichtigste Unterschied zur klassischen Werbung ist, dass beim Affiliate-Marketing nicht für das Erscheinen der Werbung bezahlt wird, sondern erst beim Kauf des beworbenen Produkts. Bei einem Partnerprogramm wird die Provision nur dann fällig, wenn die folgenden fünf Ereignisse eintreten:

- Das jeweilige Werbemittel (Banner, Text) erscheint auf der Webseite,
- Nutzer können diese sehen,
- klicken auf sie,
- besuchen die Webseite und
- kaufen etwas.

Wenn nur eines der fünf Ereignisse nicht eintritt, wird keine Provision fällig. Durch diese für den Werbenden sehr vorteilhafte Art der Abrechnung, erfreuen sich Partnerprogramme einer wachsenden Beliebtheit. Bei der sogenannten Lifetime-Provision erhält der

Affiliate sogar bei Folgekäufen des Kunden eine Vergütung, auch wenn die Verkäufe nicht über die Webseite des Affiliates initiiert werden. Durch großflächige Affiliate-Programme können Online-Händler ein sehr breites Spektrum an unterschiedlichen Webseiten und damit auch Zielgruppen ansprechen und bezahlen dafür nur in Abhängigkeit vom Erfolg. Affiliate-Marketing wirkt dort am besten, wo eine möglichst große Nähe des redaktionellen Inhalts zum Produkt des Händlers besteht. Ein Beispiel dafür findet sich in **Abbildung 6.2**, in der ein Internetradio die CD, auf der sich der aktuell gespielte Song befindet, beim Online-Händler Amazon vermittelt.

Abbildung 6.2   Beispiel für Affiliate-Marketing (Quelle: www.therockradio.com)

Durch den Anschluss vieler spezieller Themen-Webseiten in einem Affiliate-Programm können Online-Unternehmen ihre Kommunikation in Bereiche ausdehnen, die für das Unternehmen sonst nicht erreichbar wären. Die Zielgruppe gibt sich dabei im Falle von themenzentrierten Webseiten auch noch selbst als solche zu erkennen.

Um das Affiliate-Marketing zu realisieren, erhält der Webseitenbetreiber unterschiedliche Hilfen vom Online-Händler in Form von Online-Werbemitteln, die er selbständig auf seine Webseite einbinden kann, in **Abbildung 6.2** beispielsweise durch die Aufforderung „buy from Amazon". Diese ist mit der Webseite von Amazon verbunden, der Nutzer wird in einem neuen Browserfenster auf die Seite von Amazon geleitet und kann hier direkt den gewünschten Artikel betrachten und bestellen. Ist eine Provision nach Umsatz vereinbart, wird die Vertriebsleistung des Affiliates von einer Datenbank registriert und der Affiliate erhält seine Provision. Der Nutzer muss also direkt von der Startseite des Affiliates auf die Webseite des Händlers gelangen und dort seinen Umsatz tätigen, damit die Provision fällig wird. Da der Traffic über die Partner-Webseiten direkt messbar ist, wird es dem Online-Händler möglich, zu erkennen, welche Partner welchen Umsatz erzielen.

Noch weiter geht das Konzept des „Integrated Affiliate-Marketing". Dabei stellt ein Händler, häufig ein Großhändler, die komplette Shop- und Logistik-Infrastruktur zur Verfügung. Der Shop-Betreiber sorgt nur dafür, Verkäufe zu realisieren. Der Nutzer schließt die Geschäfte aber ausschließlich mit dem Affiliate ab und bekommt in der Regel gar nicht mit, dass er „nur" mit einem Affiliate ein Geschäft abgeschlossen hat.

6.2.1 Technische Umsetzung

Damit Affiliate-Marketing umgesetzt werden kann, muss ein Trackingwerkzeug (deutsch: Nachverfolgungssystem) vorliegen, mit dem die Parteien nachvollziehen können, wie häufig es zu einem Klick auf das Werbemittel und zu einem Umsatz kommt. Eine akkurate und übersichtliche Auswertung über Verkäufe und Empfehlungen ist der Grundstein zur Gewinnung des Vertrauens der Partner.

Händler haben die Möglichkeit, eigene Affiliate-Programme aufzulegen wie im Fall von Amazon, oder können auf spezialisierte Dienstleister zurückgreifen. Für Amazon als größten Online-Händler weltweit ist ein eigenes Affiliate-Programm ökonomisch sinnvoll. So können die Kosten des Dienstleisters, eine Installationsgebühr und prozentuale Beteiligung am Umsatz des Affiliates von bis zu 30 Prozent, eingespart werden. Kleinere und auch viele größere Händler nehmen hingegen an Programmen von Dienstleistern teil. Der Vorteil dabei ist, dass die Kosten für die Entwicklung und den Betrieb des Affiliate-Programms vermieden werden. Häufig liegt außerdem das Know-how nicht vor, um ein Affiliate-Programm aufzubauen, oder man hat nicht die Geduld, um ein entsprechendes Programm zu entwickeln. Dienstleister haben hier einen kaum aufholbaren Vorteil. Sie verfügen meist über Tausende oder gar Zehntausende potenzielle Affiliates. Kommt ein neuer Händler hinzu, kann der Dienstleister dessen Affiliate-Programm sehr schnell, etwa per Newsletter, einer Vielzahl von Affiliates anbieten. Da diese die Plattform meist schon nutzen, haben sie auch keine größeren technischen Aufwand, einen zusätzlichen Händler in ihre Webseite zu integrieren.

Dienstleister bringen also Händler, die Partnerprogramme betreiben wollen, und potenzielle Affiliates zusammen, indem sie die Technologie, die Prozesse und das juristische Rahmenwerk zur Verfügung stellen. Potenzielle Affiliates können sich über die Webseite des Dienstleisters für das Programm anmelden und sich die Werbemittel herunterladen. Der Dienstleister übernimmt die Erfassung der realisierten Verkäufe beziehungsweise Klicks und die Auszahlung an die Affiliates. Empfehlenswert ist der Dienst affili.net. Hier werden allerdings nur große Händler aufgenommen. Weitere Anbieter für kleine Webseiten sind unter anderem Adenion, Zanox, und Affiliwelt.net.

6.2.2 Akquisition von Partnern

Affiliates für ein eigenes Partnerprogramm zu gewinnen, ist nicht einfach. Tatsächlich haben die meisten Affiliate-Programme nur ein kleines Netzwerk aus Webseiten. Die Ursache hierfür ist häufig eine falsche Grundeinstellung. Viele Betreiber eines Partnernetzwerkes ruhen sich auf der Tatsache aus, dass sie das Geld vergeben. Interessenten am Partnerprogramm sollten sich bewerben und könnten sich glücklich schätzen, aufgenommen zu werden. Für den Erfolg eines Partnerprogramms ist diese Einstellung fatal. Letztlich werden Vertriebspartner gesucht, die ihre Ressourcen darauf verwenden sollen, ein fremdes Produkt zu vermarkten. Nur wenn die Partner voll und ganz hinter dem Produkt stehen und sich aktiv um die Vermittlung von Aufträgen bemühen, kann das Programm insgesamt Erfolg haben. Ein Partnerprogramm ist eine Leistung, die wie ein Produkt vermarktet werden muss.

Der Markt für Affiliate-Marketing ist mittlerweile sowohl für Händler als auch für potenzielle Affiliates sehr unübersichtlich, es gibt Hunderte von Angeboten, die meisten über Dienstleister. Um Affiliates anzuziehen, müssen diesen attraktive Angebote unterbreitet werden, die neben hoher Provision auch eine problemlose Abwicklung sicherstellen. Ein weiteres wichtiges Kriterium für Affiliates ist die Bekanntheit des Händlers, da es Internetnutzern leichter fällt, dem Link eines großen, seriösen Anbieters zu folgen. Einfacher haben es natürlich große, bekannte Unternehmen, Affiliates anzuziehen. Nicht nur bei den Affiliates löst der bekannte Name Vertrauen aus, sondern auch bei potenziellen Kunden, die dann eher kaufen als bei unbekannten Händlern. Das wirkt sich wiederum positiv auf den Umsatz der Affiliates aus. Attraktive Webseiten mit einer hohen Anzahl und einer hohen Qualität von Nutzern (im Sinne einer Zielgruppenkongruenz mit dem eigenen Angebot) sowie einem positiven Image sollten vom Händler direkt angesprochen und für das eigene Programm gewonnen werden.

Das reine Auflegen eines Affiliate-Programms reicht bei der schieren Masse an Angeboten von unterschiedlichen Dienstleistern oder Händlern heutzutage nicht mehr aus, es müssen aktiv Partner rekrutiert werden. Idealerweise solche, die sich aus eigenem Interesse für das Produkt einsetzen und über eine große und attraktive Zielgruppe verfügen. Weitere potenzielle Affiliates finden sich in den folgenden Gruppen:

Existierende Kundschaft
Der beste Partner eines Affiliate-Programms ist derjenige, der das Produkt schätzt, den Nutzen kennt und von der Leistungsfähigkeit überzeugt ist. Bestehende Kunden sollten diese Eigenschaften auf sich vereinen und sind gut als Affiliate geeignet. Daher sollten Sie Ihre Bestandskunden in jedem Fall über das Affiliate-Programm informieren. Wenn keine direkte Ansprache erfolgen soll, können indirekte Methoden verwendet werden wie Hinweise in Newslettern oder Support-E-Mails.

Themenverwandte Webseiten
Zusätzlich können Sie Webseiten, die sich mit einer ähnlichen Thematik beschäftigen, ansprechen. Falls ein Shop Koffer verkauft, bietet es sich an, Reiseseiten als Partner zu werben. Der Bedarf an einem neuen Koffer ergibt sich oft erst nach einer Reisebuchung. Dass aber ein Kunde unmittelbar nach seiner Buchung einen Online-Shop für Koffer ansteuert, ist ziemlich unwahrscheinlich. Weist der Reiseveranstalter jedoch explizit auf ein solches Angebot hin, ist die Wahrscheinlichkeit vergleichsweise hoch, dass der Kunde weiterklickt.

Linkpartner
Webseiten, die bereits einen Link gesetzt haben, sind ebenfalls „natürliche" Partner, da sie sich sowieso mit der Thematik beschäftigen.

Werbung auf der eigenen Webseite
Weisen Sie auf Ihrer Webseite deutlich auf das Partnerprogramm hin. Dabei ist aber immer zu beachten, dass die Masse der Besucher (hoffentlich) potenzielle Kunden für das eigene Produkt sind und wenig Interesse am Partnerprogramm haben. Wer das Affiliate-Programm sucht, sollte es aber schnell auffinden können.

Partner gewinnen Partner
Partner können ermuntert werden, gegen eine Provision neue Partner zu gewinnen. Diese Form der Promotion für Affiliate-Programme ist sehr nützlich, um sein Netzwerk innerhalb kurzer Zeit stark wachsen zu lassen. Die Gefahr dabei ist allerdings, dass die Partner mehr Zeit damit verbringen, neue Partner zu gewinnen, als damit, Produkte zu verkaufen. Nutzen Sie diese Form der Promotion nur zeitlich limitiert.

Verzeichnisse
Genauso wie für Webseiten und Newsletter gibt es auch für Affiliate-Programme Online-Verzeichnisse. Hier eine Auswahl:

- http://www.partnerprogramme.com
- http://www.partnerprogramme.de
- http://www.affiliate.de
- http://www.100partnerprogramme.de

Tragen Sie Ihr Programm unbedingt hier ein. Wer nach einem Partnerprogramm Ausschau hält, sucht zunächst hier. Das Problem ist aber wie bei allen Verzeichnissen dasselbe: Wer nicht auf den Top-Plätzen gelistet ist, erhält nur wenige Anfragen.

6.2.3 Anmeldung zum Programm

Ein wesentlicher Bestandteil eines Affiliate-Programms ist die Anmelde- oder Registrierungsseite für die potenziellen Partner. Hier müssen Sie als Initiator des Programms überzeugen, damit aus einem Interessenten auch ein Partner wird:

- Es sollte klar und offen kommuniziert werden, was die Partner verdienen können. Die Partner vertreiben das Produkt nicht zum Spaß, sie wollen Geld verdienen.
- Verlangen Sie keine Grundgebühr für die Teilnahme. Viele Betreiber von Partnernetzwerken sind der Ansicht, dass durch eine Art Schutzgebühr nur echte Interessenten am Programm teilnehmen. Die Hemmschwelle für den Eintritt wird dadurch aber merklich erhöht, und die Gesamtanzahl der Partner fällt geringer aus. Zumindest sollte angeboten werden, die Gebühr nach den ersten Bestellungen zurückzuzahlen.
- Teilen Sie den Partnern mit, dass sie mit gutem, erprobtem Kommunikationsmaterial und Tipps versorgt werden.
- Zeigen Sie auf (auch grafisch, siehe **Abbildung 6.1**), wie einfach es ist, als Partner in das Programm einzusteigen.

6.2.4 Partner pflegen

Partner sind das A und O des Affiliate-Marketings. Wer ihr Vertrauen gewinnt, sie motiviert, zuverlässigen Support gewährleistet und Anreize zur weiteren Umsatzsteigerung setzt, kann kontinuierliche Umsätze erreichen. Auch die kontinuierliche Pflege der Beziehung zu den Partnern ist daher wichtig.

Vertrauen
Vertrauen ist der wichtigste Bestandteil jedes Partnerprogramms. Wenn die Partner glauben, dass sie über den Tisch gezogen werden sollen, beenden sie die Zusammenarbeit. Sind die Partner allerdings davon überzeugt, dass Partnerschaft und Abrechnung immer ehrlich und korrekt ablaufen, werden sie sich auch für das Produkt einsetzen.

Provisionszahlung
Provisionen sollten schnell ausgezahlt werden. Wenn die Partner kein Geld in die Hände bekommen, sinkt das Vertrauen. Gerade kurz nach dem Einstieg in das Partnerprogramm ist es wichtig, dass die Partner schnell Licht am Ende des Tunnels sehen. Nur so kann die anfängliche Motivation aufrechterhalten werden. Auch Kleinstbeträge sollten ausgezahlt werden. Es gibt Partnerprogramme, die erst ab einer Summe von 100 Euro auszahlen und das auch nur einmal pro Quartal. Dies ist weder motivierend noch vertrauenserweckend. **Abbildung 6.3** zeigt eine Abrechnung von Amazon.

Affiliate-Marketing: Auf gute Partnerschaft

Abbildung 6.3 Abrechnung der Werbekostenerstattung

Gesamtauswertung der Werbekostenerstattungen			Glossar
Oktober 1, 2005 bis Dezember 31, 2005			
	Anzahl ausgelieferter Produkte	Umsatz	Werbekostenerstattungen
Insgesamt Amazon.de Artikel verschickt	91	EUR 2.665,62	EUR 184,66
Insgesamt Drittanbieter Artikel verschickt	13	EUR 233,78	EUR 14,62
Gesamtzahl verschickter Artikel	104	EUR 2.899,40	EUR 199,28
Anzahl zurückgeschickter Artikel -- gesamt	-4	-EUR 115,02	-EUR 7,19
Abzug wegen Rücksendungen -- gesamt	0	EUR 0,00	EUR 0,00
Werbekostenerstattung -- gesamt	100	EUR 2.784,38	EUR 192,09

Neue Partner
Bei ausreichender Zeit sollte jeder neue Partner persönlich kontaktiert werden. Viele Interessenten melden sich zwar an, bringen aber nicht den notwendigen Elan auf, mit der Vermarktung zu beginnen. Ein kurzes E-Mail-Schreiben kann schnell ein schlechtes Gewissen hervorrufen und zum Handeln motivieren.

Mitteilungen an den Partner, wenn er ein Produkt verkauft hat
Lassen Sie den Partner nicht im Unwissen darüber, wie viele neue Kunden er geworben hat, das wirkt demotivierend. Besser ist es, täglich oder zumindest wöchentlich eine Auswertung zu versenden oder eine Möglichkeit anzubieten, die Statistiken online einzusehen.

Pflege der eigenen Webseite
Wenn die Empfehlungen der Partner Tausende von neuen Besuchern bringen, diese aber keine Verkäufe tätigen, liegt das Problem wahrscheinlich auf der Zielseite. Suchen Sie gemeinsam mit den besten Partnern nach Möglichkeiten, um den Verkaufsprozess zu optimieren.

Werbemittel und Support
Der Vorteil, wenn Sie unterschiedliche Werbemittel zur Verfügung stellen, liegt darin, dass die Chance erhöht wird, dass sie gestalterisch auf unterschiedliche Webseiten passen, was beispielsweise Farbe und Größe angeht. Die Werbemittel sollten kontinuierlich überarbeitet und regelmäßig ausgetauscht werden. Sehr viele Werbemittel stellt Amazon zur Verfügung, wie **Abbildung 6.4** zeigt.

Neben Text-, Grafiklinks und Bannern bietet Amazon auch sogenannte Widgets an, beispielsweise Suchfunktionen oder eine Produktwolke. Zur Pflege der Partner gehört auch die regelmäßige Information über Neuerungen im Partnerprogramm per Newsletter.

Die Motivation der Partner kann auch bei einer hohen Provision schnell einschlafen. Das liegt einfach daran, dass sich die Partner nicht ständig mit der Vermarktung der Produkte beschäftigen. Eine große Provision allein ist oft nicht so effektiv wie viele kleine, gestreute

Anreize. Häufig ist es so, dass 80 Prozent der Neukunden von nur 20 Prozent der Partner stammen. Dieses Verhältnis ist nur mit übermäßigen Anstrengungen zu ändern. Einfacher ist es, die besten Partner gezielt zu motivieren. Um die Partner bei der Stange zu halten, sollten sie regelmäßig an das Programm erinnert und ihnen für die gute Zusammenarbeit gedankt werden. Die überraschende Verteilung eines Bonus oder die Verteilung von Gutscheinen für den eigenen Online-Shop schafft neue Aufmerksamkeit.

In Wettbewerben kann der Online-Händler die Partner gegeneinander antreten lassen. Wer die meisten Verkäufe erzielt, gewinnt einen Preis. Es muss dabei klar und deutlich darauf hingewiesen werden, dass sich jede Stornierung und jede Produktrückgabe negativ auf das Endergebnis auswirkt, um Manipulationen von vornherein zu unterbinden.

Verkauf an die Partner

Manche Anbieter verbieten es ihren Partnern, selbst über das Partnerprogramm einzukaufen. Es stellt sich jedoch die Frage, warum gerade wichtige Partner den vollen Preis bezahlen sollen. Zwar besteht die Gefahr, dass sich auch normale Konsumenten anmelden, um einen Discount zu erhalten. Dennoch ist dies nicht unbedingt als negativ zu bewerten. Grundsätzlich ist die Entscheidung, einen Nachlass (beziehungsweise eine Provision) zu gewähren, bereits getroffen worden. Dann macht es auch keinen Unterschied, ob ein Partner oder Katja Henkel aus Lüneburg das Produkt erwirbt. Im Zweifelsfall erhöht die Rabattierung über die Werbekostenerstattung zumindest die Kundenbindung.

Abbildung 6.4   Werbemittel für Affiliate-Marketing (Quelle: www.amazon.de)

7 E-Mail- und Newsletter-Marketing: Elektronische Werbebriefe und Kundenzeitschriften

7.1 Was ist E-Mail- und Newsletter-Marketing?

E-Mails stellen den meistgenutzten Dienst des Internets dar, also liegt die Nutzung als Instrument der Unternehmenskommunikation auf der Hand; die Verbreitung des Instruments ist entsprechend hoch. E-Mail-Marketing kann in Form:

- des Versands elektronischer Werbebriefe,
- als E-Mail-Newsletter, bei dem ein Abonnement durch den Nutzer angefordert wird
- oder als E-Mail-Responder erfolgen, bei dem auf Kundenanforderung durch ein Anforderungsformular automatisiert ein Versand von Informationen, zum Beispiel bei Produktanfragen realisiert wird. E-Mail- beziehungsweise Autoresponder werden in Kapitel 16.2.2 thematisiert.

E-Mail-Sendungen können also unaufgefordert (elektronische Werbebriefe) oder nach Anfrage (Newsletter, Responder) versendet werden. In der Praxis sind vor allem elektronische Werbebriefe zur Akquise von Neukunden und Newsletter zur Stimulierung von Wiederholungskäufen beziehungsweise zur Kundenbindung wichtig. Während die E-Mail einen „klassischen" Werbebrief darstellt, ist der Newsletter mit einer regelmäßig erscheinenden Kundenzeitschrift per E-Mail vergleichbar. Beide Formen sind damit als Above-the-Line-Instrumente der Online-Kommunikation zu klassifizieren.

Hauptziel im E-Mail-Marketing ist, den Nutzer auf die eigene Webseite zu bewegen, beziehungsweise die Nutzer regelmäßig an die Existenz der Webseite zu erinnern. Wichtigstes Element der E-Mails sind daher auch Hyperlinks, die Nutzer auf die eigene Webseite leiten sollen: Die E-Mail fungiert damit als Zubringermedium. Insbesondere Newsletter können dabei ein nützliches Instrument darstellen. Die Anmeldung zu einem Newsletter erfolgt unter Angabe der nötigsten Daten, wie E-Mail-Anschrift, Name, eventuell Alter, Geschlecht und Interessen in einem Online-Formular. Dadurch werden wertvolle Daten über die Nutzer in Erfahrung gebracht. Online-Händler wie Amazon schicken beispielsweise personalisierte E-Mails an ihre Nutzer und versuchen, aufgrund von deren individuellen Bedürfnissen individuelle Angebote zu unterbreiten. Dadurch sollen Cross-Selling-Potenziale[13] ausgenutzt werden. Tchibo schickt an registrierte Nutzer im Rahmen

---

[13] „Hinzuverkauf" weiterer Produkte, die von dem Kunden bisher gar nicht oder nicht bei dem Unternehmen bezogen wurden.[1]

eines Newsletters regelmäßig E-Mails, in denen auf neue Aktionen oder Sonderpreise hingewiesen wird; genauso verfährt der Online-Händler Monsterzeug (siehe **Abbildung 7.1**). Newsletter dienen neben dem Ziel, die Nutzer direkt auf die eigene Webseite zu leiten, und der Kundenbindung durch kontinuierliche Kommunikation mit den Nutzern. Zeitschriften wie die PC-Welt versenden zum Beispiel teilweise mehrmals täglich Newsletter an registrierte Nutzer und prägen sich so dauerhaft bei ihren Kunden ein.

Abbildung 7.1   Beispiel eines E-Mail-Newsletters

Die technische Abwicklung von E-Mail-Marketing sollte mit professioneller Software erfolgen, die Adressverwaltung und Versand behandelt. Auch der Umgang mit Rückläufern bei gelöschten E-Mail-Adressen oder bei Urlaubsbenachrichtigung beziehungsweise „Out-of-Office-Nachricht" kann damit standardisiert abgewickelt werden, ebenso die Löschung von Nutzern, die keine E-Mails mehr erhalten wollen.

7.2 Permission-Marketing

Problem Nummer eins im E-Mail-Marketing ist das Spam-Phänomen[14], also der ziellose, zumeist unerwünschte Versand von E-Mails an sehr viele Adressaten mit einhergehender hoher wahrgenommener Belästigung der Nutzer. Die unverlangte Zusendung von E-Mails ist nach deutschem Recht grundsätzlich untersagt. Der Anbieter darf Adressen nur bei Genehmigung durch die Nutzer verwenden und wenn er sie bei dem Verkauf einer Ware erhalten hat. Der Nutzer kann die weitere Nutzung seiner Adresse aber zu jedem Zeitpunkt widerrufen. Bei der Versendung von unaufgeforderten Werbe-E-Mails ist also von Unternehmen Vorsicht an den Tag zu legen, sonst kann ein erheblicher Imageschaden entstehen, wenn sich Nutzer beschweren oder sich womöglich Verbraucherschutzorganisationen und die Presse des Falls annehmen. Als Reaktion auf die teilweise erhebliche Flut an Werbe-E-Mails wurden Spamfilter entwickelt, die nicht gewünschte E-Mails automatisch identifizieren und löschen beziehungsweise in Spam-Ordner ablegen. Für die Sender von E-Mails stellen Spamfilter eine große Herausforderung dar, da sie die automatisch als Spam klassifizierten E-Mails aussortieren und somit den tatsächlichen Zugang der Nachricht erschweren. Hier bleibt dem Sender nichts anderes übrig, als seine Nachricht mit den gängigsten Spamfiltern zu testen und, falls nötig, Änderungen an der E-Mail vorzunehmen.

Versenden Sie den Newsletter nie ohne ausdrückliche Erlaubnis. Den Besuchern sollte bewusst sein, dass sie einen Newsletter abonniert haben. Setzen Sie keinesfalls einfach die gesamte Kundenliste auf den Verteiler – das kann schnell nach hinten los gehen. Es gibt gerade hierzulande viele Kämpfer für das Recht eines „werbefreien Postfaches". Bevor man sich versieht, ist ein seitenlanges Schreiben beim Provider eingegangen, das einen bezichtigt, Spam zu verschicken, mit der Folge, dass die eigenen Postfächer vorsorglich gesperrt werden. Wenn man dann nicht beweisen kann, dass die Erlaubnis zum Versand der E-Mail vorlag, kann es schwierig werden. Aus einem anderen Blickwinkel betrachtet: Mit dem bewussten Abonnieren des Newsletters sagen die Kunden: „Bitte senden Sie mir regelmäßig Ihre Informationen, aktuellen Angebote, Pressemitteilungen und andere für mich wichtige Infos zu. Diese Informationen interessieren mich." Auf dieser Basis ist es viel einfacher, mit dem Nutzer in einen Dialog zu treten.

Seriöse Anbieter verschicken Werbe-E-Mails und Newsletter daher im Rahmen eines „Permission-Marketings" erst nach ausdrücklicher Einverständniserklärung des Empfängers. Das Konzept des Permission-Marketings geht davon aus, dass die Konsumenten im Internet immer mehr Macht bekommen, weil Konkurrenzangebote jeweils nur einen Mausklick weit entfernt liegen. Das heißt, man muss die Konsumenten und ihre Bedürfnisse ernst nehmen und sie partnerschaftlich behandeln. Im Rahmen des Permission-Marketings werden die Nachrichten vom Adressaten im Voraus genehmigt und damit

---

[14] Spam ist eigentlich eine Dosenfleischmarke, aber dank eines Monty-Python-Sketches mittlerweile ein Synonym für auf elektronischem Weg zugestellte Massenwerbung meist mit wenig seriösem Inhalt.

erwartet. Sie sind in der Ansprache personalisiert und für den Empfänger relevant, haben für den User also einen konkreten Nutzen. Dazu sollten die Botschaften aus nützlichen Inhalten und Informationen und nicht primär aus Eigenwerbung bestehen. Schlussendlich sollten Sie nur bis auf Widerruf Informationen an den Kunden senden und in den Nachrichten auf die Möglichkeit hinweisen, den Newsletter abzubestellen. Dazu wird in jedem seriösen Newsletter auf die Webseite des Anbieters verlinkt, wo sich der Nutzer aus der Mailingliste austragen kann.

Wenn jemand den Newsletter bestellt, nennt man diesen Vorgang „Opt-in" (dt. sich dafür entscheiden). Von „Double Opt-in" spricht man, wenn der neugewonnene Abonnent nicht unmittelbar nach Abgabe seiner E-Mail-Adresse in den Verteiler aufgenommen wird, sondern noch eine zweite Bestätigung und Authentifizierung notwendig ist. Zur Vertrauensbildung sollte dem Nutzer hierbei explizit erläutert werden, für welche Zwecke die persönlichen Daten genutzt werden. Der globale Verweis auf kleingedruckte AGBs erweckt kein Vertrauen, sondern schreckt eher ab. Die Authentifizierung geschieht in der Regel in Form einer E-Mail vom Betreiber des Newsletters, in der der User auf einen Link klicken muss, um sein Abo zu bestätigen. Dieser Vorgang soll sicherstellen, dass nicht ein Fremder für jemand anderen einen Newsletter bestellt.

7.3 E-Mail- und Newsletter-Marketing umsetzen

7.3.1 Aufbau

Newsletter enthalten:

- Absenderkennung und Betreffzeile,
- eine Kopfzeile,
- Inhaltsverzeichnis,
- einen Teaser (oder Anschreiben beziehungsweise Editorial)
- und den Hauptteil der Nachricht mit Meldungen oder Produktangeboten, in dem auf die eigene Webseite verlinkt wird.

Absenderkennung
Die Absenderkennung sollte eindeutig sein, also zumindest eine genaue Absenderzuordnung ermöglichen. Die Absenderkennung „Newsletter" reicht nicht, da der Newsletter sonst womöglich direkt gelöscht wird.

Der Absender sollte beim Nutzer Vertrauen erzeugen und bereits zeigen, dass der Inhalt wichtig ist. Dazu muss es sich beim Absender keineswegs um Großunternehmen handeln. Auch kleinere, lokal agierende Unternehmen können ihre Bekanntheit nutzen, um dauerhafte Beziehungen zu ihren Kunden aufzubauen.

Das Café Hahn aus Koblenz versendet beispielsweise regelmäßig Newsletter, in denen auf Veranstaltungen hingewiesen wird. Das Café Hahn ist im Raum Koblenz eine anerkannte Kapazität, was Live-Veranstaltungen angeht. Aufgrund des hohen Vertrauens, das die Nutzer und Besucher daher dem Café Hahn entgegenbringen, ist es sogar möglich, Werbung für Konzerte anderer Veranstalter in den Newsletter zu integrieren.

Betreffzeile

Das Erste, was der Leser neben der Absenderkennung sieht, wenn er eine E-Mail bekommt, ist die Betreffzeile. Diese sollte äußerst kurz und prägnant sein, dazu aussagefähig und handlungs- und nutzenorientierte Aussagen beinhalten, um einen Anreiz zum Öffnen der E-Mail zu geben. Dazu können Sie auch Schlüsselwörter wie „Rabatt" oder „Gewinnspiel" nennen, da diese die Motivation, den Newsletter zu öffnen, erhöhen. Tipp: Wenn Sie den Namen des Empfängers kennen, integrieren Sie ihn am besten gleich in die Betreffzeile. Das erhöht die Öffnungsrate regelmäßig um 15 bis 20 Prozent.

Formulieren Sie nicht reißerisch, sonst wird die E-Mail umgehend als Werbung deklariert und gelöscht. Der Text der E-Mail muss den Inhalt der Betreffzeile aufgreifen, andernfalls denken die Empfänger, dass sie reingelegt und zum Öffnen der Mail verführt wurden.

URL
Eine E-Mail ist kein direktes Verkaufsmedium. Spätestens wenn jemand das Produkt kaufen will, muss er die Webseite besuchen. Das heißt, man muss auf jeden Fall innerhalb der Mail zu einer URL überleiten. Viele verstecken die Web-Adresse ihres Angebotes am Ende der E-Mail. Das ist meistens ein Fehler. Oft entscheidet sich ein Konsument schon nach den ersten paar Zeilen dazu, einen Blick auf die Webseite zu werfen. Gleich zu Beginn sollten die wichtigsten Informationen übermittelt und eine URL angefügt werden. So haben die Empfänger die Wahl, entweder umgehend die Webseite zu besuchen oder dem Text weiter zu folgen. Zwingen Sie schnell entschlossene Leser nicht dazu, die ganze E-Mail durchzuscrollen.

Layout
Mittlerweile sind HTML-E-Mails Standard. HTML-Mails bieten eine Reihe von Vorteilen gegenüber reinen Text-Nachrichten. Man kann Firmenlogos, eine spezielle Hausschriftart und andere grafische Elemente wie zum Beispiel Produktfotos einbinden, was die Nachricht erheblich aufwerten kann. Sie ermöglichen die Einbindung grafischer Elemente, die sich direkt verlinken lassen. Grafiken sollten genutzt werden, wenn sie die Inhalte gut visualisieren (zum Beispiel Darstellung von Künstlern im Newsletter eines Konzertveranstalters) und das Layout des Newsletters auflockern, ohne es zu verkomplizieren.

Zudem bieten HTML-E-Mails ausgefeilte Auswertungsmöglichkeiten. Es kann überprüft werden, ob die Nachricht geöffnet wurde und, wenn ja, welche Links geklickt wurden. Doch HTML-E-Mails bieten nicht nur Vorteile. Bei der Nutzung von Grafiken lassen sich nicht so viele Informationen unterbringen wie in einer herkömmlichen Nur-Text-Nachricht. Des Weiteren kann heute immer noch nicht mit absoluter Sicherheit gesagt werden, dass der Empfänger die Nachricht lesen kann (Stichwort: SPAM-Filter-

Problematik) oder überhaupt E-Mails in HTML-Form zugesandt bekommen will. E-Mail ist ein textorientiertes Kommunikationsmittel. Viele Nutzer sehen in Grafiken und Hintergrundbildern unnötigen Ballast. Wenn man sich dazu entschließt, HTML-Mails zu versenden, sollte man parallel eine Nur-Text-Version anbieten.

Das Layout des Newsletters muss übersichtlich gegliedert und klar strukturiert sein. In einem typischen Newsletter findet sich in der Kopfzeile das Logo des Unternehmens, im Inhaltsverzeichnis ein Überblick der Themen beziehungsweise Beiträge. Im Editorial wird der Abonnent begrüßt und in die Thematik des Newsletters, so es eine übergreifende Thematik gibt, eingeführt. Die Meldungen stellen den Hauptteil des Newsletters dar. Der Aufbau eines Newsletters sollte den von den Nutzern gewohnten Strukturen entsprechen, gerade wenn es sich um einen Newsletter handelt, der viele Informationen umfasst. Führen Sie feste Rubriken ein – so können Sie den Gewöhneffekt bei den Nutzern noch erhöhen.

7.3.2 Abonnentengewinnung

Bevor Sie den Newsletter als Marketingmedium nutzen können, brauchen Sie Abonnenten. Liegen Ihnen keine E-Mail-Adressen vor, können diese von spezialisierten Anbietern beschafft werden, die nach verschiedenen Kriterien (zum Beispiel Wohnort oder Alter) selektierte Adresslisten anbieten. Dies ist im Geschäftskunden-Bereich dann erlaubt, wenn Interesse an der beworbenen Leistung vermutet wird, zum Beispiel wenn ein Müller eine Werbe-E-Mail an alle Bäcker schreibt. Im Privatkundenbereich muss eine Einverständniserklärung vorliegen. Häufig wird dies über Gewinnspiele erreicht, bei denen der Teilnehmer ankreuzt, dass er mit einer Kontaktaufnahme einverstanden ist.

Besucher der Webseite für den Newsletter zu gewinnen, ist einfacher gesagt als getan. Präsentieren Sie die Möglichkeit, den Newsletter zu abonnieren, bereits prominent auf der Startseite. Weisen Sie außerdem bei jedem Kauf im Online-Shop auf die Möglichkeit des Abos hin. Auch bereits bestehende Abonnenten sollten genutzt werden, indem Weiterempfehlungsskripte eingebunden werden. Viele Nutzer sind aber skeptisch und in der Regel nicht erpicht darauf, Werbe-Mails zu erhalten. Man muss daher die Vorzüge eines E-Mail-Services offensiv anpreisen, um die Besucher zu überzeugen.

Anreiz
Man sollte den Besuchern ein Angebot machen, dem sie nicht widerstehen können. Wenn man den Kunden zeigt, welche Vorteile der Newsletter bietet, dass sie beispielsweise als Erste Zugriff auf aktuellste Informationen und Artikel erhalten oder exklusive Angebote zu neuen Produkten, steigt die Bereitschaft, zum Abonnenten zu werden an. Wenn die Abonnenten mit dem Newsletter zufrieden sind, wird man als Absender mit Sicherheit auch Lob bekommen. Die Veröffentlichung dieser Referenzen erhöht das Vertrauen der Besucher. Man kann auch eine kurzfristige Belohnung anbieten, um einen Impuls auszulösen, beispielsweise einen Gratis-Artikel oder eine kostenlose Software in Aussicht stellen, die unmittelbar nach Bestellung des Newsletters zum Download bereitstehen. Zu guter Letzt sollte man den Besuchern wiederholt versichern, dass ihre Daten vertraulich behandelt und nicht weitergeben werden.

Newsletter-Archiv
Niemand kauft gern die Katze im Sack. Viele der potenziellen Abonnenten haben bereits mehrere Newsletter-Abos, dazu kommt der tägliche E-Mail-Verkehr. Diese Besucher warten nicht auf den ersten regelmäßigen Newsletter, sie wollen sich vorher informieren, ob sich der Inhalt des Newsletters auch lohnt. Legen Sie deshalb ein Archiv der bisherigen Ausgaben an.

Newsletter bestellen
Die Abo-Möglichkeit sollte auf jeder Seite angeboten werden. Selbst wenn man den besten Newsletter der Welt verfasst – wenn ihn keiner wahrnimmt, ist die Arbeit von vornherein sinnlos. Auch ein Pop-up beim Aufruf der Startseite kann wirkungsvoll sein, aber unter Umständen auch das Gegenteil hervorrufen. Steigen die Abonnenten-Zahlen nicht merklich an oder gehen zu viele Beschwerden ein, sollte es wieder abgeschaltet werden.

Partnerschaften mit ähnlichen Angeboten
Eine andere Methode, um die Newsletter-Auflage zu steigern, können Partnerschaften mit ähnlichen Angeboten sein. In der Regel erscheint nach der Bestellung eines Newsletters eine Dankeschön-Seite. Auf dieser Seite können zum Beispiel die Partner-Newsletter empfohlen werden und umgekehrt. Man kann auch in den Newslettern selbst Anzeigen austauschen. Wichtig ist, nur Partnerschaften mit solchen Unternehmen abzuschließen, die ähnliche, aber nicht identische Leistungen anbieten. Sonst verliert man schnell Kunden.

Verzeichnisse
Auch der Eintrag in Newsletter-Verzeichnisse kann helfen, Abonnenten zu gewinnen. Hier eine Auswahl:

- Newsletter-Verzeichnis
- DerArchivar
- Newsmail
- Kostenlos.de
- Newsletter-Kiosk.de

Weiterempfehlung
Ermuntern Sie Ihre Abonnenten, den Newsletter an Freunde und Kollegen weiterzuleiten. Wenn fünf Abonnenten den Newsletter an fünf Freunde senden und diese jeweils wieder an fünf, werden 125 potenzielle Kunden erreicht. Das Beste daran ist, dass all diese Menschen durch eine Empfehlung einer vertrauten Person vom Newsletter gehört haben. Diese Personen betrachten den Newsletter nicht als überflüssige E-Mail, sondern als eine wichtige Information, die ihnen ein Freund gesendet hat.

7.3.3 Newsletterinhalt

Der Inhalt des Newsletters entscheidet letztlich darüber, ob die Besucher zu Ihrer Webseite zurückkehren und – viel wichtiger – dort ein Produkt kaufen oder nicht. Der Trick ist, die Nutzer mit wertvollen, kostenlosen Informationen zu ködern, um dann geschickt eine Verknüpfung zu den Produkten herzustellen. Jeder Newsletter muss also hilfreich und informativ sein. Schlechte Qualität überträgt sich auf die Produkte. Und er soll fesselnd und spannend sein. Potenzielle Kunden sollten jede neue Ausgabe gespannt erwarten.

Überleitung zum Verkaufsprozess
Man kann natürlich Produktneuvorstellungen als eigenen Gliederungspunkt im Newsletter aufnehmen. Eleganter ist es aber, die Artikel selbst in den Verkaufsprozess überleiten zu lassen. Durch die Lektüre des Textes wird der Leser automatisch für das Thema sensibilisiert. Er lernt Vor- und Nachteile kennen und erfährt, worauf es ankommt. Ein Anbieter von Hängematten kann beispielsweise über „Entspannungsmöglichkeiten für die Rückenmuskulatur" schreiben. Der Text zielt natürlich darauf ab, hervorzuheben, welchen positiven Effekt hierbei eine neue Generation von Rheuma-Hängematten hat. Zum Ende des Textes nennt der Autor die drei besten Anbieter, wovon er selbst einer ist. Damit diese Technik funktioniert, müssen Abonnenten auf die Webseite gelockt werden, da sie nur hier Produkte bestellen können. Am effektivsten ist es, wenn nur der erste Teil des Artikels im Newsletter selbst zu lesen ist. Man kann an der spannendsten Stelle abbrechen (zum Beispiel kurz bevor man fünf Geheimtipps verrät) und auf die Webseite verlinken. Die Kunden sind nun begierig weiterzulesen, und sind sie erst einmal auf der Webseite, ist die Wahrscheinlichkeit groß, dass sie sich das vorgestellte Produkt genauer anschauen. Egal ob die Produkte klar und deutlich vorgestellt werden, oder ob man mit einem Artikel in den Verkaufsprozess übergeleitet wird, es sollte ein gewisses Maß an Unabhängigkeit gewahrt bleiben. Wenn die Abonnenten glauben, dass ihnen nur etwas vorgegaukelt wird, um Produkte zu verkaufen, wird der Newsletter schnell wieder abbestellt.

Rabatte
Bieten Sie treuen Kunden bzw. Abonnenten hin und wieder spezielle Rabatte an, aber seien Sie vorsichtig dabei. Je häufiger Rabatte eingeräumt werden, desto eher gewöhnen sich die Kunden daran. Wird aber nur gelegentlich ein Sonderrabatt angeboten, am besten zu bestimmten, nicht wiederkehrenden Ereignissen, kann man mit dieser Verkaufstaktik sehr gut punkten.

7.3.4 Loyalität bei Newsletter-Abonnenten erzeugen

Wenn Sie eine aktive Beziehung mit den Lesern führen, gewinnen Sie nicht nur loyale Leser, sondern erhalten wesentliche Informationen über Interessen und thematische Vorlieben. Damit können Sie einen Newsletter gestalten, der in Sachen Interaktivität und Zielgruppenschärfe denen von Wettbewerbern weit überlegen ist. Der Schlüssel zu einer loyalen Leserschaft liegt in einer aktiven Beziehungspflege mit den Abonnenten. Um die

Kommunikation anzuregen, müssen Interaktionsmechanismen integriert werden. Je nach Art und Schwerpunkt des Newsletters können Sie Lesern ein paar der folgenden Response-Möglichkeiten anbieten:

Leserbriefe
Fast jede Zeitung oder Zeitschrift bringt eine Rubrik mit Leserbriefen. Hier wird Lob, Kritik und auch Ärger über den ein oder anderen Beitrag kundgetan. Für einen Newsletter ist dies eine hervorragende Möglichkeit, den Lesern zu zeigen, dass ihre Meinung wichtig ist und gehört wird. Wenn man die Leser nach jedem Artikel um eine Stellungnahme zu dem behandelten Thema bittet, kann man eine Auswahl der Einsendungen in einer neuen Rubrik veröffentlichen. Um den Stein ins Rollen zu bringen, ist es sinnvoll, Kollegen, Bekannte oder Freunde darum zu bitten, ein paar Statements zu den Artikeln abzugeben. Sobald die Leser sehen, dass sich andere Abonnenten aktiv an der neuen Rubrik beteiligen, sinkt die Hemmschwelle, selbst eine E-Mail zu verfassen.

Experten-Befragung
Wenn man seine Newsletter-Abonnenten auffordert, Fragen zu stellen, kann man eine Auswahl davon ausführlich im Newsletter beantworten. Auf diese Weise findet man nicht nur heraus, was genau die Leser interessiert, sondern erhöht gleichzeitig sein Ansehen als Experte im Fachgebiet. Geschickt angestellt, kann man aus den Fragen und Antworten sogar einen eigenen Newsletter gestalten. In den USA gibt es bereits eine Menge solcher Mailinglisten. Die bekannteste ist der von Marketing-Guru Ralph Wilson herausgegebene Newsletter „Web Marketing Today". Um eine aktive Beziehung mit der Leserschaft aufzubauen, ist die Rubrik „Fragen Sie den Experten" fast immer eine effektive Methode. Um aber niemanden zu verärgern, muss man wohl oder übel alle Fragen der Leser zumindest kurz beantworten; auch wenn man sie nicht im Newsletter verwertet. Dies kann je nach Abonnentenzahl natürlich sehr zeitaufwendig werden.

Umfragen
Außerdem kann die Interaktion mit den Abonnenten durch Umfragen gesteigert werden. Die Beantwortung der Fragen sollte nicht länger als eine halbe Minute dauern. 20 bis 30 Sekunden kann fast jeder entbehren, auch wenn er noch so beschäftigt ist. Stellen Sie interessante Fragen, bei denen Neugier aufkommt, was andere Abonnenten zu diesem Thema denken, dann ist die Anzahl der Teilnehmer an der Umfrage wesentlich größer. Veröffentlichen Sie die Auswertung der Befragungen im Newsletter. Jeden interessiert es, was geantwortet wurde und ob beispielsweise eine Rubrik gut ankommt oder nicht. Wenn man den Abonnenten regelmäßig die Ergebnisse der Umfragen mitteilt, dauert es nicht lange, bis selbst die eingefleischten „Nichtausfüller" von Fragebögen den Drang bekommen, sich ebenfalls zu beteiligen.

Belohnungen
Wenn Sie unter den Lesern regelmäßige Verlosungen durchführen, können Sie die Attraktivität des Newsletters erhöhen. Wählen Sie einen Preis, den die Leserschaft interessant findet. Sinnvoll sind eigene Produkte, Rabattgutscheine, ein Monat Zugang zum „Premium Content" und so weiter. Auch Umfragen können erfolgreicher sein, wenn eine Belohnung winkt.

7.3.5 Newsletter-Frequenz und Timing

Die Frequenz, mit der Newsletter verschickt werden, sollte sich nach den Erwartungen und dem Nutzen des Newsletters für den Kunden richten. Der PC-Welt-Newsletter erscheint fast täglich, da ebenso häufig interessante Nachrichten zur Verfügung stehen. Der Tchibo-Newsletter wird immer dann verschickt, wenn neue Angebote anstehen, Newsletter von Amazon beispielsweise, wenn ein Künstler, von dem der jeweilige Nutzer bereits CDs oder Bücher gekauft hat, ein neues Werk veröffentlicht. Es gilt der Grundsatz, dass Newsletter nur dann verschickt werden sollten, wenn das Unternehmen auch tatsächlich etwas zu sagen hat, sonst besteht die Gefahr, dass der Nutzer nur belästigt wird.

Wann Werbe-E-Mails oder Newsletter versendet werden, ist ähnlich wichtig wie der Inhalt der Mail. Das Online-Marketing-Magazin Marke-X testete unterschiedliche Wochentage zum Versand von Newslettern und von Werbe-E-Mails mit Produktangeboten. Als Erfolgskriterien wurden maßgeblich Klicks und Käufe untersucht. Die Ergebnisse waren überraschend:

Ergebnisse Newsletter:

Die drei besten Tage zum Versand eines Newsletters waren:

1. Dienstag

2. Mittwoch

3. Donnerstag

An diesen Tagen bekamen die einzelnen Newsletter-Beiträge die meisten Klicks. Samstag war der schlechteste Tag für Newsletter. Hier war die Anzahl der Klicks am niedrigsten – niedriger sogar als am Sonntag oder Freitag.

Ergebnisse Werbe-E-Mails:

Die drei besten Tage zum Versand von Werbemails waren:

1. Montag

2. Dienstag

3. Mittwoch

Mit mehr als 27 Prozent Vorsprung hat sich Montag als der beste Tag für Produktangebote herausgestellt. Über Werbe-E-Mails, die an diesem Tag versandt wurden, konnten die meisten Produktverkäufe realisiert werden. Montagsmails erzielten jedoch überraschenderweise nicht gleichzeitig die meisten Klicks. Ebenso wie beim Newsletter erweckten auch hier am Dienstag versandte E-Mails das größte Interesse bei den Konsumenten. Natürlich sind solche Ergebnisse nur bedingt zu verallgemeinern. Testen Sie deshalb unbedingt verschiedene Tage, bevor Sie sich auf einen bestimmten Rhythmus festlegen.

7.4 Beispiele für Werbe-E-Mails

Newsletter werden eher geöffnet als unregelmäßig verschickte Werbe-E-Mails. Einige Möglichkeiten, Werbe-E-Mails zu gestalten, finden sich in den folgenden Beispielen.

Nutzenorientierte Argumentation
Eine gute Vorgehensweise ist der Problem/Lösungsansatz. Hierbei wird zunächst ein Problem erläutert und dann erklärt, welchen Beitrag man als Anbieter leistet, dieses Problem zu lösen.

> Sehr geehrter Herr Meier,
>
> vergeuden Ihre Support-Mitarbeiter die Zeit mit vielen simplen Kundenanfragen?
>
> Ich hoffe nicht, schnell kann es passieren, dass Ihren Angestellten die Zeit fehlt, sich um die Frage eines wichtigen Kunden zu kümmern.
>
> Wenn Sie keine Umsätze verlieren und sicherstellen wollen, dass keiner Ihrer guten Kunden zu wenig Aufmerksamkeit bekommt, dann laden Sie jetzt unseren kostenlosen Report herunter. Er heißt „6 Schritte für die Erstellung effektiver FAQs" und steht für Sie bereit unter:
>
> http://www.kundenserviceparadies.de/report

Fragen
Eine weitere Möglichkeit ist, dem Empfänger Fragen zu stellen, die ihn innerlich reizen, mehr zu erfahren.

> Sehr geehrter Herr Meier,
>
> was wäre, wenn ich Ihnen ein neues Produkt anbieten könnte, das Ihre Verkäufe messbar um 37 Prozent steigert? Und was wäre, wenn ich Ihnen dieses mit einer dreifachen Geld-zurück-Garantie untermauern würde? ...

Signaturen
Signaturen bieten die Möglichkeit, Kontaktinformationen übersichtlich darzustellen. Aus Marketingsicht steckt in Signaturen aber noch mehr Potenzial. Man kann etwa auch einen Hinweis zu einem aktuellen Angebot oder dem Newsletter integrieren. Hier ein Beispiel (gegebenenfalls sind wie bei Geschäftsbriefen Steuer- und Handelsregisternummer und Ähnliches zu ergänzen):

> Sascha Langner (Herausgeber)
> Marke-X Marketing Magazin
> Musterstraße 4
> 30926 Seelze, Germany
> fon. +49(0)511 / 555 555
> fax. +49(0)511 / 444 4444
> http://www.marke-x.de

Wichtiger Hinweis: Hypnose-Techniken fürs Web-Marketing. Geheime psychologische Tricks zum ersten Mal veröffentlicht. Kostenloser Report unter: http://www.verbotenes-marketing.de

Post Scriptum (PS)
Sehr effektiv sind auch Angebote in Form von Post Scripta, die noch vor der Signatur eingefügt werden.

Gruß

S. Langner

PS: Kennen Sie die neue CD-ROM von Dirk Metzmacher? 100 praxisnahe Photoshop-Tricks. Ein wahrer Fundus von Ideen. Schauen Sie doch mal in das Inhaltsverzeichnis unter: http://www.photoshop-tricks.de

8 Suchmaschinenwerbung: Erfolgreiche Anzeigen mit den richtigen Keywords

8.1 Was ist Suchmaschinenwerbung?

Um kaum ein anderes Thema im Online-Marketing ranken sich so viele Mythen und Legenden wie um Suchmaschinen. Manche sehen in ihnen das ultimative Marketingwerkzeug, andere wiederum betrachten die Anstrengungen, die mit einem hohen Ranking in Verbindung stehen, als Zeit- und Geldverschwendung. Auf jeden Fall sind mittlerweile Suchmaschinen die zentralen Eingangsportale zum Internet. Millionen Menschen nutzen sie täglich bei der Suche nach Informationen. Kein Wunder, dass sie für das Marketing sehr interessant sind. Gerade wer im Internet nach günstigen Produktangeboten forscht, nimmt in der Regel zunächst Suchmaschinen in Anspruch. Unternehmen, die sich im Internet eine Marktpräsenz verschaffen wollen, müssen in den Suchmaschinen – in Deutschland vor allem in Google – präsent sein.

Suchmaschinenoptimierung vs. Suchmaschinenwerbung
Als Suchmaschinenmarketing werden alle Maßnahmen zur Gewinnung von Besuchern über Suchmaschinen verstanden. Suchmaschinenmarketing lässt sich differenzieren in Suchmaschinenwerbung (auch „Keyword-Advertising" oder „Paid Search" genannt) und Suchmaschinenoptimierung. Die „gesponserten" Suchergebnisse, die im Rahmen der Suchmaschinenwerbung von Unternehmen gebucht werden, finden sich in den meisten Suchmaschinen oberhalb und/oder rechts der redaktionellen Suchergebnisse. Sie sind an der Überschrift „Anzeigen" erkennbar. Es handelt sich bei Suchmaschinenwerbung daher im Gegensatz zur Suchmaschinenoptimierung um ein Instrument der Above-the-Line-Kommunikation. Mit der verbesserten Auffindbarkeit der eigenen Webseite in den redaktionellen Ergebnissen im Rahmen der Suchmaschinenoptimierung beschäftigt sich Kapitel 9.

Suchmaschinenoptimierung kostet Zeit und Geld. Außerdem kann man sich seiner Sache nie sicher sein. Kommt am Ende doch nur ein Platz 11 heraus, müssen die Anstrengungen noch intensiviert werden, was zusätzlich Kosten erzeugt. Man kann sich aber auch einfach ein hohes Ranking kaufen. Einen Nummer-eins-Platz in einer Suchmaschine wie Yahoo oder Google zu kaufen, klingt natürlich zunächst einmal teuer. Bei näherer Betrachtung wandelt sich dieses Bild aber. Eigentlich ist es für fast jedes Unternehmen bezahlbar, unter die ersten Suchergebnisse zu kommen. Wichtig dabei ist aber eine strategische Auswahl der Keywords.

Unternehmen, die ihre Webseite bewerben wollen, haben die Möglichkeit, die Einblendung von Textanzeigen für bestimmte Suchbegriffe zu buchen. Gibt ein Nutzer den gebuchten Begriff in die Suchmaschine ein, werden die Textanzeigen neben oder über den

Suchergebnissen präsentiert. Das Geschäftskonzept der Suchmaschinenbetreiber ist simpel: Es werden Top-Platzierungen in Suchmaschinen an den höchsten Bieter verkauft. Wessen Werbeanzeige an erster Stelle angezeigt wird, hängt also maßgeblich davon ab, wer bereit ist, in einem Bietverfahren den höchsten Geldbetrag pro Klick anzubieten. Je mehr Werbetreibende auf einen bestimmten Suchbegriff bieten, desto höher steigt der Preis, um an erster Stelle gelistet zu werden. Daneben zählt aber auch der Erfolg der Anzeige bei den Nutzern, unter anderem die Klickrate, die Suchmaschinen als Kennzahl für deren Relevanz heranziehen. Bei Suchmaschinenwerbung wird eine Bezahlung erst dann fällig, wenn der Nutzer auf die Anzeige klickt und nicht bereits wenn sie eingeblendet wird. Keyword-Advertising ist auch für kleinere, lokal agierende Unternehmen interessant. Man kann außerdem wie bei der Suchmaschinenoptimierung Suchphrasen mit regionalem Bezug eingeben, beispielsweise „Zahnarzt Koblenz", und darüber hinaus auch Zielregionen oder Städte für die Schaltung der Anzeigen auswählen. Dann werden die Anzeigen nur solchen Nutzern eingeblendet, die aus dieser Zielregion bzw. Stadt stammen.

8.2 Suchmaschinenwerbung umsetzen

8.2.1 Keyword-Auswahl

Für effiziente Suchmaschinenwerbung ist die Wahl der Keywords zentral. Beim Bieten auf Suchbegriffe sind unterschiedliche Überlegungen anzustellen: Manche Suchbegriffe, wie zum Beispiel „Computer" oder „private Krankenversicherung", werden sehr oft von Nutzern in Suchmaschinen eingegeben, erzeugen dementsprechend viele Besucher und sind daher relativ teuer. Präziser formuliert: Teilnehmer der Auktion sind bereit, einen hohen Betrag für solche Suchwörter zu bieten, weil das Keyword „Computer" potenziell sehr viele Kunden anspricht, während die Phrase „Computer Koblenz" die potentielle Zielgruppe von vornherein stärker einschränkt. Anzeigen für spezifische Suchbegriffe sind deswegen tendenziell preiswerter. Die Kaufwahrscheinlichkeit eines Nutzers ist bei Eingabe eines sehr allgemeinen Suchbegriffs außerdem niedriger als bei sehr spezifischen Suchbegriffen. Im letzteren Fall hat der Nutzer bereits eine recht genaue Vorstellung von dem, was er sucht – wahrscheinlich einen Computerhändler in Koblenz.

Da es aber sowohl Nutzer geben kann, die anhand von eher allgemeinen Begriffen suchen (zum Beispiel „billige Versicherungen"), als auch Kunden, die recht spezifische Phrasen eingeben (zum Beispiel „Billige Berufsunfähigkeitsversicherung mit Beitragsrückzahlung"), kommen viele Unternehmen nicht umhin, für unterschiedliche Suchstrategien Werbung in Suchmaschine zu buchen. Entscheidend ist im Rahmen der Marktforschung zu analysieren, welche Suchstrategien die Konsumenten anwenden.

Bei Besuch von Google Adwords und Suche nach „Private Krankenversicherung" ergab sich im Juni 2008 das folgende Bild:

Für den Suchbegriff „Private Krankenversicherung" wird fast ein Mindestgebot von knapp 10 Euro fällig. Würde man auf diesen Betrag bieten, wäre eine Menge neuer Traffic sicher, auch wenn die Klickrate natürlich geringer ist als bei einer spezifischen Keyword-Kombination. Allerdings würden viele kleine Unternehmen bei 10 Euro pro Klick schnell ihr Werbebudget ausgeschöpft haben. Es muss also genau berechnet werden, bei welchem Betrag sich die Suchmaschinenwerbung rechnet. Angenommen jede Transaktion erzeugt durchschnittlich einen Gewinn von 20 Euro, und Folgebestellungen des Kunden werden nicht berücksichtigt. Die Konversionsrate sei ein Prozent, das heißt, jeder 100. Besucher der Webseite kauft ein Produkt. In diesem Beispiel kann man schnell berechnen, ob man mehr investieren muss, als man zurückbekommt.

Um einen Gewinn von 20 Euro zu erzielen, müssten 1.000 Euro investiert werden (100 Klicks x 10 Euro = 1.000 Euro). Würden die Werbekosten nur bei 0,10 Euro pro Klick liegen, sähe die Sache anders aus. Um 20 Euro zu verdienen, müssten dann nur noch 10 Euro (0,10 x 100 = 10 Euro) ausgeben werden. Bei gleichbleibender Konversionsrate könnte man bis zu einem Klickpreis von 0,19 Euro gehen und würde immer noch Gewinn erzielen.

Doch wie erzielt man einen niedrigen Klickpreis? Natürlich sind nicht alle Suchbegriffe so begehrt wie „Private Krankenversicherung". Man kann den gleichen Traffic generieren, wenn man anstatt eines sehr häufig gesuchten Begriffs eine große Anzahl von spezifischeren Suchworten oder Phrasen auswählt.

Angenommen ein Unternehmen verkauft Lautsprecherboxen und Zubehör zum Selbstbau. Der Suchterm „Boxen" kostete bei Google im Juni 2008 0,53 Euro pro Klick, ein vergleichsweise günstiges Angebot. Würde allerdings das Beispiel von oben herangezogen, würden diese Kosten immer noch einen Verlust implizieren. Die Wortkombinationen „musik boxen bauen" oder „musik boxen selbst bauen" werden zwar seltener gesucht, allerdings kommt man hier unter Umständen schon mit einem Mindestgebot von 0,05 Euro zum Zug. Dabei sind diese Begriffe um ein Vielfaches genauer und versprechen eine sehr große Zielgruppenschärfe. Dasselbe Bild zeigt sich beim Begriff „Lautsprecher". Hier kostet der Suchterm 0,42 Euro. Schlüsselwörter wie „lautsprecher selbst bauen" 0,11 Euro.

Dieser Trick funktioniert in fast jeder Branche. Der allgemeine Suchbegriff kostet meistens eine Menge Geld. Speziellere Schlüsselwortkombinationen sind viel günstiger zu bekommen. Wenn man aber 20 oder sogar 100 spezifische Suchbegriffe erwirbt, verspricht dies meist den gleichen Traffic wie ein relativ allgemeiner Begriff bei geringerem Preis pro Klick. Ein weiterer Vorteil dieser Vorgehensweise ist die genaue Zielgruppenansprache, dadurch erzielt man in der Regel höhere Konversionsraten, sprich Verkäufe. Wie viele Menschen suchen wohl nach PC- oder Autolautsprechern, wenn sie den Begriff „boxen" eingeben? Viele Nutzer suchen vielleicht einfach nach einem Boxsportverein oder nach Boxveranstaltungen. Mit sehr zielgruppenspezifischen Suchbegriffen umgeht man dieses Problem.

Grundsätzlich gilt:

- Je spezieller das Keyword (beziehungsweise die Suchwortkombination), desto niedriger die durchschnittlichen Kosten pro Klick.

- Je spezieller das Keyword, umso seltener wird die entsprechende Anzeige auch eingeblendet.

- Je spezieller das Keyword (beziehungsweise die Suchwortkombination), desto höher ist auch die Konversion von Interessenten in Käufer.

Natürlich darf man es dabei auch nicht übertreiben. Ab einer bestimmten Anzahl von Keywords wird es schwierig, die einzelnen Kampagnen zu verwalten. Bei der sogenannten „Long-Tail-Optimierung" wird auf eine Vielzahl von Suchbegriffen geboten, nach denen eher selten gesucht wird. Eine Anwendung ist beispielsweise ein Shop mit Tausenden Keywords, sprich unterschiedlichster Produkte. In Google Adwords lassen sich diese Keywords per „Dynamic Keyword Insertion" integrieren. Die Anzeige selbst bleibt dabei identisch, nur das Keyword ändert sich. Ein Online-Shop, der Rucksackreisen vermittelt, könnte zum Beispiel die in der folgenden Abbildung dargestellte Anzeige für Hunderte von Reisezielen benutzen, indem jeweils nur der Ort aus der Suchanfrage in die Anzeige eingesetzt wird.

Abbildung 8.1   Dynamic Keyword Insertion

Athen für Backpacker
Komfortable Suche und Buchung von Backpackertouren.
www.backpackertouren.de/athen

Letztlich hängt die Auswahl der Suchwörter aber auch von den Zielen der Kommunikation ab. Gerade Markenartikler nutzen Webseiten als weiteren Kommunikationskanal, um ihre Markenbekanntheit zu erhöhen oder eine affektive Bindung zur Marke herzustellen beziehungsweise zu stärken. Sie sind darauf aus, besonders viele Besucher auf die Webseite zu locken, und weniger darauf, Umsatz zu generieren. In einem solchen Fall sollten natürlich allgemeine und nicht spezifische Suchwörter gebucht werden, um möglichst viel Traffic zu erzeugen. Die Ausgaben dafür sind allerdings hoch.

Doch wie die richtigen Suchbegriffe auswählen? Leider zeigt sich immer wieder, dass man sich selbst nicht als Maßstab nehmen kann. Wörter, die man für allgemein üblich hält, müssen bei Weitem nicht so gebräuchlich für die eigene Zielgruppe sein.

Google und die anderen Anbieter verfügen über Keyword-Datenbanken. Ein großer Vorteil dieser Systeme ist, dass sie auch Synonyme vorschlagen und die Häufigkeit der Suche von Nutzern angeben. Lycos bietet zum einen die Möglichkeit einzusehen, was gerade live gesucht wird (Livesuche), zum anderen gibt es eine Übersicht der am häufigsten verwendeten Suchbegriffe der letzten Woche (Top-30-Suchbegriffe). Yahoo offeriert keine Livesuche, dafür gibt es eine Übersicht der Top-Suchbegriffe des letzten Jahres sowie einen täglich aktualisierten „HypeIndex" (Yahoo Buzz) der am meisten gesuchten Keywords nach

Kategorien sortiert (leider nur für UK und USA). Eines der besten deutschen Tools zur Keywordrecherche bietet RankingCheck. Der Online-Dienst offeriert zwei Herangehensweisen: Zum einen kann man sich mittels einer Keyword-Datenbank zu einem bestimmten Wort die Anzahl der Suchanfragen bei Google anzeigen lassen (inkl. verwandter Suchwörter). Zum anderen bietet RankingCheck auch die Option, Top-Suchbegriffe in einer wöchentlichen Übersicht anzuschauen.

8.2.2 Suchwort-Kampagnen erstellen

Auf bestimmte Keywords zu bieten und Kampagnen aufzusetzen, ist leicht. Alle Anbieter stellen eine schnelle „Do-it-yourself-Hilfe" zur Verfügung. Wenn das Formular ausgefüllt ist und ein Anfangsbetrag deponiert wurde, können bereits die ersten Kampagnen gestartet und zu jedem beliebigen Suchbegriff Gebote abgegeben werden. Gibt es noch kein Gebot zu dem Suchbegriff, startet man mit einem Mindestgebot von wenigen Cent. Klickt ein Nutzer auf eine eingeblendete Anzeige, werden die Klickgebühren fällig und beispielsweise 0,10 Euro vom Guthaben abgezogen.

Vorher muss aber noch eine Anzeige gestaltet werden. Dazu müssen ein Titel, ein beschreibender Text und eine URL angeben werden. Dieser Eintrag erscheint dann, wenn jemand nach den ausgewählten Begriffen sucht. Man sollte aber nicht unbedingt einen reißerischen Text gestalten, der so viele Menschen wie möglich anzieht. Viel wichtiger ist es, dass nur die Leute klicken, die wirklich an den Leistungen interessiert sind. Schließlich kostet jeder Klick Geld. Deshalb sollte klar beschrieben werden, was angeboten wird und was es kostet. Dazu zunächst ein Beispiel.

Erfolgsfaktoren in der Anzeigengestaltung
Vor einer Weile testete das Online-Marketing-Magazin Marke-X unterschiedliche Anzeigen per Suchmaschinenwerbung. Ziel war es, neue Newsletter-Abonnenten für das Magazin zu gewinnen (siehe **Abbildung 8.2**).

Die dargestellten Anzeigen brachten die folgenden Ergebnisse:

- Anzeige 4: 2,1 % (2.111 Klicks pro Monat)
- Anzeige 5: 1,1 % (1.107 Klicks pro Monat)
- Anzeige 2: 0,5 % (401 Klicks pro Monat)
- Anzeige 3: 0,1 % (108 pro Monat (hochgerechnet; Anzeige nach drei Tagen durch Google gestoppt))
- Anzeige 1: 0,1% (95 pro Monat (hochgerechnet; Anzeige nach drei Tagen durch Google gestoppt)

Die beste Anzeige erzielte also satte 2.000 Klicks mehr als die schlechteste, und die schlechteste war die ursprünglich favorisierte Anzeige. Doch auch wenn Anzeige 4 über 2.000 Klicks erzielte, die erfolgreichste Anzeige war sie nicht. Die meisten Newsletter-

Abonnenten in Abhängigkeit zu der Anzahl der Klicks erreichte Anzeige 5. Die Konversionsrate (Klicks zu Abonnenten) betrug bei Anzeige 5 27 %, bei Anzeige 4 nur 7 %. Über Anzeige 4 wurden 148 neue Abonnenten gewonnen, über Anzeige 5.299.

Abbildung 8.2   Suchmaschinenwerbungen im Vergleich

Anzeige 1:
Marke-X Marketing Magazin
>1000 praxisnahe Artikel im Archiv
Kostenloser WebMarketing Newsletter
www.marke-x.de
Interesse:

Anzeige 2:
Web Marketing InfoCenter
Hunderte von Artikeln zu kosteneffizienten Marketing im Internet
www.marke-x.de
Interesse:

Anzeige 3:
Experten Wissen
Mehr Besucher, mehr Umsatz
Ultimatives Wissen für eMarketers
www.marke-x-marketing-magazin.de
Interesse:

Anzeige 4:
Marketing Geheimnisse
Hunderte Tipps & Tricks von
Internet Marketing Experten
www.marke-x-marketing-magazin.de
Interesse:

Anzeige 5:
Web Marketing Geheimnisse
Hunderte Tipps & Tricks von
Internet Marketing Experten
www.marke-x-marketing-magazin.de
Interesse:

Obwohl Anzeige 5 nur die Hälfte der Klicks erzielte wie Anzeige 4, abonnierten doppelt so viele Nutzer nach Klick auf Anzeige 5 das Marke-X Magazin. Und das, obwohl sich beide Anzeigen nur um ein Wort unterschieden.

Die Anzeige ist der wichtigste Aspekt bei jeder Werbekampagne auf Google. Überschrift und Anzeigentext müssen den Nutzer davon überzeugen, der Anzeige den Vorzug gegenüber den normalen Ergebnissen der Suchmaschine zu geben. Dabei gilt es, einen Kompromiss zwischen hoher Klickrate und hoher Konversionsrate zu finden. Sinkt nämlich die Klickrate unter 0,5 %, wird sie von Google gestoppt. Spricht man die Nutzer zu unspezifisch an, erzielt man nur niedrige Konversionsraten. Um mit seiner Kampagne bei Google Erfolg zu haben, bedarf es deshalb großer Raffinesse bei der Formulierung einer gezielten Abstimmung auf die Schlüsselwörter und einer aussagekräftigen URL.

Gestaltungsparameter der Anzeigengestaltung sind:

- Überschrift,
- Anzeigentext,
- URL,

- Position und Preis sowie
- Landing Page.

Überschrift

Die Überschrift muss die Aufmerksamkeit der Nutzer erregen, genau die Zielgruppe ansprechen und gleichzeitig direkt oder indirekt das Interesse auf das Produkt oder die Dienstleistung lenken. Man sollte auf jeden Fall eines oder mehrere der ausgesuchten Keywords in der Überschrift wiederverwenden, das erhöht die Klickrate.

Anzeigentext

Beschreiben Sie ansprechend, kurz und präzise, was angeboten wird, auch aktuelle Preisangaben können sinnvoll sein, vor allem wenn Sie zu den Preisführern gehören. Es nutzt wenig, Besucher unter der Vorspiegelung falscher Tatsachen auf die Webseite zu locken. Wenn der Nutzer nicht das findet, was angepriesen wurde, ist die Wahrscheinlichkeit groß, dass er die Webseite umgehend wieder verlässt und nicht mehr zurückkehrt. Testen Sie unterschiedliche Textvarianten. Wegen der geringen zur Verfügung stehenden Fläche ist es illusorisch, dass Sie auf Anhieb den effektivsten Text treffen. Google hat strikte Regeln für die Anzeigengestaltung. Viele Sonderzeichen wie beispielsweise „>" oder „+" sind verboten. Auch das Überleiten des Textes in die URL wie beispielsweise „Tipps finden Sie im ... www.marke-x-magazin.de" ist nicht erlaubt. Auch mehrere Satzzeichen hintereinander wie „???" oder „...." dürfen nicht verwendet werden. All diese kleinen Formulierungstricks werden von Google nicht geduldet, Zuwiderhandlung führt zum Abschalten der Anzeige.

URL

Die URL ist eines der wichtigsten Elemente jeder Anzeige bei Google. Nur wenn die Internetadresse eine logische Weiterführung der Anzeige ist, klicken die Nutzer auch. Alle oben (siehe **Abbildung 8.2**) getesteten Anzeigen erhielten 50 Prozent höhere Klickraten mit der URL „www.marke-x-marketing-magazin.de" als mit der normalen Adresse „marke-x.de". Testen Sie deshalb unbedingt unterschiedliche Domains und URLs. Google bietet die Möglichkeit, in der Werbung eine andere URL anzeigen zu lassen, als tatsächlich verlinkt wird. Durch diese Funktion kann man auch eine Internetadresse angeben, ohne die entsprechende Domain zu besitzen.

8.2.3 Position und Preis

Ähnlich wichtig wie die Anzeige selbst ist deren Position. Je höher die Werbung am rechten Rand erscheint, desto mehr Klicks erhält man tendenziell. Eine Ausnahme davon gibt es bei Konsumenten, die in ihrem Kaufprozess schon sehr weit fortgeschritten sind: Wer schon weiß, welches Produkt er kauft, liest sich auch die dritte oder vierte Anzeige durch.

Die Platzierung bei Google hängt von zwei Faktoren ab, dem Preis, den man bereit ist pro Klick maximal zu bezahlen, und dem Qualitätsfaktor der Anzeige.

Der Qualitätsfaktor basiert unter anderem auf:

- der Klickrate auf die Anzeige,
- der Qualität der Anzeige gemessen daran, ob beziehungsweise wie häufig das Suchwort auch im Anzeigentext vorkommt,
- und der Qualität der Landing Page, wobei Google unter anderem prüft, ob das Keyword in Überschrift und Text vorkommt.

Wenn ein Nutzer nach einem bestimmten Keyword sucht, erscheinen die darauf gebuchten Anzeigen in absteigender Reihenfolge ihres Anzeigenrangs. Der Anzeigenrang berechnet sich dabei nach folgender Formel:

> Maximaler Klickpreis x Qualitätsfaktor = Anzeigenrang

Angenommen, man wollte pro Klick 0,25 Euro bezahlen, und die Anzeige erreicht einen Qualitätsfaktor von 1,5.

> Anzeigenrang = 0,25 x 1,5 = 0,375

Der nächste Konkurrent ist bereit, nur maximal 0,15 Euro pro Klick zu zahlen, und erzielt einen Qualitätsfaktor von 2,2.

> Anzeigenrang = 0,15 x 2,2 = 0,33

In diesem Beispiel würde die Anzeige an Position 1 und die des Konkurrenten auf Platz 2 erscheinen. Da man bei Google keine verbindlichen Klickpreise abgibt, sondern nur Maximalwerte, beträgt der tatsächliche Klickpreis in diesem Fall nicht 0,25 Euro, sondern nur 0,23 Euro. Dieser Betrag würde nämlich bereits genügen, um den ersten Platz zu erreichen. Um die Position zu verbessern, hat man zwei Alternativen: Entweder man erhöht das Gebot, also den maximalen Klickpreis, oder man optimiert seine Kampagne, um den Qualitätsfaktor zu verbessern.

Die Erhöhung des maximalen Klickpreises ist sicher kurzfristig der einfachste Weg, den Rang zu erhöhen. Effizienter ist jedoch häufig, die Kampagne zu verbessern, zum Beispiel durch Optimierung der Anzeige oder die gezieltere Auswahl von Schlüsselwörtern. Google will Geld verdienen und belohnt deshalb Relevanz. Google erzielt mit Suchmaschinenwerbung nur dann Umsatz, wenn die Nutzer auch tatsächlich auf die Anzeigen klicken.

Deshalb werden qualitativ hochwertige Anzeigen, die von den Nutzern häufig angeklickt werden (und an denen Google gut verdient), mit einem relativ hohen Qualitätsfaktor belohnt. Je höher die Klickrate ist, desto größer ist danach auch das Interesse der Nutzer an den Leistungen. Im obigen Beispiel würde es dem nächsten Mitbewerber ausreichen, seinen Qualitätsfaktor auf 2,6 zu erhöhen, um die eigene Anzeige auf Platz 1 zu setzen.

> Anzeigenrang = 0,15 x 2,6 = 0,39

Die Landing Page
Viele Werbende bei Google verlinken ihre Anzeige einfach mit ihrer Startseite. Doch nur selten ist die Startseite auch dafür geeignet, diese speziellen Nutzer auch gebührend zu empfangen. Es ist keinem Nutzer zuzumuten, sich erst einmal durchzuklicken, bis man das Produkt, das man eigentlich sucht, gefunden hat. Zur Maximierung der Konversionsrate ist es deshalb (wie auch schon bei der Online-Werbung in Kapitel 5) notwendig, eine spezielle Anschlussseite zu erstellen.

Auf dieser Seite muss explizit das weitergeführt werden, womit in der Anzeige begonnen wurde. Dadurch werden die Besucher nicht unnötig abgelenkt und finden das vor, was sie gesucht haben. Google besucht die Landing Page und indiziert sie. Es ist daher auch sinnvoll zur Erhöhung des Qualitätsfaktors, Suchwörter in Überschrift und Text einzufügen. Suchmaschinen erlauben auf der Anschlussseite keine Pop-ups, Pop-unders oder Pop-outs. Sämtliche Anzeigen, die auf URLs mit solchen Anzeigen verweisen, werden gestoppt.

8.3 Kontextsensitive Werbung

Eine weitere Form der Online-Werbung sind kontextsensitive Werbeformen, die bei Suchmaschinenbetreibern zusammen mit Keyword-Advertising gebucht werden können und die dann frei auf der Webseite platziert werden können. Dabei wird das Prinzip des „Contextual Targeting" angewandt: Je nach inhaltlichem Kontext werden dabei Anzeigen auf Basis des Inhalts der jeweiligen Seite des Content-Netzwerks von Google zielgerichtet geschaltet.

Bei kontextsensitiver Werbung wie Google AdSense werden die Textanzeigen aus dem Keyword-Advertising auf Webseiten eingebunden. Eine Software identifiziert automatisch, welche Suchbegriffe für die jeweilige Trägerseite relevant sind. So wird sichergestellt, dass vor allem Anzeigen eingeblendet werden, die für den Inhalt der Internetseite und damit zu hoher Wahrscheinlichkeit auch für den Leser relevant sind. Die Ergebnisse dieser Zuordnung sind aber durchaus schwankend. Darüber hinaus ist es auch möglich, aus dem verfügbaren Angebot des Vermarkters gezielt Webseiten auszuwählen, die man selbst für besonders aussichtsreich hält.

Die Klickraten sind bei AdSense-Anzeigen schlechter als bei Suchmaschinenwerbung, da der Nutzer bei der Betrachtung von Content-Seiten meistens nicht an Werbung interessiert ist. Dafür lassen sich auf diese Weise aber auch Leute ansprechen, die nicht selbst nach den jeweiligen Produkten suchen, im jeweiligen Kontext jedoch eventuell für derartige Angebote zugänglich sind.

Zusammenfassung

- Webseitengestaltung

  - Die Webpräsenz eines Unternehmens steht im Zentrum der Online-Kommunikation. Sie ist gleichzeitig Visitenkarte, Geschäftsraum, Verkaufs- und Servicepersonal. Überdies ist die Webseite das Ziel, zu dem andere Instrumente der Online-Kommunikation wie Suchmaschinenwerbung oder Newsletter hinführen sollen. Daher verdient der Internetauftritt eines Unternehmens besondere Aufmerksamkeit.
  - Die Gestaltung der Webseite sollte dabei stets von den adressierten Zielgruppen und deren Bedürfnissen ausgehen. Zu diesem Zwecke bieten sich Befragungen von Nutzern wie auch Tests an.
  - Bei der Umsetzung ist zu berücksichtigen, dass eine Webseite ein komplexes Medium aus Textinhalten, Graphiken, Bildern und Navigationselementen darstellt. Zur erfolgreichen Gestaltung müssen daher nicht nur die einzelnen Bestandteile optimiert werden, sondern auch deren Zusammenspiel. Nur so entsteht ein konsistenter Gesamteindruck, der die Kunden überzeugt.

- Online-Werbung

  - Die gebräuchlichste Form ist die Bannerwerbung. Bannerwerbung ist erst dann richtig erfolgreich, wenn sie angeklickt wird – und hier liegt häufig das Problem.
  - Als Abrechnungsform ist deshalb für die Werbetreibenden die Zahlung nach Ad-Clicks zu bevorzugen.
  - Die Nutzer haben sich mittlerweile an Bannerwerbung angepasst, viele blenden sie automatisch aus beziehungsweise ignorieren sie. Ziel von Bannerwerbung muss es daher sein, den Nutzer mit kreativ gestalteten Bannern zu überraschen.

- Affiliate-Marketing

  - Affiliate-Marketing ist partnerschaftlicher Vertrieb, bei dem neben den Affiliates meistens auch Dienstleister einbezogen werden.
  - Wichtigster Erfolgsfaktor ist die Gewinnung und die Pflege der Affiliates. Affiliate-Marketing funktioniert am besten, wenn es eine hohe redaktionelle Nähe zwischen der Webseite des Affiliates und dem Online-Shop gibt.

- E-Mail- und Newsletter-Marketing

  - Newsletter-Marketing stellt ein geeignetes Instrument für Kundenbindung und Cross-Selling dar.
  - Die Gewinnung von Abonnenten im Rahmen eines Permission-Marketing ist eine wesentliche Herausforderung für Online-Unternehmen.
  - Um die Abonnenten dauerhaft bei der Stange zu halten, sollte man stets nutzerorientiert kommunizieren und immer wieder neue Reize ausprobieren.

- Suchmaschinenwerbung
  - Um Suchmaschinen als Kommunikationsinstrumente zu nutzen, kommt zunächst Suchmaschinenwerbung in Betracht. Hier kann man sich eine gute Platzierung in den Suchergebnissen kaufen.
  - Zunächst müssen die richtigen Suchwörter identifiziert werden. Das müssen nicht unbedingt die gebräuchlichsten (und damit teuersten) sein, auch mit spezifischen Suchwortphrasen lässt sich Traffic erzeugen und man kann meistens höhere Konversionen erzielen.
  - Neben dem Preis bestimmt der Qualitätsfaktor die Position der Anzeige.

Teil 3
Below-the-Line-Instrumente der Online-Kommunikation

Im Überblick

Teil 3 stellt Ihnen die Below-the-Line-Instrumente der Online-Kommunikation vor:

- Zunächst geht es um **Suchmaschinenoptimierung**. Vielen Internetnutzern ist nicht bewusst, wie sie von Unternehmen beeinflusst werden können. Insofern handelt es sich bei der Suchmaschinenoptimierung um ein reines Below-the-Line-Instrument (Kapitel 9).
- **Online-PR** ist sehr effizient – gerade im Vergleich zur traditionellen Variante – und sehr effektiv, da hier über glaubwürdige Multiplikatoren – die Presse – kommuniziert wird (Kapitel 10).
- **Virales Marketing** ist unterhaltsam und kreativ. Es zielt darauf ab, dass die Nutzer freiwillig die Botschaft an andere weiterleiten. Die Werbeabsicht steht dabei meistens nicht im Vordergrund (Kapitel 11).
- **Social-Media-Kommunikation** ist ein faszinierendes neues Feld der Online-Kommunikation, das wesentlich von der offenen Kommunikation mit den Zielgruppen lebt. Auch hier sollte das Werbemotiv nicht im Mittelpunkt stehen (Kapitel 12).

9 Suchmaschinenoptimierung: Ganz nach oben unter die Top 10

9.1 Was ist Suchmaschinenoptimierung?

Im Mittelpunkt dieses Kapitels stehen die nicht-gesponserten Suchergebnisse einer Suchmaschine. Sie entsprechen dem redaktionellen Teil einer Zeitung: dem Teil, den der Leser eigentlich sucht. Die Zahl der Treffer ist zumeist so umfangreich, dass Nutzer mit der schieren Fülle überfordert sind. Deshalb werden meist nur die Treffer der ersten oder vielleicht zweiten Seite wahrgenommen. Dementsprechend ist es von zentraler Bedeutung, bei den relevanten Suchanfragen möglichst prominent gelistet zu werden. Suchmaschinenoptimierung umfasst Maßnahmen zur Verbesserung der Positionierung in diesen natürlichen Suchergebnissen.

Die Suchmaschinenoptimierung steht in einem engen Zusammenhang zur Webseitengestaltung: Wird eine Webseite entwickelt beziehungsweise weiterentwickelt, sollte unbedingt auch die Suchmaschinenfreundlichkeit beachtet werden. Bei Suchmaschinenoptimierung handelt es sich also um kein direktes Kommunikationsmittel, mit dem Unternehmen direkt Kunden ansprechen. Ziel ist vielmehr, die Webseite so zu gestalten, dass sie gut von Suchmaschinen gefunden und auf den Suchergebnisseiten möglichst weit oben platziert wird. Je höher eine Webseite in den Suchergebnissen platziert ist, umso höher ist auch die Wahrscheinlichkeit, dass der Kunde sie wahrnimmt. Als Ziel der Suchmaschinenoptimierung sollte eine Platzierung unter den Top-10-Suchergebnissen angestrebt werden. Die Anzahl der Besucher steigt, je näher man an die Nr. 1 rückt. Es reicht aber beispielsweise, den dritten Platz zu belegen, wenn dies bedeutet, vor allen Konkurrenten zu stehen. Wenn ein Shop für Taubenfutter auf Platz drei liegt, ist das komplett ausreichend, wenn auf Platz eins und zwei stark verlinkte Taubenzüchtervereine oder -magazine sind. Eine höhere Platzierung zu erreichen als notwendig, ist in solchen Situationen ineffizient, da der Aufwand (sprich: Geld, Zeit) mit jeder höheren Platzierung ansteigt.

Indizierung von Webseiten

Suchmaschinen wie Google verwenden zur Ermittlung ihrer Suchergebnisse sogenannte Webcrawler, die das Internet ständig nach neuen oder veränderten Inhalten durchsuchen. Diese Informationen werden gesammelt und zu einem Index zusammengestellt. Der Vorgang ist vergleichbar mit der Erstellung eines Indizes in einer Bibliothek. Hier werden Bücher zum Beispiel nach Autor, Sachgebiet, Veröffentlichungsdatum, Verlag und so weiter indiziert und können so aufgefunden werden. Auch Webseiten werden nach unterschiedlichen Kriterien indiziert. Wird eine Suchanfrage ausgeführt, wird diese mit den Indexdateien verglichen. Die besten Treffer von Suchwort und indexierten Webseiten werden dem Nutzer dann in Reihenfolge angezeigt. Dabei werden nicht nur Suchworthäufigkeit, sondern auch andere Qualitätsindikatoren herangezogen.

9.2 Suchmaschinenoptimierung umsetzen

Für eine Suchmaschinenoptimierung müssen viele Faktoren berücksichtigt werden. Von den Suchmaschinen werden daher häufig Richtlinien bereitgestellt, die eine Hilfe darstellen, um Webseiten suchmaschinenfreundlicher zu gestalten. Hierbei müssen bestimmte Verhaltensregeln berücksichtigt werden, da bei Verstößen gegen diese vonseiten der Betreiber Sanktionen verhängt werden. So wurde beispielsweise die Webseite von BMW 2006 wegen Verstoßes gegen die Verhaltensrichtlinien vorübergehend aus dem Suchindex von Google gestrichen. BMW benutzte Seiten, die mit für den Nutzer unsichtbarem Text unterlegt waren. In diesem kamen Schlüsselwörter wie Gebrauchtwagen, Jahreswagen und BMW in großen Mengen vor mit dem einzigen Ziel, in den Suchergebnissen besser platziert zu werden und so Nutzer auf die Webseite zu locken. Bei der Beurteilung, was Suchmaschinen als „Spamming" auslegen und was nicht, hilft der gesunde Menschenverstand: Alles, was dem Nutzer einen Mehrwert bringt, führt zu besseren Suchergebnissen; wird der Nutzer aber getäuscht, kann das als Manipulationsversuch gewertet werden und zu Sanktionen führen.

Welche Faktoren das Ranking der Suchmaschinen letztlich bestimmen, ist für Außenstehende und selbst für Experten schwer zu beantworten. Nur die Macher der Suchmaschinen selbst wissen, wie ihre Bewertungsalgorithmen aufgebaut sind, was wie viel zählt und was zu Abwertungen führt. Im Laufe der Zeit erhält man durch Versuch und Irrtum ein immer genaueres Bild von den relevanten Faktoren – und nutzt dieses Wissen, um eine prominente Platzierung gezielt herbeizuführen. Da inhaltliche Erwägungen damit in den Hintergrund gelangen, modifizieren Suchmaschinenbetreiber immer wieder ihre Bewertungsalgorithmen, um derartige Manipulationen zu begrenzen.

Die Webseite seomoz.org führt zur Ermittlung der wichtigsten Faktoren der Optimierung regelmäßig Expertenbefragungen durch. Das Ergebnis ist überraschend, denn die Experten sind sich alles andere als einig. In **Tabelle 9.1** sind die wichtigsten Kriterien für ein gutes Google-Ranking aufgelistet.

Die Webseite eines Unternehmens wird grob gesagt umso höher angezeigt, je häufiger das Suchwort vorkommt, am besten im sogenannten <title>-Tag[15]. Je häufig auf eine Webseite verlinkt wird, umso wichtiger wird sie eingeschätzt und umso höher wird sie auch in der Rangliste der besten Suchergebnisse erscheinen. Dementsprechend wird zwischen Onsite- und Offsite-Suchmaschinenoptimierung unterschieden: Ersteres dient der suchmaschinengerechten Gestaltung der eigenen Texte, letzteres dazu, die eigene Webseite von anderen verlinken zu lassen.

---

[15] Ein Tag (deutsch: Etikett) ist eine Bezeichnung für einen HTML-Befehl.

Tabelle 9.1   Kriterien für ein gutes Google-Ranking (Quelle: www.seomoz.org)

Top 10 der wichtigsten Google-Ranking-Kriterien	
1.	Suchworte in dem Text von externen Links (73 % sehr wichtig)
2.	Quantität und Qualität externer Links (71 %)
3.	Vielfalt der Linkquellen (67 %)
4.	Suchworte im Title Tag (66 %)
5.	Vertrauenswürdigkeit der verlinkenden Seite (66 %)
6.	Einzigartiger Content auf der Seite (65 %)
7.	Links von „Autoritäten" im Themenbereich (64 %)
8.	Globale Linkpopularität der Seite (63 %)
9.	Suchwort als erstes Wort im Title Tag (63 %)
10.	Suchwort in der Domain der verlinkenden Seite (60 %)

9.2.1   Onsite-Optimierung

Bei der Onsite-Suchmaschinenoptimierung sollten die Texte so verfasst werden, dass sie die wichtigsten Suchbegriffe, die potenzielle Kunden in die Suchmaschine eingeben, enthalten. Ein Versicherungsmakler sollte beispielsweise die Begriffe „Versicherung", „Versicherungsvergleich", „billigste Rechtsschutzversicherung", „unabhängige Versicherungsberatung" oder Ähnliches auf seine Webseite integrieren. Eher unwahrscheinlich ist es hingegen, dass die Nutzer nach dem Unternehmensnamen suchen etwa der „Karl Mustermann Versicherungs KG", es sei denn, es handelt sich um sehr bekannte Unternehmen. Anders verhält es sich teilweise mit Ortsnamen. Gerade bei Unternehmen, deren Leistung vor allem regional nachgefragt wird, wie zum Beispiel bei Friseuren oder Bringdiensten, ist es sinnvoll, Ortsnamen in die Suchwortkombination einzubeziehen, zum Beispiel „Friseur Hannover".

Die Onsite-Optimierung gliedert sich in zwei Schritte:

- Die Ermittlung von Suchworten, hinsichtlich derer die Webseite optimiert werden soll.
- Die entsprechende Optimierung der Webseite.

Ermittlung von Suchwörtern

Die Suchwörter sollten für die Nutzer relevant sein, damit sie auch tatsächlich benutzt werden. Relevante Suchwörter werden aber meistens auch relativ häufig gesucht. Zugleich ist die Optimierung aufwendig und teuer, da hier viel Konkurrenz herrscht. Ein Brainstorming zu passenden Suchwörtern für alle Produkte und Zielgruppen kann bereits gute erste Ergebnisse liefern. Falls die Webseite schon länger besteht, können außerdem Logfiles ausgewertet werden. In den Logfiles ist eingetragen, welche User über Suchmaschinen auf die eigene Seite gelangt sind und welche Suchworte beziehungsweise Suchwortkombinationen dazu genutzt wurden. Keyword-Datenbanken (siehe auch **Kapitel 8**) von Suchmaschinenbetreibern oder unabhängigen Anbietern können weitere Anregungen liefern. Sie zeigen an, wie häufig nach bestimmten Suchwörtern gesucht wurde, und schlagen ähnliche Suchwörter vor.

Eine einfache Methode in der Suchwortidentifikation ist der Ansatz „Follow the leader". Dabei gilt es zunächst, hoch platzierte Webseiten (sogenannte „leader") zu identifizieren und deren wichtige Schlüsselwörter zu bestimmen. Diese Methode kann aber immer nur so gut sein wie der Wettbewerber und damit nicht die beste. Um die Webseiten der relevanten Wettbewerber auf wichtige Keywords zu untersuchen, gibt es Programme zur Analyse der Schlüsselwortdichte, sogenannte „Keyword Density Analyzer". Dazu wird die entsprechende URL bei Online-Diensten wie zum Beispiel Keyworddensity.com eingegeben. Als Ergebnis der Auswertung erhält man eine Übersicht der am häufigsten vorkommenden Wörter und Wortkombination der untersuchten Webseite. Oft reicht auch nur ein Blick in den Quellcode, um eine Menge Keywords aus den Meta Tags[16] abzulesen.

Viele Keyword Density Analyzer überprüfen, wo auf der jeweiligen Webseite die Keywords am meisten verwendet wurden, beispielsweise in welchem Verhältnis die Schlüsselwörter im Titel zu der Gesamtanzahl der Wörter des Titels stehen und so weiter. Wie die Webseite im Detail aufgebaut ist, wo eine höhere Konzentration von Schlüsselwörtern ist und wo nicht, ist aber zunächst nicht interessant. Wichtig für das weitere Vorgehen ist nur eine große Anzahl an Keywords. Wo und in welchem Einsatzverhältnis sie platziert werden, ist zu Beginn nicht relevant.

Aus der umfangreichen Liste der Keywords müssen nun die Wörter und Wortkombinationen identifiziert werden, nach denen am häufigsten in Suchmaschinen gesucht wird und die am ehesten auf das eigene Angebot passen. Einem Porträtmaler nützt es wenig, beim Suchwort Pinsel ganz oben zu stehen. Die Mehrzahl der so gewonnenen neuen Besucher sucht nach Pinseln und nicht nach einem Künstler. Für Suchmaschinen ist diese Vorgehensweise außerdem vergleichbar mit Spamming. Wenn absichtlich eine Suchmaschinenoptimierung für Begriffe erfolgt, die nicht dem Content der Seite entsprechen, kann dies die Sperrung des Angebots zur Folge haben. Alle unpassenden Begriffe sollten also vermieden werden.

Man sollte die Optimierung nicht nur für einzelne Suchworte durchführen, sondern auch für Wortkombinationen mit bis zu drei Suchbegriffen, die häufig verwendet werden. Nach manchen Themen suchen die Nutzer nicht nur mit einem Wort. Der Begriff „Promotion" wird zwar häufig benutzt, ist aber allein fast vollkommen aussagefrei. „Webseite Promoti-

---

[16] Meta Tags sind HTML-Elemente auf einer Webseite, die Metadaten über das betreffende Dokument enthalten.

on", „Musik Promotion" oder „Handels Promotion" sind aussagekräftigere Kombinationen. Zudem erhöht eine prägnante Wortverkettung das Ranking, da die Webseite in einen bestimmten Kontext eingeordnet werden kann. All dies klingt sehr aufwendig und zeitraubend, es gibt aber auch zu diesem Thema arbeitssparende Online-Tools. Die Erfahrung zeigt, dass Nutzer bei der Formulierung ihrer Suchanfrage eher zu Substantiven neigen. Es wird also eher „Pizzalieferdienst Koblenz" als „Pizza bestellen in Koblenz" gesucht. Allerdings kann die Optimierung von Verben wie „kaufen" oder „bestellen" oder von Adjektiven wie „günstig" oder „preiswert" in Verbindung mit dem Hauptsuchwort sinnvoll sein.

Danach sollte eine Liste der am häufigsten verwandten Schlüsselwörter und Schlüsselwortkombinationen vorliegen. Diese Liste kann unter Umständen gerade einmal zehn Begriffe enthalten, es kann aber je nach Branche und Geschäft auch sein, dass die Liste mehr als hundert Keywords enthält. Ist Letzteres der Fall, müssen mehrere Seiten des Internetangebotes optimiert werden. Eine einzige Seite auf mehr als 50 Schlüsselwörter zu optimieren, ist illusorisch.

Optimierung der Webseite

Ziel der Suchmaschinenoptimierung sollte es nicht sein, die Suchmaschinen in irgendeiner Weise auszutricksen. Sinnvoller ist es, der Suchmaschine relevante Hinweise über den Inhalt der Webseite zu geben, und zwar in einer Art und Weise, die von den automatisierten Webcrawlern gut verarbeitet werden kann. Suchmaschinen honorieren vor allem einzigartigen und spezifischen Content. Eine gute Strategie ist es daher, individuelle Seiten statt Übersichtsseiten zu verwenden. Produktbeschreibungen sollten also nicht auf einer einzelnen Seite abgehandelt werden. Besser ist es, die Produktbeschreibungen aufzusplitten und sich auf jeder Seite spezifisch mit einem Thema (etwa einem individuellen Produkt wie Rechtsschutz- oder Berufsunfähigkeitsversicherung) auseinanderzusetzen, in denen Suchwörter oder Suchwortkombinationen platziert werden können. Ideal wäre es, wenn jede einzelne Seite mit einer spezifischen URL nur einem Suchwort oder einer Suchwortkombination zugeordnet werden könnte. Das dürfte in der Praxis aber nur schwer möglich sein. Auf jeden Fall sollten Sie nicht den Fehler machen, eine Seite auf zu viele Suchwörter hin zu optimieren, denn dies ist kontraproduktiv: Seiten, die einen klaren Schwerpunkt haben, werden tendenziell besser bewertet als Webseiten, die viele Themenbereiche abdecken. Ein gutes Beispiel für die Erzeugung hervorragenden Contents liefert Monsterzeug.de (siehe **Abbildung 9.1**).

Abbildung 9.1 Contentreiche Shopping-Seite (Quelle: www.monsterzeug.de)

In diesem Online-Shop für „Männerspielzeug" und Scherzartikel werden keine standardisierten Produktbeschreibungen vom Hersteller übernommen, mit denen man sich auch in Bezug auf die Suchmaschinenoptimierung nicht von Wettbewerbern differenzieren kann. Stattdessen werden eigene, humorvoll kreative Werbetexte erstellt. Diese werden dann auch häufig in Blogs verlinkt, was die Linkpopularität erhöht.

Darüber hinaus gibt es eine Reihe von weiteren Maßnahmen zur Onsite-Optimierung, die im Folgenden vorgestellt werden.

Schlüsselwörter in die Webseite einbinden
Webcrawler analysieren nicht nur den Text selbst, sondern berücksichtigen überdies Schlüsselwörter beziehungsweise Tags, die vom Betreiber selbst für jede Webseite festgelegt werden können. Folgende Elemente sind dabei besonders relevant:

- TITLE-Tag: Der „TITLE-Tag" bezeichnet den Titel der Seite, der in der Titelleiste des Browsers angezeigt wird. Der Titel ist einer der wichtigsten Bestandteile für ein gutes Ranking. Hier sollten die wichtigsten Keywords untergebracht werden und Füllwörter vermieden werden. Dabei muss immer bedacht werden, dass die Ausführungen inhaltlich Sinn ergeben. Der Titel der Seite ist das Element, das als fettgedruckter Link in der

Ergebnisliste der Suchmaschinen erscheint. Ist dieser aussagefrei oder nur eine Aneinanderreihung von Schlüsselwörtern, wird niemand auf den Link klicken. Man sollte sich außerdem kurz fassen. Der TITLE-Tag sollte nicht länger als 15 Wörter sein. Je kürzer und prägnanter er ist, desto größer sind auch die Erfolgsaussichten.

- META- Tag: „META-Tags" waren früher bei der Ermittlung relevanter Suchergebnisse sehr wichtig. Leider haben Unternehmen dies genutzt, um die META-Tags mit populären Suchwörtern ohne Bezug zum Content der Webseite zu spicken. Heute spielen META-Tags daher bestenfalls eine Nebenrolle bei der Suchmaschinenoptimierung. Der META-Description-Tag stellt eine Zusammenfassung der jeweiligen Webseite in ein bis zwei Sätzen dar. Auch hier können Keywords verwendet werden. Der META-Description-Tag wird von Suchmaschinen wie Google als Vorschau- und Beschreibungstext verwendet, ist also sehr wichtig, um Nutzer von einem Klick zu überzeugen. Auch deswegen sollte der Tag keine sinnlose Aneinanderreihung von Schlüsselwörtern sein. In den META-Keyword-Tag können dann die ausgewählten Schlüsselwörter und Wortverkettungen eingetragen werden. Diese werden von Google bei der Ermittlung der Relevanz der Seite zwar kaum noch beachtet, wohl aber von anderen Suchmaschinen.

- HEADER-Tags: Die Tags h1 bis h6 definieren wie bei einem Textdokument Überschriften, h1 mit der größten Schriftgröße, h6 mit der kleinsten. Es liegt nahe, dass Überschriften in einem Dokument besonders wichtig sind. Daher wird Keywords in Überschriften von Suchmaschinen auch eine relativ hohe Relevanz zugesprochen, der Überschrift h1 die höchste. Man sollte daher versuchen, die wichtigsten Suchwörter auch in den Überschriften zu nennen.

- ALT-Attribute: Das „ALT-Attribut" wird gemeinsam mit dem sogenannten IMAGE-Tag definiert und beschreibt ein Bild in Form eines Titels oder Kommentars. ALT-Attribute sind für den Nutzer unsichtbar, werden aber angezeigt, wenn die Bilddatei aus welchem Grund auch immer nicht geladen werden kann. Auch im ALT-Attribut können Keywords platziert werden.

- BODY-Tag: Durch den „BODY-Tag" wird der eigentliche Inhalt, also der Text der Webseite, definiert. Content, der im ersten Absatz der Webseite steht, wird von Suchmaschinen als besonders wichtig bewertet. So viele Keywords wie möglich sollten daher in den ersten Sätzen platziert werden. Suchwörter, die oft in Kombination benutzt werden, sollten im Text auch nah beieinander stehen. Als Daumenregel sollte die Keyword-Dichte im Text aber einen Anteil von fünf Prozent nicht überschreiten.

Bei der Erstellung der Tags sollten Sie aber folgende Beschränkungen beachten:

- Vor lauter Optimierung der Webseite hinsichtlich Suchwörtern oder Suchwortkombinationen darf nicht die Lesbarkeit der Texte leiden. Selbst wenn die Webseite besonders häufig gefunden und besucht wird – ein Text, der offensichtlich vor (Such-wort-)Phrasen strotzt, regt nicht dazu an, auch tatsächlich Käufe durchzuführen.

- Zu häufiger Gebrauch von gleichen Wörtern in den Meta-Tags kann von der Suchmaschine als Spamming ausgelegt werden.

- Direkte Wiederholungen sind zu vermeiden: „Internet, Online-Marketing, Internet" wird zum Beispiel regelmäßig als Spamming ausgelegt.
- Es sollten keine identischen Sequenzen verwendet werden. Wenn eine bestimmte Keyword-Sequenz im Description-Tag verwendet wird, darf sich diese nicht in einem für Nutzer unsichtbaren Bereich wiederholen, zum Beispiel als ALT-Attribut. Wiederholungen im Text der Webseite selbst werden nicht als Spamming ausgelegt, in für normale Benutzer versteckten Bereichen wie Kommentar-Tags sind die Richtlinien von Suchmaschinen sehr strikt.

Form des Content

Suchmaschinen sind auf Text fokussiert. Grafiken können zwar wesentlich zur Usability und zur Bindung von Nutzern an eine Webseite beitragen, sind aber für Suchmaschinen irrelevant, beziehungsweise können nur durch Kommentare und Beschreibungen in Textform zugänglich gemacht werden. Daher sollten auch Links als Text und nicht als Grafik realisiert werden und das relevante Suchwort enthalten, zum Beispiel „Kaufen Sie das Produkt!" statt „Zum Shop". Genauso verhält es sich mit Frames[17], JavaScript[18] und Flash. Auch mit dynamisch generierten Webseiten, wie sie häufig von Shop-Software erzeugt werden, haben Suchmaschinen Schwierigkeiten. Dynamische Webseiten erkennt man am Fragezeichen und einer langen, meist numerischen Session-ID am Ende.

> Beispiel
>
> http://www.tchibo.de/is-bin/INTERSHOP.enfinity/eCS/Store/de/-/EUR/TdTchDisplayProductInformation-Start?ProductSKU=M14918)

Solche Webseiten werden erst dann individuell pro Nutzer aus einer Datenbank erstellt, wenn der User sie per Klick auffordert. Das Problem hierbei: Auch Suchmaschinencrawler gehen wie Nutzer vor. Und da jeder Nutzer eine eigene Session-ID bekommt, wird bei jedem Besuch des Crawlers die Seite mit einer neuen ID ausgelesen. Das führt dazu, dass der Crawler bei jedem Auslesen eine weitere Kopie der Seite im Index erstellt, bis schließlich Hunderte oder Tausende identischer Kopien ein und derselben Webseite im Index abgelegt sind. Diese auch als Duplicate Content bekannte Problematik lässt sich nur durch das gezielte Unterbinden von Session IDs (für Suchmaschinencrawler) vermeiden.

---

[17] Als Frames (deutsch: Rahmen) wird eine Technik zur Aufteilung des Browser-Fensters in verschiedene Bereiche bezeichnet, in die jeweils unterschiedliche HTML-Seiten geladen werden. Der Vorteil für den Nutzer liegt darin, dass nicht alle Seiten bei jedem Mausklick auf einen Link neu geladen werden müssen.

[18] JavaScript ist eine objektorientierte Skriptsprache, mit der man statische HTML-Seiten dynamisch gestalten kann.

Testen

Nachdem die Schlüsselwörter in die Webseite integriert wurden, gilt es zu testen, ob die Seite auch unter diesen zu finden ist und noch viel wichtiger, ob die Webseite bereits unter den ersten zehn Plätzen gelistet wird. Aber Vorsicht: Die großen Suchmaschinen – allen voran Google – wissen um solche Tests und haben daher Verzögerungsschleifen eingebaut. So kann es manchmal Wochen bis zu Monate dauern, bis alle Änderungen an der eigenen Seite so verarbeitet wurden, dass man sie im Suchergebnis auch in Gänze wahrnimmt. Von allzu schnellen Rückschlüssen gilt es daher Abstand zu nehmen.

Um Websites bei den Suchmaschinen zu indexieren, können diese jeweils über ein spezielles Formular online angemeldet werden. Wesentlich effizienter ist es jedoch, die zu indexierende Website von einer etablierten Webseite zu verlinken. So wirkt das Ganze authentischer. Zudem beschleunigt diese Vorgehensweise den Indexierungsprozess merklich.

Die Suchmaschinenoptimierung ist in aller Regel ein langfristiger Vorgang, besonders angesichts der Tatsache, dass vor allem einzigartiger Content zählt, dessen Erstellung Zeit kostet. Haben alle Crawler die Webseite besucht, kann das Ranking bestimmt werden. Dieses geht am bequemsten mit einer Software (beispielsweise Advanced Web Ranking) oder einem Online-Dienst. Sind Sie mit dem Ergebnis nicht zufrieden, gilt es erneut, die Keyword-Dichte zu überprüfen. Es ist aber zu bedenken, dass die Offsite-Optimierung beziehungsweise Linkpopularität eine große Rolle spielen. Verweisen nur wenige Links auf die eigene Seite, kann ein schlechtes Ergebnis auch darin begründet sein.

Wie schon angemerkt, ändern Suchmaschinen regelmäßig ihre Rankingkriterien. Auch sind Wettbewerber nicht untätig und versuchen, das eigene Ranking zu verbessern. Um dies schnell zu bemerken, sollten Sie die Position bei unterschiedlichen Keywords regelmäßig überprüfen. Ändert sich etwas, müssen wieder Keywords optimiert und vielleicht sogar neue aufgenommen werden.

9.2.2 Offsite-Optimierung

Die Offsite-Suchmaschinenoptimierung bezieht sich auf fremde Webseiten und ist wichtiger als die Onsite-Optimierung. Die Offsite-Optimierung beruht darauf, dass Suchmaschinen Webseiten umso höher einordnen, je häufiger auf sie verlinkt, sie also als Quelle oder als weiterführende Seite zitiert werden. Eine wesentliche Rolle für die Platzierung spielt dabei die Linkpopularität. Die Linkpopularität berücksichtigt mehrere Faktoren:

- Anzahl der Links,
- Qualität beziehungsweise Stärke der Links,
- Struktur der Links (organischer Linkaufbau).

Zur Steigerung der Linkanzahl bietet es sich erst einmal an, mehrere eigene Webseiten untereinander zu verlinken und darüber hinaus mit Partnern Links auszutauschen, damit mehr Webseiten auf die eigene verweisen.

Es kommt allerdings nicht nur darauf an, möglichst viele Links zu erhalten, auch die Qualität der Links ist wichtig. Die Qualität der Links hängt von der Popularität der verweisenden Seite ab. Verlinken beispielsweise 100 kleine private Webseiten das eigene Angebot, ist dies nicht so effektiv, als wenn ein Link von Microsoft.de auf das eigene Angebot verweist. Die Anzahl der Links, die auf die Webseite von Microsoft verweisen, sind nämlich um ein Vielfaches höher als die Anzahl der Seiten, die eine kleine Webseite verlinken. Interessant können deswegen auch Links aus Blogs sein: Da Blogs durch gegenseitige Kommentare und Verweise typischerweise eng vernetzt sind, verfügen sie über eine recht hohe Linkpopularität. Zu der Qualität der Links zählt auch die Kompetenz der Webseite im jeweiligen Themenbereich, auf den einzelne Suchwörter oder Suchwortkombinationen sich beziehen. Möchte man eine Seite beispielsweise auf das Suchwort „Buchhaltungssoftware Handwerk" optimieren, ist es sinnvoll, Links von Webseiten aus einem ähnlichen thematischen Kontext zu erhalten, die bei diesem Suchwort relativ weit vorne im Suchergebnis stehen. Suchmaschinen gehen davon aus, dass Seiten, die bereits relativ lange existieren, auch ein hochwertiges Angebot haben. Daher steigert auch das Alter der Seite beziehungsweise der Zeitraum, den die Seite schon im Suchindex der Suchmaschine ist, die Qualität des Links. Ein weiteres Kriterium, das die Linkqualität bestimmt, ist das Alter des Links. Zwar beziehen Suchmaschinen einen aktuellen Link umgehend mit in das Ranking ein, die volle Wirkung entfaltet ein Link jedoch erst nach ein paar Monaten. Auf diese Weise versuchen die Suchmaschinenanbieter zu verhindern, dass man bei seinen Optimierungsarbeiten erkennt, wie groß der Effekt eines bestimmten Links auf das Ranking ist.

Ein organischer Linkaufbau zeichnet sich dadurch aus, dass sowohl kleine, als auch mittlere und große Anbieter auf die Webseite verlinken. Liegen beispielsweise „nur" ein paar Dutzend Links von mittleren Webseiten vor, nimmt die Suchmaschine an, dass die Links nicht aufgrund der Relevanz der Seite gesetzt wurden, sondern womöglich gekauft sind. Gleiches gilt, wenn eine Seite zum Beispiel in einem Monat mal 100 neue Links bekommt und in einem anderen Monat gar keinen. Die Folge: Die eigene Webseite kommt in einen Filter, wird also künstlich abgewertet oder fliegt ganz aus dem Index (bei sehr gravierenden Abweichungen vom Normalfall). Daher gilt es generell zu versuchen, den Linkaufbau so natürlich wie irgend möglich zu gestalten.

9.2.3 Linkmarketing

Links gehören zu den elementarsten Funktionen des Internets. Wenn es niemanden gibt, der auf die jeweilige Webseite verweist, ist das Angebot im Internet isoliert und damit praktisch nicht existent. Eines der wichtigsten Ziele ist es daher, die Linkpopularität der eigenen Webseite gezielt zu erhöhen.

Wenn eine gutfrequentierte Webseite beispielsweise auf einen Online-Shop verlinkt und diesen vielleicht sogar ausdrücklich empfiehlt, hat dies einen positiven Effekt über die Erhöhung der Linkpopularität hinaus. Ein Teil der Besucher der verlinkenden Seite kann auch zu Kunden des Online-Shops werden. Gelingt es, viele Webseiten dazu zu bringen, auf die eigene Webseite zu verlinken, können auf diese Weise viele neue Besucher gewonnen werden. Ein Link auf eine andere Webseite ist wie ein Lob. Richtig platziert und mit dem richtigen Text versehen, kann ein Link sogar zu einer Empfehlung werden. Jemand, der über eine Link-Empfehlung auf eine Webseite aufmerksam gemacht wird, ist wesentlich leichter für einen Kauf zu überzeugen als jemand, der über eine Suchmaschine zu der Webseite geleitet wird.

Gewinnung von Links

Die Anzahl der Webseiten, die auf das eigene Angebot verweisen, ist abhängig von zwei Faktoren:

- Der eigenen Webseite.
- Der Ansprache potenzieller Partner.

Um die Linkpopularität nachhaltig zu steigern, muss man eine empfehlenswerte Webseite erstellen, die richtigen Linkpartner auswählen und mit den eigenen kommunikativen Fähigkeiten auftrumpfen.

Die eigene Webseite

Wenn jemand einen Link auf eine andere Webseite setzen soll, muss er von deren Angebot überzeugt sein. Das Angebot sollte thematisch passen sowie einen Mehrwert für die Besucher darstellen und nicht reine Werbung beinhalten. Für eine langfristige Beziehung ist eine Win-Win-Situation mit den Linkpartnern notwendig. Nur wenn beide Webseiten und die jeweiligen Besucher von der Verlinkung profitieren, kann das Bündnis erfolgreich sein. Um die eigene Linkpopularität zu steigern, ist also eine interessante Webseite zwingend notwendig, vor allem wenn man mehr Links bekommen als vergeben will.

Ansprache potenzieller Partner

Die richtigen Partner zur Steigerung der eigenen Linkpopularität zu finden, ist nicht schwer. Erstellen Sie eine Liste von Unternehmen und Webseiten, die sich mit der gleichen Thematik beschäftigen wie Ihre eigene Webseite. Dieses können Lieferanten, Partner, Einzelhändler, Hersteller von Zubehör, Branchenportale, Verzeichnisse und Verbände und so weiter sein. Selbstredend sollten nur ergänzende und keine konkurrierenden Angebote berücksichtigt werden.

Eine gute Hilfe zum Finden von Online-Angeboten sind Suchmaschinen, auf denen man nach ähnlichen Seiten suchen kann (bei Google über die Schaltfläche „Ähnlich"). Oft können auf diese Weise noch Angebote gefunden werden, die zunächst übersehen wurden. Außerdem kann in Google nach Seiten gesucht werden, die bereits Konkurrenten verlinken, indem „Link: domain.de" eingegeben wird.

Am effektivsten ist ein Link, wenn er auf der Webseite gut sichtbar positioniert, erläutert und auf einer Seite zu finden ist, die in der Hierarchie der gesamten Seite und im Suchergebnis zu den zentralen Keywords weit oben liegt. Um dies zu erreichen, muss das anfragende Unternehmen über eine gewisse Bekanntheit verfügen oder einiges an kommunikativem Geschick aufbieten.

Zunächst sollten Sie an jeden Wunschkandidaten persönlich eine E-Mail schreiben, in der Sie die Webseite des Partners loben und ausführlich erklären, warum eine Linkpartnerschaft für beide Parteien sinnvoll ist und wie sich der Linktausch gestalten soll. Dies wird kein Webmaster als Spam ansehen und eine Antwort wird zumindest wahrscheinlicher. Machen Sie aber nicht den Fehler, eine Rundmail zu verschicken, in der jeweils nur der Name des Ansprechpartners personalisiert ist. Diese Art der Kontaktaufnahme ist leicht durchschaubar und führt meist dazu, dass das womöglich gute Angebot gar nicht erst in Erwägung gezogen wird. Gutfrequentierte Webseiten erhalten einen Haufen dieser 08/15-Angebote. Die meisten Webmaster kennen den Wert eines Links sehr genau. Berücksichtigen Sie beim Linktausch das Prinzip der ausgleichenden Gerechtigkeit. Wenn der Wunschkandidat um einen Link auf einer wichtigen Seite gebeten wird, sollte ihm ein Link an einer ähnlich prominenten Stelle offeriert werden.

10 Online-PR: Mit Glaubwürdigkeit punkten

10.1 Was ist Online-PR?

Beim Thema Öffentlichkeitsarbeit beziehungsweise Public Relations (PR) lässt sich eine eindeutige Schwerpunktverschiebung erkennen. Früher standen die gesetzlichen Informationspflichten von Unternehmen im Vordergrund, heute wird Öffentlichkeitsarbeit als Below-the-Line-Instrument mit absatzpolitischer Wirkung verstanden und eingesetzt.

Pressemitteilungen
Kern der Öffentlichkeitsarbeit und gleichzeitig eine hervorragende Möglichkeit, die eigene Webseite bekannt zu machen, ist die Pressemitteilung. Wird die Pressemitteilung in Printmedien oder auf den richtigen Webseiten abgedruckt, kann dies das Geschäft ungemein stimulieren. Dennoch vernachlässigen viele Webseiten gerade die Presse sträflich. Entweder gibt es gar keinen Pressebereich oder er orientiert sich an minimalistischen Standards. Dass so etwas nicht gut ankommt und auch zu keinem Presseecho führt, liegt auf der Hand.

Ein kleines Unternehmen entwickelte vor einigen Jahren eine sehr kostengünstige Wasserkühlung für PC Komponenten (Prozessor, Grafikkarte und so weiter). Durch eine Pressemitteilung wurde die Computerzeitschrift c't auf das Unternehmen aufmerksam (siehe **Abbildung 10.1**). Ergebnis war ein dreiseitiger Artikel, der sich ausschließlich mit dem innovativen Kühlungssystem beschäftigte. Quasi über Nacht wurde die Firma AquaComputer in ganz Deutschland bekannt.

Mit Public Relations kann man also auf sehr effektive Art und Weise Werbung für das Unternehmen und die Webseite betreiben. Ein redaktioneller Artikel wird je nach Publikation von Tausenden oder gar Zehntausenden Konsumenten gelesen. Zudem trägt der Inhalt des Artikels das Gütesiegel der Redaktion, und die Leser vertrauen darauf, dass die jeweilige Publikation sie mit relevanten, interessanten und aktuellen Informationen versorgt. Die Effektivität einer Meldung in den Medien ist deshalb um ein Vielfaches höher als die eine Anzeige, die vom Leser klar als (Above-the-Line-)Werbung wahrgenommen wird.

Abbildung 10.1 Erfolgreiche Pressearbeit (Quelle: www.aquacomputer.de)

10.2 Online-PR umsetzen

10.2.1 Pressemitteilungen verfassen

Damit Pressemitteilungen erfolgreich sind, müssen sie ansprechend geschrieben und in einem bestimmten Format gestaltet sein. Ein guter Journalist erhält pro Tag mindestens 30 bis 60 Pressemitteilungen. Über eine wird er womöglich einen einseitigen Bericht schreiben; ein, zwei andere bekommen einen kleinen Absatz in den Kurzmeldungen, aber das war es dann auch schon meist. Ein Redakteur hat also nicht viel Zeit, die er einzelnen Meldungen widmet. Die Überschrift einer Pressemeldung kann für ein bis zwei Sekunden die Aufmerksamkeit eines Redakteurs binden. Nur wenn der Journalist hier überzeugt wird, widmet er sich vielleicht noch einmal 10 bis 40 Sekunden dem Hauptteil der Meldung; je nachdem wie interessant die Geschichte ist.

Nicht viel Zeit, um die ganze aufregende Story der Webseite und des Unternehmens zu erzählen. Um Erfolg zu haben, sollten Sie ein Thema auswählen, das die Aufmerksamkeit der Presse erregt. Doch wann ist eine Geschichte interessant für einen Journalisten? Sie ist relevant, wenn sie:

- für die Zielgruppe der Publikation lesenswert ist,
- der Journalist sie persönlich interessant findet und
- wenn sie das Ansehen des Journalisten in seinem Umfeld erhöht.

Wählen Sie also für Ihre Pressemitteilung ein Thema, das die Leser anspricht, aktuell und speziell ist. Was das genau für Pressemitteilungen bedeutet, ist im Folgenden zusammengefasst:

Kein Werbebrief

Auch wenn es eigentlich klar sein sollte: Eine Pressemitteilung ist kein Werbebrief. Die Fachpresse reagiert allergisch auf selbstverfasste Lobeshymnen. Texte, in denen der Firmenname über 15mal vorkommt (am besten noch fettgedruckt), landen umgehend im Papierkorb. Verwenden Sie auch keine Superlative. Wenn nicht objektiv nachweisbar ist, dass das eigene Produkt tatsächlich das größte, beeindruckendste oder effektivste auf Erden ist, sollte das auch nicht behauptet werden. Beschönigende (Selbst-)Darstellungen sollten vermieden werden, Journalisten wissen um die feinen Unterschiede in der Welt. Eine Pressemitteilung zu einer neuen Online-Community, deren Angebot angeblich einzigartig, vielfältig und innovativ ist, muss auch tatsächlich diese herausragenden Merkmale nennen und nicht nur Standardkomponenten von Communities aufführen. Wer dann zum Abschluss noch die großzügige Bemerkung „Abdruck frei, Beleg an ..." und ein paar wunderschöne Fotos der Gründer anfügt, kann sich eigentlich sicher sein, dass die Pressemitteilung nicht in Druck geht.

Einzigartigkeit

Die Geschichte, die die Pressemitteilung erzählt, muss in der Wahrnehmung des Journalisten besonders sein und sich wenn möglich durch einen noch nie da gewesenen Sachverhalt auszeichnen. Ein Installateur, der über seine handwerklichen Fähigkeiten berichtet, ist nichts Besonderes. Anders sieht es aus, wenn dieser seine Pressemitteilung betitelt mit: „Komplett neues Bad innerhalb von 24 Stunden – Installateur bricht Geschwindigkeitsrekorde in Serie". Wahrscheinlich ist es auch gar keine herausragende Leistung, ein Bad mit der richtigen Planung und Vorarbeit innerhalb von 24 Stunden auszutauschen. Jedoch ist es bei dieser Vorgehensweise sehr viel wahrscheinlicher, dass der Installateur eine Berichterstattung erhält.

Neuigkeitsgrad

Die Medien interessieren sich nur für Neuigkeiten. Eine Nachricht, die älter ist als ein paar Tage, ist für die meisten Publikationen schon wieder Schnee von gestern.

Kürze

In der Kürze liegt die Würze. Pressemitteilungen sind keine Romane. Kein Reporter hat die Zeit, mehr als eine Seite zu lesen. Daher sollte sich der Schreiber der Pressemitteilung auf die wichtigsten Fakten konzentrieren. Wenn die Geschichte interessant ist, wird der Journalist Kontakt aufnehmen oder sich über die Webseite ausführlicher informieren.

Artikelform

Die Pressemitteilung sollte in Form eines Artikels verfasst sein, also über das Unternehmen in der dritten Person schreiben, so wie es auch in einer Zeitung stehen könnte. Journalisten denken in Stories, man sollte es ihnen so einfach wie möglich machen, die Informationen aufzunehmen und weiterzuverwerten.

Das Wichtigste zuerst

Viele Journalisten übernehmen nur Auszüge der Pressemitteilung. Gekürzt wird der Text in der Regel am Ende. Wenn dort wichtige Informationen stehen, sind diese verloren. Setzen Sie daher Prioritäten und stellen Sie die wichtigsten Fakten immer an den Beginn des Textes. Machen Sie folgenden Test, wenn Sie Ihre Pressemitteilung fertig formuliert haben: Kürzen Sie sie einmal selbst, indem Sie nach und nach einen Satz vom Ende wegstreichen. Wenn die Mitteilung dann immer noch Sinn ergibt, ist sie gut gelungen.

Beispiel einer E-Mail-Pressemitteilung zum WebMarketingIndex.de

> Online-Marketing Wissen in Sekunden
>
> Erstes deutsches Web Marketing Verzeichnis online
>
> Hannover, 15.11.2002 – Endlich steht auch der Marketingwelt ein umfassendes Fachverzeichnis zur Verfügung. Der Web Marketing Index (http://www.webmarketingindex.de) liefert einen schnellen Überblick zu Webangeboten im Bereich Internet Marketing. Anders als übliche Verzeichnisse bietet dieser Webkatalog nur handverlesene Links zu über 18 Sachgebieten.
>
> Damit bietet das Verzeichnis für Marketingleiter zugleich ein überschaubares und leistungsfähiges Werkzeug zur Informationsbeschaffung.
>
> Entwickelt und konzipiert wurde das Verzeichnis vom Marke-X-Marketing-Magazin. Dazu Sascha Langer, Herausgeber des Magazins: „Wir waren überrascht, dass es noch kein Verzeichnis zum Themengebiet Online-Marketing gab. Mit dem Web-Marketing-Index schließen wir eine bis jetzt ungeschlossene Lücke und bieten dem anspruchsvollen Fachpublikum schnellen Zugriff zu Online-Marketing-Wissen, Produkten und Dienstleistungen."
>
> Über Marke-X:
>
> Das Marke-X-Marketing-Magazin behandelt kosteneffiziente Web-Marketing-Strategien für kleine und mittelständische Unternehmen. Neben magazineigenen Artikeln beinhaltet jede Ausgabe Buchvorstellungen, Linktipps und eine handverlesene Auswahl der besten Artikel anderer Fachmagazine. Mit über 2.000 Newsletter-Abonnenten ist das Marke-X-Magazin eines der erfolgreichsten Marketing-Magazine-Deutschlands.
>
> Pressekontakt:
> Sascha Langer
>
> Musterstr. 4
>
> 30926 Seelze (Hannover)
>
> Tel: 0511 / 555401411
>
> E-Mail: kontakt@marke-x.de

Beispiele
In Portalen wie Pressrelations.de, press1.de oder operpr.de finden sich Hunderte von aktuellen Pressemitteilungen. Hier kann nach Mitteilungen aus nahezu jeder Branche gesucht werden. Wenn man Pressemitteilungen analysiert, bekommt man schnell ein Gefühl für die wichtigsten Gestaltungsmerkmale.

10.2.2 Versand der Pressemitteilung

Es gibt viele kostenlose und kostengünstige Methoden, Pressemitteilungen über das Internet zu verbreiten, man muss also nicht immer eine professionelle PR-Agentur beauftragen. Die Möglichkeit, selbst Adressen zu recherchieren, eine Liste von Redakteuren und Journalisten zusammenzustellen und den Versand der Pressemitteilung in die eigenen Hände zu nehmen, steht jedem offen.

Auswahl der Publikationen
Der erste Schritt, um die Pressemitteilung an den Mann zu bringen, ist, die richtigen Ansprechpartner herauszufinden. Erstellen Sie zunächst eine Liste von allen Zeitschriften, Zeitungen und Webseiten, die in Ihrer Branche oder für die betreffende Thematik relevant sind. Wählen Sie insbesondere solche Publikationen aus, die von Ihrer Zielgruppe bevorzugt gelesen werden. Es bringt nichts, in Industriekreisen bekannt zu sein, wenn das Ziel der Pressemitteilung ist, das Endkundengeschäft anzukurbeln. Listen von entsprechenden Zeitungen und Fachzeitschriften finden sich im Internet.

- http://www.zeitung.de
  Bietet eine Liste aller deutschsprachigen Zeitungen, das heißt auch Publikationen in deutscher Sprache aus anderen Ländern.

- http://www.profikiosk.de
  Auflistung von deutschen On- und Offline-Magazinen

- http://www.presse-im-handel.de/
  Alle deutschen Printerzeugnisse im Einzelhandel

- http://www.bdzv.de/zeitungswebsites.html
  Der Bundesverband deutscher Zeitungsverlage bietet eine Übersicht aller Zeitungen, die im Web mit einem redaktionellen Angebot vertreten sind.

Ansprechpartner
Wenn die Liste der Publikationen komplett ist, muss der jeweils zuständige Redakteur ausfindig gemacht werden. Die Pressemitteilung wird wesentlich mehr Erfolg haben, wenn sie der Ressortverantwortliche direkt in die Hände bekommt. Dessen Kontaktinformationen finden Sie heraus, indem Sie in der jeweiligen Publikation ein oder zwei Artikel zur Thematik lesen. Zum Ende des Artikels findet sich zumeist das Kürzel des Verfassers, dem Sie mit Hilfe des Impressums einen Namen und eine E-Mail-Adresse zuordnen können. Schreiben Sie dem Journalisten eine Mail und fragen Sie, auf welche Weise er gern Pressemitteilungen erhalten möchte (E-Mail, Fax oder Post). Viele Journalisten großer Magazine und Zeitungen werden darauf nicht unbedingt antworten. Bei sehr auflagenstarken Publikationen ist es besser, gleich die Redaktion anzurufen, Telefonnummern und Ansprechpartner finden sich ebenfalls im Impressum. Wenn Sie erklären, dass Sie zu dem Thema „x" gern Herrn „y" eine Pressemitteilung zukommen lassen möchten, erfahren Sie fast immer, über welches Medium (Fax, E-Mail oder Post) die Zustellung erfolgen kann und wie die entsprechende Faxnummer, E-Mail- oder Post-Adresse lautet.

Portale
Eine sehr komfortable Möglichkeit, das eigene Pressematerial zu veröffentlichen, bieten Portale wie newsaktuell.de oder pressrelations.de. Es fungiert als Bindeglied zwischen Journalisten und PR-Verantwortlichen. Jedes Unternehmen kann hier kostenlos Pressemitteilungen einstellen. Pressrelations sortiert die Meldungen nach Themen und Branchen und bietet Journalisten die Möglichkeit, personalisierte Newsletter zu abonnieren.

Obwohl die Idee gut ist, sollte diese Art der Versendung nicht überschätzt werden. Journalisten bekommen, ohne dass sie viel dafür tun müssen, eine Menge Pressematerial zugesendet. Der Anreiz, ein solches Portal zu nutzen, sind deshalb meistens nur Recherchezwecke. Nichtsdestotrotz sollte diese Möglichkeit, die Pressemitteilung kostenlos unter die Leute zu bringen, als Ergänzung der klassischen Versandoptionen genutzt werden. Wer Zeit sparen will und eine kostengünstige Alternative sucht, kann einen solchen Dienstleister in Anspruch nehmen, wer aber den Effekt der Pressemitteilung verbessern will, sollte sich immer selbst eine Liste von Magazinen und Journalisten erstellen und den Kontakt persönlich aufbauen.

10.2.3 Nacharbeit

Wie bei jedem klassischen Mailing muss auch bei Pressemitteilungen Nacharbeit geleistet werden. Im besten Fall sind Interviews zu geben, häufig muss aber nachgehakt werden, ob die Meldung auch angekommen ist. Einfach eine Pressemeldung herauszuschicken und abzuwarten, was passiert, führt nur selten zum Erfolg. Zwar können dabei ein bis zwei Zeilen im Rahmen einer Kurzmeldung herausspringen, das Ziel der Bemühungen sollte aber ein ausführlicher Bericht sein.

Erreichbarkeit
Kein Journalist wird einen mehrseitigen Artikel verfassen, ohne vorab mit einer verantwortlichen Person gesprochen zu haben. Dass jemand die ersten Tage für Auskünfte, Interviews und dem Versand von Pressemappen bereitsteht, ist deshalb unabdingbar. Die ersten zwei Tage nach dem Versand der Pressemitteilung muss das Telefon von 8.00 bis 20.00 Uhr besetzt sein. Wenn ein Journalist die Geschichte interessant findet, wird er umgehend Kontakt aufnehmen. Viele Journalisten machen sich aber nicht unbedingt die Mühe, ein drittes oder viertes Mal anzurufen. E-Mails sollten noch schneller als ohnehin schon beantwortet werden.

Interviews
Auch wenn in der Pressemitteilung die Durchwahl und der Name des verantwortlichen Ansprechpartners genannt sind, rufen viele Journalisten dennoch zunächst die Telefonzentrale an. Dieses dient dem Zweck, den Wahrheitsgehalt des Textes zu überprüfen oder ein Kurzinterview mit einem Angestellten zu führen. Es muss daher sichergestellt werden, dass die Person, die die Anrufe entgegennimmt, entweder so gut im Umgang mit den Produkten geschult ist, dass sie jeder Frage gewachsen ist, oder dass sie den Anruf sofort an den Fachmann weiterleitet.

Pressemitteilungen sollten auch auf der eigenen Webseite gespeichert beziehungsweise archiviert werden. Sie sind Kernbestandteil von Pressebereichen.

10.3 Pressebereiche

Pressebereiche sind dauerhafte Archive für Journalisten. Die dauerhafte Speicherung von Pressmitteilungen im Pressebereich verspricht nicht zuletzt eingehende Links, die die Linkpopularität steigern. Zeit ist für Journalisten ein knappes Gut. Ein Artikel folgt dem nächsten, die Abgabefristen sind dabei so eng kalkuliert, dass kaum Zeit zum Schreiben bleibt. Kein Wunder also, dass viele Journalisten das Internet als zeitsparendes Recherche-Medium nutzen. Innerhalb von Minuten ist es hier möglich, zu einzelnen Branchen und Themen Hunderte von relevanten Artikeln und Unternehmen zu identifizieren.

Ruft ein Journalist eine vermeintlich relevante Webseite auf, dann ist für ihn wie für einen normalen Konsumenten auch zunächst die attraktive, benutzerfreundliche und informative Darstellung des Unternehmens und seiner Produkte wichtig. Ist das erste Wissensbedürfnis gedeckt, beginnt die nächste Phase. Nun sucht der Journalist verwertbare Informationen für seinen Artikel. Natürlich könnte er einfach die für potenzielle Kunden erstellten Produkt- und Unternehmensinformationen weiterverwenden. Doch dies geschieht aus mehreren Gründen nicht:

- Normale Produktbeschreibungen und -werbungen sind dafür geschrieben, mehr Produkte und Dienstleistungen zu verkaufen. Sie sind unternehmens- und absatzfokussiert. Journalistische Artikel sind aber genau das Gegenteil: Sie sind konsumentenorientiert und sollen unabhängigen, unternehmensübergreifenden Informationszwecken dienen.

- Journalisten benötigen kurze und prägnante Informationen. Wenn ein Journalist ein Unternehmen oder ein Produkt erwähnt, dann bleibt ihm dafür in seinem Artikel in der Regel nur wenig Platz. Potenzielle Kunden wollen hingegen möglichst ausführlich über den Nutzen und die Features einzelner Produkte und Dienstleistungen aufgeklärt werden.

- Viele Journalisten übernehmen gern ganze Passagen und ändern einzelne Abschnitte nur ein wenig nach ihrem Stil ab. Dies gibt aber kein Vertreter seines Faches gern zu. Normale Produktbeschreibungen eignen sich deshalb auch aus rein pragmatischen Gründen nicht. Zu sehr würden sich Text und Artikel in vielen Abschnitten ähneln. Dies würde anderen Kollegen und nicht zuletzt dem Leser auffallen.

Für Journalisten müssen also Kerninformationen zu Produkten, Dienstleistungen und zum Unternehmen möglichst „wertfrei" und „kompakt" neu aufbereitet werden. Dies geschieht am sinnvollsten über die Integration eines frei zugänglichen, inhaltlich zum Hauptangebot abgegrenzten Pressebereichs.

Wie umfangreich ein Pressebereich ausfallen sollte, ist abhängig von der Anzahl der Produkte und Dienstleistungen eines Unternehmens sowie dem Potenzial, durch einen möglichen Testbericht beziehungsweise eine positive Erwähnung in den Medien Umsätze und/oder Bekanntheit steigern zu können. Je mehr verwertbare Informationen Journalisten in einem Internetangebot finden, desto höher ist die Wahrscheinlichkeit, dass gerade dieses Unternehmen und nicht ein anderes in einem der nächsten Artikel gut wegkommt. Ganz unabhängig davon, wie aufwendig und interaktiv der Pressebereich gestaltet werden soll, die folgenden Informationen sind für den Erfolg unabdingbar:

Unternehmensdaten
Für viele Artikel benötigen Journalisten ein paar grundsätzliche Informationen zum Unternehmen. Hierzu zählen finanzielle Kennzahlen wie Umsätze, Gewinn und so weiter, aber auch allgemeine Informationen zum Gründungsjahr der Firma, zu den führenden Mitarbeitern (Geschäftsführer, Marketing-Leiter und so weiter) oder zu der Anzahl der Angestellten, der Höhe der Seitenabrufe. Eine kurze Übersichtsseite mit den wichtigsten Daten reicht in der Regel aus.

Informationen zu Produkten und Dienstleistungen
Neben den Unternehmensdaten sind natürlich auch aktuelle und vor allem prägnante Beschreibungen sowie Datenblätter zu den Unternehmensleistungen wichtig. Hieraus wird gern der ein oder andere Absatz direkt übernommen. Man sollte deshalb auf einen durchgängig hochwertigen und neutralen Stil achten.

Aktuelle News
Journalisten sind nicht nur auf der Suche nach harten Fakten, sondern vor allem nach Neuigkeiten. Wenn man als Unternehmen ein neues Produkt herausbringt oder gerade eine Auszeichnung bekommen hat, sollte man dies nicht verbergen, sondern eine kurze Mitteilung für den Pressebereich schreiben. Regelmäßig sind ältere Mitteilungen in ein Archiv zu überführen. Es wirkt unprofessionell, wenn unter der Rubrik „Aktuell" Meldungen von vor einem halben Jahr stehen.

Hochauflösende Bilder und Videos
Wenn man als Unternehmen in Pressetexten von der Benutzerfreundlichkeit der eigenen Produkte schwärmt, sollte man auch Screenshots oder Videos zum Download anbieten, die dies verdeutlichen. Das gleiche gilt, wenn beispielsweise leckere Speisen angepriesen werden. Mit geschmackvollen, hochauflösenden Bildern muss das geschriebene Wort anschaulich untermauert werden. Schließlich sind natürlich auch Bilder der führenden Angestellten, Logos des Unternehmens sowie natürlich wirkende Bilder aus dem Arbeitsalltag sinnvolles Downloadmaterial.

Kontaktmöglichkeiten
So banal es klingt, ein Online-Pressebereich benötigt mindestens eine Kontaktperson, die speziell für Anfragen der Presse zur Verfügung steht. Diese Person muss zu Geschäftszeiten in der Regel immer erreichbar sein und innerhalb kurzer Zeit reagieren können. Kein Journalist kann mehr als 24 Stunden warten.

Wer sich vom Wettbewerb abheben will, sollte in seinem Pressebereich noch mehr bieten. Neben den zuvor beschriebenen essentiellen Informationen suchen Journalisten häufig auch nach den folgenden Inhalten:

Pressespiegel
Journalisten versuchen, sich immer so gut es geht abzusichern. Zu hoch ist das Risiko, aus Zeitdruck heraus ein Unternehmen zu empfehlen, das bereits negativ aufgefallen ist. Wenn beispielsweise bereits eine Zeitschrift positiv über das eigene Unternehmen berichtet hat, sollte diese Meldung in einem Pressespiegel veröffentlicht werden. Damit unterstreicht man seine Reputation und senkt gleichzeitig das wahrgenommene Risiko für Journalisten, über das Unternehmen zu berichten.

Untersuchungsergebnisse, Studien und Reports
Besonders gern veröffentlichen Printmedien und Nachrichtenseiten Ergebnisse aus Umfragen, Untersuchungen oder Tests. Sie wirken unabhängig und werden von vielen Lesern gern gelesen. Wenn man also auf eigenes Analysematerial zurückgreifen kann, sollte dies auf der Webseite auch im Pressebereich zu finden sein.

Fachartikel und Fallstudien
Auch Fachartikel und Fallstudien können bei der Pressearbeit helfen. Häufig suchen kleinere Magazine nach externen Autoren, die zu einem bestimmten Themengebiet eine Expertise aufgebaut haben. Nicht selten werden gute Fachartikel mit nur kleinen Änderungen abgedruckt. So ersparen Journalisten sich die Arbeit, einen komplexen Themenbereich selbst aufwendig zu erarbeiten. Nicht selten werden Fachartikel oder Fallstudien als Basis für Interviews verwendet. Dabei ist es wichtig, bei all diesen Beiträgen darauf zu achten, dass sie genauso auch in einer Zeitung zu finden sein könnten. Man sollte deshalb ganz darauf verzichten, das eigene Unternehmen im Rahmen der Texte auffällig zu positionieren.

Veranstaltungskalender
Termine von Messen, auf denen das Unternehmen ausstellt, Vorträge, die gehalten werden, Erscheinungstermine neuer Produkte und so weiter – all dies gehört natürlich in einen speziellen Veranstaltungskalender für die Presse.

11 Virales Marketing: Unterhaltsam und kreativ ans Ziel

11.1 Was ist virales Marketing?

Im Internet werden Weiterempfehlungen wie „Klicken Sie hier, um diese Seite an Freunde oder Kollegen zu empfehlen" vielfach verwendet. Die Funktionsweise solcher Weiterempfehlungen ist denkbar einfach. Wann immer ein Nutzer das Bedürfnis verspürt, einen Bekannten über die Webseite zu informieren, ruft er ein Empfehlungsskript auf. Er trägt seinen Namen, den Namen des Freundes sowie die jeweiligen E-Mail-Adressen ein, und das Skript versendet eine Nachricht, die ungefähr so aussieht:

> Hallo Klaus,
>
> Sascha Langner besuchte gerade das Dr. Web Magazin. Diese URL könnte interessant sein: URL: http://www.drweb.de/software/fpwin-antivirus.shtml
>
> Gruß!
> Dr. Web Magazin http://www.drweb.de

Wie aber motiviert man seine Nutzer, dieses Skript überhaupt zu benutzen? Nur wenige Nutzer kommerzieller Internetangebote lassen sich dazu bewegen, wenn eine Handlungsaufforderung benutzt wird wie: „Empfehlen Sie meine Website an eine Freundin oder einen Freund". Aussagen wie diese sind zwar allgemein üblich, aber nicht besonders effektiv. Sinnvoller ist es, einen Anreiz zu schaffen. Ein Hersteller von Suchmaschineneintragungssoftware könnte beispielsweise schreiben:

> „Empfehlen Sie diese Website weiter, und Sie erhalten den 10-seitigen Special-Report „10 Killer-Regeln, um Ihr Suchmaschinenranking zu verbessern" kostenlos dazu."

Mit nur kleinen Änderungen kann man die Effektivität seines Empfehlungsskriptes entscheidend verbessern. Zudem lesen viele Besucher auch noch den Special-Report des Softwareherstellers, der ja darauf abzielt, die Software zu verkaufen. Wenn man geschickt vorgeht, kann man seine Empfehlungen häufig in Zusammenhang mit dem eigenen Angebot setzen und gleichzeitig die Attraktivität erhöhen. Beispielsweise könnte auch ein spezieller Rabatt für jeden offeriert werden, der das Empfehlungsskript verwendet.

> „Empfehlen Sie diese Seite an drei Freunde, und Sie erhalten einen Rabatt von 10 Prozent für Ihren nächsten Einkauf"

Empfehlungen können auch attraktiver gemacht werden, wenn an jede Empfehlung automatisch ein Rabattgutschein angehängt wird.

> „Machen Sie Ihren Freunden ein Geschenk. Verschicken Sie kostenlos Rabattgutscheine!"

Der Nutzer verschickt damit Geschenke anstatt Empfehlungen. Aus „Empfehlen Sie diese Seite" wird somit die viel effektivere Handlungsaufforderung „Machen Sie Ihren Freunden ein Geschenk".

Virales Marketing hat als Weiterentwicklung der Empfehlung einen sehr hohen Stellenwert im Online-Bereich. Der Grundgedanke des viralen Marketings ist, die Verbreitung von Informationen über Unternehmen oder Produkte durch Nutzer als glaubwürdige Kommunikatoren an weitere Nutzer zu stimulieren, sodass sich diese Inhalte nach dem „Schneeball-Prinzip" (beziehungsweise wie ein Virus) über das Internet verbreiten. Im Gegensatz zur traditionellen Empfehlung von Konsument an Konsument hat das virale Marketing im Internet vor allem durch die technischen Möglichkeiten eine neue Dimension erreicht. Zum Übermitteln der Empfehlung sind die persönliche Anwesenheit des Adressaten und eine synchrone Kommunikation nicht mehr nötig, die Empfehlung kann jederzeit von überall versendet werden. Durch die Weiterverbreitung der Kommunikationsnachricht entstehen für die Internetnutzer keine Kosten und nur ein geringer zeitlicher Aufwand.

Oft leiten Nutzer E-Mails, deren Inhalt sie als amüsant oder interessant wahrnehmen, weiter. So wurde beispielsweise das Computerspiel Moorhuhn, das zur Promotion der Whiskeymarke „Johnnie Walker" entwickelt wurde, durch Mundwerbung millionenfach weiterempfohlen und verbreitet.

Virales Marketing basiert darauf, dass die Nutzer auch im Internet in ein soziales Netz eingebunden sind und jede Person über ein engeres Umfeld von Freunden oder Familienangehörigen sowie über ein weiteres Umfeld (zum Beispiel geschäftliche Kontakte) mit Dutzenden oder gar Hunderten Kontakten verfügt. Deshalb stellen gerade Communities, in denen die Nutzer viele virtuelle Freundschaften knüpfen, für virale Kampagnen einen idealen Nährboden dar.

11.2 Virales Marketing umsetzen

Analysen haben ergeben, dass folgende Produkteigenschaften für den Erfolg einer Kampagne äußerst wichtig sind. Das Produkt muss nicht alle, sollte aber möglichst viele dieser Eigenschaften auf sich vereinen:

- Unterhaltung: Das Produkt bietet einen besonderen Unterhaltungswert.
- Außergewöhnliche Nützlichkeit: Der Nutzwert ist hoch.
- Sofortige Belohnung: Nutzer werden umgehend für die Nutzung entlohnt.
- Einzigartigkeit: In dieser Art und Weise noch nie da gewesen.
- Kostenlose Bereitstellung: Es fallen keine direkten Kosten für den Bezug oder die Nutzung an.
- Einfache Übertragbarkeit: Einfach zu kopieren oder weiterzuleiten.

Für den Erfolg sind außerdem die folgenden Begleitumstände wichtig:

Verwendung bestehender Kommunikationsnetze
Menschen handeln nach gelernten Verhaltensmustern, was konsequent genutzt werden sollte. Betrachter eines viralen Guts müssen sich gut fühlen, wenn sie anderen davon berichten sollen. Verlassen Sie sich nicht auf Ihre eigene Meinung, sondern fragen Sie so viele Menschen wie möglich, ob sie anderen von dem Kampagnengut erzählen würden und warum. Stellen Sie außerdem sicher, dass es den Nutzern leichtfällt, über das Gut zu sprechen.

Verfügbarkeit
Ein oft unterschätzter, aber entscheidender Faktor ist die Verfügbarkeit des Produkts. Dazu müssen unter anderem ausreichend dimensionierte Serverkapazitäten zur Verfügung gestellt werden. Aber auch die physische Verfügbarkeit ist wichtig. Audi konnte während der Hype-Phase um den legendären „Wackel-Elvis" (vorgestellt in einem Audi-Spot) einen Großteil der Nachfrage nicht decken. Schnell erkannten andere Hersteller den Trend und bedienten den Markt. Da Audi den Hype um den Wackel-Elvis nicht zeitnah auf seine Marke kanalisieren konnte, weiß heute kaum jemand mehr von der Verbindung zu Audi.

Informationen
Um den Hype für das Kampagnenprodukt zu schüren, müssen den Medien ausreichend Informationen darüber zur Verfügung gestellt werden. In der Regel reagieren Zeitungen, Magazine und so weiter erst recht spät oder gar nicht auf Kampagnenprodukte. Wenn sie allerdings erkannt haben, dass sich ihre Leser dafür interessieren, wollen sie umgehend darüber berichten. Ein Beispiel hierfür ist das Spiel „Moorhuhn". Erst als davon gesprochen wurde, dass das Moorhuhn-Spielen am Arbeitsplatz zu Milliarden an Kosten führen könnte, wurden die Medien hellhörig. Um gerüstet zu sein, sollten gleich zum Start des Kampagnenprodukts Artikel, Pressemitteilungen und Ähnliches vorbereitet und bereitgestellt werden.

Logos und Grafiken, Banner
Das Napster-Logo hat die Nutzer emotional stark angesprochen. Jedenfalls fand man zu fast jedem Link auf die Webseite des Tauschdienstes ein entsprechendes Logo. Machen Sie es auch Ihren eigenen Nutzern so einfach wie möglich, kleine Bausteine für die eigene Webseite herunterzuladen. Am besten bieten Sie eine spezielle Seite für Logos, Grafiken, Banner und so weiter in unterschiedlichen Größen und Formen an.

Nutzung der Gratis-Mentalität
Die Kunst des viralen Marketings besteht darin, den Prozess der Weiterverbreitung von Nutzer zu Nutzer geschickt anzustoßen. Hierfür müssen die Nutzer aber erst einmal begeistert werden, damit sie einen Anreiz zur Weiterleitung haben. Weil unter Nutzern eine ausgeprägte Gratis-Mentalität herrscht, kann man den viralen Effekt stimulieren, indem man Leistungen verschenkt. Dies funktioniert besonders gut bei internetaffinen Produkten wie Software oder Internet-Dienstleistungen.

Am Erfolg des Webmaildienstes Hotmail (der mittlerweile von Microsoft übernommen wurde) lässt sich dieser Sachverhalt gut illustrieren: Hotmail bietet Internet-Nutzern kostenlosen E-Mail-Versand an. Bei jeder über Hotmail versendeten E-Mail findet sich in der Fußzeile der Satz: „Get your private, free E-Mail at http://www.hotmail.com". Auch mithilfe dieser Maßnahme konnte Hotmail innerhalb von 18 Monaten 12 Millionen Nutzer von seiner Dienstleistung überzeugen, dadurch wachsende Umsätze im Werbegeschäft generieren und wurde so für Microsoft interessant.

11.3 Beispiele für virales Marketing

Ein gutes Beispiel für virales Marketing liefert die virale Kampagne des Sportsenders DSF, die sich im Jahre 2004 speziell an Fußballfans wandte (siehe **Abbildung 11.1**).

Drei humorvolle Werbespots thematisierten deren exzessive Fußballbegeisterung und zielten darauf ab, die Berichterstattung der Fußball-Bundesliga und die korrespondierende Webseite bekannter zu machen. Die Spots basierten darauf, die Fußballbegeisterung von Männern in Alltagssituationen darzustellen. Ein Spot zeigt aus der Perspektive einer Überwachungskamera zwei Büroangestellte, von denen einer auf einem Gesundheitsball sitzt. Der andere schaut fast zwanghaft auf seinen Kollegen, bis der es nicht mehr aushält, aufspringt und dem Kollegen mit Wucht die Sitzgelegenheit wegtritt. Jubel ertönt, der Schütze fällt in Siegerpose auf die Knie.

Die Clips wurden auf zielgruppennahen, hoch frequentierten Portalen und auf der eigenen Webseite ohne weiteren Anreiz zum Download angeboten. Der Spot wurde von Ende September bis Dezember 2004 1,1 Millionen Mal heruntergeladen. Fast 80.000 Nutzer besuchten über den Link das Online-Angebot des DSF, was einer Responserate von über 7 Prozent entspricht.

Abbildung 11.1   Beispiel einer viralen Kampagne (Quelle: Langner 2009)

Victoria's Secret

Es gibt aber auch kostengünstigere Konzepte zum gezielten Auslösen viraler Effekte, sei es in Form von lustigen Power-Point-Präsentationen oder innovativen Flash-Spielen. Mit Letzterem landete beispielsweise der Dessous-Hersteller Victoria's Secret im Jahr 2005 einen Erfolg. Mittel zum Zweck: ein Poker-Spiel. Zur Einführung einer neuen Kollektion konnten „Interessierte" unter pinkpantypoker.com mit den Models des Modeherstellers (männlich und weiblich) eine virtuelle Runde Strip-Poker wagen und so spielerisch die neuen Produkte kennenlernen. Natürlich zog sich keines der Modelle komplett aus. Ziel war es nur, geschickt die Aufmerksamkeit auf die modischen Dessous zu lenken, was dem Modehersteller kosteneffizient gelang. Hunderttausende leiteten Empfehlungen zum Pink-Panty-Poker an Kollegen, Freunde und Bekannte weiter.

Stromberg

Es geht aber noch günstiger. So tauchte beispielsweise vor der dritten Staffel der Fernsehserie „Stromberg" die komplette Darstellerriege der imaginären Capitol Versicherung mit Profilen ihrer Alter-Egos in sozialen Netzwerken wie Xing auf. Für Fans der Comedy-Sendung ein gefundenes Fressen. Tausende berichteten Freunden und Kollegen von ihrem Fund und schickten Kontaktanfragen an die Darsteller. Mit einem sehr geringen Budget erreichten die Macher von Stromberg so vermutlich Zehntausende Zuschauer aus der Zielgruppe.

eBay

Bei der hohen Anzahl von Nutzern, die das Online-Auktionshaus eBay hat, liegt es geradezu auf der Hand, dieses Potenzial für virale Ideen zu instrumentalisieren. Eine der bekanntesten Auktionen fand sich beispielsweise in der Rubrik „Partyzubehör". Mit den einleitenden Worten „Lust auf neue Gesichter? Immer wieder Männerüberschuss? Leere Tanzfläche? Party immer schon um 23 Uhr zu Ende?" boten sich sechs Frauen zum Verkauf an. Da man bei eBay natürlich nur Sachen versteigern darf und keine Personen, versteigerten die Frauen eine Kiste Bier plus ihre Anwesenheit – quasi „eine Kiste Pils plus ein Sixpack".

Die skurrile Auktion war ein großer Erfolg. Zahlreiche Internetnutzer tauschten sich in Foren über die ungewöhnliche Aktion aus oder wiesen Freunde darauf hin. Innerhalb weniger Tage bekamen auch die klassischen Medien wie das ZDF Wind von dem außergewöhnlichen Angebot und berichteten darüber. Nach nur ein paar Tagen zählte eBay bereits 165.000 Besucher auf der Auktionsseite. Bis zum Ende der Versteigerung lieferten sich knapp 150 Nutzer eine unerbittliche Bieterschlacht, am Ende ersteigerte ein Unternehmer die Kiste Bier für stattliche 25.000 Euro.

Mittlerweile nutzen immer mehr Unternehmen skurrile eBay-Auktionen als Möglichkeit, Mundpropaganda auszulösen. Ein sehr bekanntes Angebot stammte beispielsweise von der Deutschen Bahn. Titel der Auktion: „Ersteigern Sie einen ICE". Natürlich bot die DB hier keinen echten Zug zum Kauf an, sondern nur das Recht, den ICE für einen Tag auf einer selbst festzulegenden Route durch Deutschland zu nutzen. An Aufmerksamkeit mangelte es der Auktion jedenfalls nicht. Tausende Nutzer schickten Hinweise zu dem außergewöhnlichen Angebot an Freunde und Bekannte, auch das Fernsehen berichtete. Den Zuschlag erhielt letztendlich eine Softwarefirma, die diese Gelegenheit für ein außergewöhnliches Kundenevent nutzte. Quasi zu Selbstkosten erreichte die Deutsche Bahn mit dieser Auktion ein Millionenpublikum.

Natürlich haben die wenigsten Unternehmer einen ICE in der Hinterhand, und nicht über alle Auktionen wird im TV berichtet. Wichtig bei viralen Aktionen mittels eBay ist vor allem, dass man die Zielgruppe erreicht. Entscheidend ist die eigene Kreativität oder die richtige Anregung. Eine Reihe von Portalen wie etwa Lustigeauktionen.de listen fast täglich skurrile Versteigerungen. Es gibt also viele Beispiele, an denen man sich orientieren kann.

Mundpropaganda auszulösen, muss folglich nicht teuer sein. Mit Kreativität, Zielgruppennähe und dem Mut, ausgetretene Pfade zu verlassen, kann fast jedes Unternehmen virale Aktionen planen und durchführen. Gerade beim Auslösen von Mundpropaganda ist die zündende Idee wichtiger als ein großes Werbebudget. Letzteres hilft natürlich ungemein, denn auch außergewöhnliche Kreativität lässt sich einkaufen. Doch sind die meisten viralen Aktionen in der Regel das Ergebnis einer simplen Idee und des Gespürs dafür, was bei den Konsumenten und den Medien ankommt. Unterstützt werden Unternehmen dabei vom Internet selbst. Durch die enormen Geschwindigkeiten mit denen sich Informationen via Foren, Weblogs und Nachrichtenseiten verbreiten, sind ganz andere Reichweiten zu erzielen als noch zu Ende der 90er Jahre. Verliefen sich zu dieser Zeit viele Gerüchte und Geschichten schon nach kurzer Zeit mangels williger Überträger wieder, verbreiten sich im Netz auch ganz spezifische Zielgruppenbotschaften wie ein Lauffeuer. Jede virale Aktion braucht aber Nutzer, die sie wahrnehmen. Zwar ergeben sich Aufmerksamkeit und Wahrnehmung häufig aus der Aktion selbst. Doch bei kleineren Zielgruppen lohnt es sich, ein Konzept zu entwickeln, wie die eigene Idee unter die Leute kommen soll. Zumindest ist ein E-Mail-Verteiler von Multiplikatoren ratsam, über den man Aktionen vorstellen kann. So stellt man sicher, dass die eigene Kreativität auch die Aufmerksamkeit bekommt, die sie verdient.

12 Social-Media-Kommunikation: Web 2.0-Dienste aktiv nutzen

12.1 Was ist Social-Media-Kommunikation?

Das Web 2.0 markiert einen Wendepunkt in der Entwicklung des Internets und bringt gravierende Änderungen im Verhalten von Konsumenten mit sich. Das wesentliche Merkmal des Web 2.0 ist nämlich, dass den Nutzern Raum geben wird, sich zu präsentieren und miteinander zu kommunizieren, was sich vonseiten der Nutzer zunehmender Beliebtheit erfreut. Das Internet entwickelt sich dadurch weg von einer starren Informationsquelle hin zu einem interaktiven Mitmachmedium. Kommunikationsinhalte zu Zeiten des Web 1.0 wurden primär von Providern, Unternehmen, öffentlichen Institutionen oder technisch versierten Privatleuten zur Verfügung gestellt. Im Web 2.0 haben alle Nutzer die Möglichkeit, ohne besondere technische Vorkenntnisse Informationen zu erzeugen und anderen zugänglich zu machen, daher auch die Bezeichnung „Social Media".

Die wichtigsten Social-Media-Anwendungen sind:

- Blogs: „Weblogs" (Kurzform: Blogs) waren ursprünglich reine Online-Tagebücher, entwickeln sich aber zunehmend zu ambitionierten Publikationsprojekten, die von den Betreibern als alternatives journalistisches oder literarisches Medium verstanden werden. Bekannte Beispiele sind Bildblog.de oder Spreeblick.com.

- „Social-Networks": In Plattformen wie MySpace, studiVZ, Facebook oder Xing steht das Networking, also die Generierung und Pflege von Kontakten, im Mittelpunkt. Nutzer können Profilseiten anlegen, mit Bildern, Videos, Musik oder Texten dekorieren, die eigene Seite mit der von Freunden und Bekannten verknüpfen und kommunizieren."

- „File-Sharing-Communities": Der Tausch von Mediadateien, primär Fotos oder Videos, hat Angebote wir Flickr, YouTube oder MyVideo populär gemacht. Der Community-Gedanke wird bei diesen Plattformen vor allem dadurch bewahrt, dass eingestellte Dateien kommentiert und bewertet werden.

- „Knowledge-Communities": Bei Wikis und Bookmarking-Diensten wie Del.icio.us wird durch die Benutzer gemeinschaftlich Wissen gesammelt und gepflegt. Die klassische Wissenscommunity ist Wikipedia, das bekannte Online-Lexikon, das ausschließlich aus Beiträgen von Nutzern besteht. Hierbei können alle Beiträge weiterentwickelt, verändert, korrigiert und editiert werden.

- „Consumer-Communities": Der Austausch von spezifischem Wissen über Produkte und Dienstleistungen erfolgt auf Webseiten wie Ciao oder E-pinion. Bei Consumer-Communities handelt es sich um Online-Meinungsportale, auf denen Benutzer die Möglichkeit haben, ihre Erfahrungen mit Unternehmen oder Produkten zu beschreiben.

Durch Social Media verschieben sich die Machtverhältnisse im Markt in Richtung Konsumenten. Bei fast allen Konsumentscheidungen können Nutzer heutzutage auf das kollektive Wissen der Massen zurückgreifen. Ein paar Beispiele:

- Immer mehr Konsumenten erreichen Werbespots nur noch, wenn sie als Empfehlung eines Freundes oder Bekannten per Mail versendet werden oder bei Portalen wie youTube oder myvideo eine hohe Platzierung erzielen.

- Empfehlenswerte Webseiten finden Nutzer nicht mehr allein über klassische Suchmaschinen, sondern mehr und mehr über kollektiv gepflegte Wissenscommunities wie del.icio.us oder mister-wong.de.

- Ob ein Produkt zu den gewünschten Anforderungen passt oder ein potenzieller Dienstleister empfehlenswert ist, lesen Nutzer in Weblogs oder Consumer-Communities nach.

- Sucht jemand beispielsweise nach einem neuen Internet-Provider, so ist es ein Leichtes, dessen Leistungsfähigkeit anhand von Erfahrungsberichten zu überprüfen. Es genügt, „Erfahrung mit Unternehmen-xyz" als Suchphrase einzugeben, und Google fördert Dutzende von Ergebnissen zu Tage.

Das Neue daran ist, dass sich in der Regel nur ein Bruchteil der gelisteten Webseiten im direkten Einflussbereich des jeweiligen Unternehmens befindet. Die meisten Erfahrungsberichte stammen aus Foren, privaten Webseiten, Meinungsportalen, Weblogs etc. Dort sind sie aus Unternehmersicht nicht kontrollierbar: Verliefen sich ungeliebte Gerüchte und Geschichten in der realen Welt noch nach kurzer Zeit wieder, ist das digitale Gedächtnis des Internets lückenlos. Einmal kommentiert, besprochen oder empfohlen steht die Meinungsäußerung zu einem Produkt für Jahre im Netz. Der Einfluss der Unternehmen auf diese Form der Kommunikation ist begrenzt, es ergeben sich aber auch neuartige Möglichkeiten im Rahmen einer Social-Media-Kommunikation.

Besonders gravierend wird diese Tatsache, wenn man sich bewusst macht, wie weit die Technologisierung der Gesellschaft bereits vorangeschritten ist. Meinungsäußerungen spiegeln sich heutzutage nicht nur in reinen Textaussagen wider, sondern immer häufiger in aufwendig produzierten und aufmerksamkeitsstarken Videos, „Podcasts" oder Flash-Animationen. So erstellte der Lehrer George Masters beispielsweise aus Liebe zu Apples iPod einen eigenen Werbespot, der innerhalb kurzer Zeit von Zehntausenden Apple-Fans mit Begeisterung angeschaut und weiterempfohlen wurde. Dass das Ganze natürlich auch andersherum geht, zeigten die Neistad Brothers. Mit ihrem Film „The iPods Dirty Secret" prangerten die beiden Brüder den Umstand an, dass Apple keinen Wechsel des eingebauten Akkus vorgesehen hatte. Auch dieser Film erreichte innerhalb kurzer Zeit Zehntausende von Nutzern.

Die Relevanz von sozialen Netzwerken für Google & Co.
Vor allem die hohe Präsenz von Meinungsäußerungen und sozialen Netzwerken kann Unternehmen das Leben schwer machen. Als „Google Juice" wird im Englischen der „Nährstoff" bezeichnet, der für die Suchmaschine eine hohe Anziehungskraft hat. Dass

beispielsweise ein Erfahrungsbericht überhaupt die entsprechende Bedeutung erhält, um ein hohes Ranking zu erzielen, liegt in seiner Natur begründet. Vor allem Weblogs und soziale Netzwerke haben durch ihren hohen Grad an Vernetzung viel Juice für Suchmaschinen und werden daher trotz manchmal schlechten Einsatzes und schlechter Positionierung von Keywords höher geranked als top-optimierte Unternehmenswebseiten.

Wichtiger Bestandteil dieser besseren Bewertung ist die Linkpopularität. Neben dem optimierten Einsatz von Keywords ist sie der Maßstab der Suchmaschinen für die Relevanz einer Webseite. Aber nicht nur die Linkpopularität allein macht eine Webseite besonders empfehlenswert, viele Suchmaschinen ziehen zusätzlich noch andere – zumeist kollektiv gepflegte Online-Wissensquellen – als Bewertungsmaßstab heran. Zu diesen Webseiten, die ebensoviel Anziehungskraft haben, wie sie verleihen, zählen:

- Wikipedia, die freie Enzyklopädie,
- dmoz.org, ein nicht-kommerzielles, gemeinschaftlich gepflegtes Webverzeichnis,
- themenspezifische Foren oder
- Social-Bookmarking-Seiten wie deli.cio.us oder mister-wong.de.

Letztere werden allerdings von vielen Webseiten massiv genutzt, um durch eigenes Anlegen von Bookmarks ihre Linkpopularität im Rahmen der Offsite-Suchmaschinenoptimierung zu manipulieren (Stichwort: Spamming), und stehen deshalb unter Beobachtung der Suchmaschinenbetreiber. Damit steht das Geschäftsmodell des Social-Bookmarkings massiv infrage, was natürlich sehr schade ist. Social-Bookmarking-Seiten sind eigentlich ein großer Gewinn für das Kollektiv. Entsteht so doch ein Verzeichnis der beliebtesten Webseiten im Netz.

Kommunikation in sozialen Medien ist eine der großen Herausforderungen der nächsten Generation der Online-Kommunikation. Natürlich werden dadurch die klassischen Ansätze nicht obsolet. Es lohnt sich jedoch, seine Strategien und Taktiken, je früher umso besser, schrittweise den neuen Machtverhältnissen anzupassen. Wer sich mit der Kommunikation in den vernetzten Strukturen seiner Zielgruppe frühzeitig beschäftigt und Potenziale konsequent zu nutzen weiß, ist seinen Konkurrenten einen Schritt voraus. Denn: Kritiken auf Meinungsportalen, Erwähnungen in Foren oder Empfehlungen in Weblogs verschwinden nicht so schnell wieder. Wer systematisch vorgeht, kann sich Schritt für Schritt eine Reputation aufbauen, die ihm im Netz keiner so schnell wieder streitig machen kann.

12.2 Social-Media-Kommunikation umsetzen

Was diese Entwicklungen für die Unternehmenskommunikation bedeuten, liegt auf der Hand. Mit der zunehmenden Vernetzung der Menschen über Weblogs und Communities gewinnen die von den Konsumenten erstellten Inhalte immer mehr an Bedeutung. Die Vernetzung der Konsumenten in all ihren Formen ist für Unternehmen dabei Segen und Fluch zugleich: Positive Meinungsäußerungen und Empfehlungen wecken Vertrauen und erleichtern die Kaufentscheidung, negative Erfahrungsberichte führen zu Unsicherheit und erhöhen das wahrgenommene Risiko. Es stellt sich zu Recht die Frage, welchen Einfluss das Marketing hinsichtlich dieser Entwicklungen im Internet überhaupt noch hat:

- Was können Unternehmen tun, wenn ihr Produkt oder ihr Unternehmen in einem negativen Kontext auftaucht?
- Was kann getan werden, wenn die eigenen Leistungen anders als die von Wettbewerbern gar nicht oder nur sehr selten in sozialen Medien auftauchen?
- Lässt sich die digitale Mundwerbung überhaupt zielgerichtet beeinflussen?

Wer Kommunikation beeinflussen will, muss Teil von ihr werden. Im sozial vernetzten Internet müssen daher Strategien entwickelt werden, um Web-2.0-Dienste aktiv zu nutzen, um Marken bekannter zu machen und Produkte und Dienstleistungen effektiv zu vermarkten. Doch wie kann man Teil des sozialen Netzwerks seiner Zielgruppe werden? Wie beeinflusst man die „Sichtbarkeit" der eigenen Leistungen in Weblogs, Podcasts oder „Videoblogs"? „Märkte sind Gespräche" hat bereits das Cluetrain Manifest postuliert.[10] Seither bestimmt dieser Satz mehr und mehr das Tagesgeschehen im Internet. Strategien, Instrumente und Maßnahmen sind gefragt, die es Unternehmen ermöglichen, authentisch Teil der Kommunikation im Zielmarkt zu werden. Dazu sind drei Schritte nötig:

- Teil der Community werden,
- die Community sinnvoll ins Marketing integrieren und
- Entwicklungen in der Community beobachten und begegnen.

Nur wer es schafft, sich authentisch in die Communities im Zielmarkt zu integrieren, sinnvoll das Potenzial seiner Kunden und potenziellen Abnehmer motiviert und dabei immer ein Auge auf die aktuellen Entwicklungen hat, kann die Kommunikation seiner Zielgruppe systematisch beeinflussen. Von einer Idee muss man sich dabei jedoch verabschieden: Kontrolle. Wie bei viralem Marketing ist auch Social-Media-Kommunikation nur in ihrem Ursprung planbar. Wie die eigenen Ideen aufgenommen werden, was sich aus welcher Maßnahme an Ergebnissen ergibt, lässt sich bestenfalls beeinflussen, nicht kontrollieren. Doch wer erst einmal die Chancen und Risiken der sozial vernetzten Welt verinnerlicht hat und die komplexen Strukturen versteht, bekommt schnell ein Gefühl dafür, welche Kommunikationsmaßnahmen in den sozialen Medien Erfolg versprechen und welche von Anfang an zum Scheitern verurteilt sind.

12.2.1 Teil der Community werden

Content-Produzenten sind in der sozial vernetzten Welt rar gesät. Die „Ein-Prozent-Regel" sehen immer mehr Netzwerke im Internet bestätig. Von 100 Besuchern einer Community erstellt gerade ein einziger neuen Content, mit dem vielleicht neun weitere Anwender interagieren, also zum Beispiel Kommentare oder Verbesserungsvorschläge schreiben. Die restlichen 90 sehen sich die Sache bestenfalls stillschweigend an.

Das Missverhältnis von Content-Produzenten und Content-Abnehmern bietet viel Potenzial für clevere Online-Kommunikation. Mittel zum Zweck sind interessante und fesselnde Inhalte für die eigene Zielgruppe. Content allein reicht aber nicht aus, er muss auch den Weg in die vernetzten Strukturen des Zielpublikums finden, dort wahrgenommen, akzeptiert und im Idealfall weiterempfohlen werden. Nur wer es schafft, sich als Teil der Community zu etablieren, kann seine eigenen Inhalte zielgerichtet und glaubhaft positionieren.

Linkkapital schaffen durch das eigene Weblog

Themenrelevante Links sind wertvolles Kapital in einer vernetzten Welt, vor allem was die Suchmaschinenplatzierung angeht. Je häufiger und je authentischer eine Webseite aus hochvernetzten Communities verlinkt wird, desto relevanter und sichtbarer ist sie für die Zielgruppe. Zentrales Ziel ist es also, möglichst viele Links aus sozialen Netzwerken für die eigene Webseite zu erhalten. Doch wie erhält man diese wertvollen Verweise?

Viele klassische Webseiten sind relativ „statisch". Sie bieten die notwendigen Informationen und Transaktionsmöglichkeiten, nicht mehr und nicht weniger. Selten finden sich auf solchen Angeboten Inhalte, die es lohnen, verlinkt zu werden. Erster Schritt zu mehr Sichtbarkeit ist also das Schaffen von linkenswerten Inhalten wie „White Paper", Ratgebern und so weiter Doch das alleine reicht noch nicht aus. Die Inhalte müssen auch aufmerksamkeitsstark und vor allem glaubwürdig verlinkt werden. Hierzu eignen sich Weblogs derzeit am besten. Die Frage ist nur, wie gelangen die eigenen Inhalte effektiv in die relevanten Weblogs der Zielgruppe? Wer schon einmal gezielt versucht hat, einen Blogger zu einem Link zu drängen, dem wird eines ziemlich schnell klar: Die Blogosphäre hat ihre eigenen Regeln. Die wichtigste davon ist die Unabhängigkeit der Blogger. Wer bloggt, zieht sprichwörtlich „sein eigenes Ding durch" und lässt sich von niemandem reinreden. Man bloggt über das, was einem interessant erscheint und was einen bewegt. Beeinflussungsversuche von Unternehmensseite sind extrem unbeliebt. Eine gezielte Einflussnahme ist auch wenig sinnvoll: Blogger sind durch die Vernetzung untereinander ständig einer aktiven Beobachtung der anderen Blogger ausgesetzt. Diese (meist unbewusste) gegenseitige Kontrolle entlarvt unlautere Handlungen Einzelner meist sehr schnell.

Eine Lösung dieses Dilemmas besteht darin, dass Unternehmen ihr eigenes Weblog eröffnen und damit ein Teil der Community werden. Wer Erwähnenswertes aus dem Unternehmensalltag erzählt, den eigenen Markt kommentiert und klar Stellung bezieht, wirkt authentisch. Dadurch gibt man dem eigenen Unternehmen nicht nur eine persönliche Note, sondern macht es anderen Bloggern leicht, über das Unternehmen zu berichten. Das Eröffnen eines eigenen Blogs gibt auch ausreichend Legitimität, um sich an Diskussionen in anderen Blogs zu beteiligen beziehungsweise auf andere Blogs zu verlinken. Dadurch steigt auch die Chance, dass man selbst verlinkt wird. Eines der bekanntesten „Corporate Blogs" ist das von Frosta, durch den es das Unternehmen geschafft hat, auf sensible und gleichzeitig effektive Art einen sehr authentischen Dialog mit seiner (bloggenden) Zielgruppe aufzubauen (siehe **Abbildung 12.1**).

Indem Offenheit und Dialogbereitschaft demonstriert wird, sind Corporate Blogs zu einem Kommunikationsinstrument geworden, mit dem primär Vertrauen aufgebaut wird.

Abbildung 12.1 Dialog mit der Zielgruppe (Quelle: www.frostablog.de)

Von Blogs wird erwartet, dass sie regelmäßig aktualisiert werden, sonst werden sie von den Nutzern nicht mehr aufgesucht. Positiv wird von den Nutzern der umgangssprachliche Ton von Weblogs eingeschätzt, der sich angenehm von der sonstigen Unternehmenskommunikation beispielsweise in Broschüren oder Unternehmensberichten abhebt. Allerdings herrschen in der Blogszene durchaus Vorbehalte gegen die Nutzung von Blogs für kommerzielle Interessen, weswegen Corporate Blogs zum Teil misstrauisch beäugt werden.

Vlogs
Gerade haben Unternehmen erkannt, welche Potenziale in klassischen Weblogs schlummern, da ist der nächste Trend da: Nach Text- und Foto-Blogs folgten Videoblogs. Online-Tagebücher, die über bewegte Bilder das Tagesgeschehen kommentieren. Die Verbreitung von Videobearbeitungsprogrammen und digitalen Videokameras sogar in Mobiltelefonen macht es mittlerweile fast jedem möglich, nicht nur private Geschichten fürs Internet zu verfilmen, sondern eigene Dokumentationen zu drehen oder auch Werbematerial zu parodieren. Vor allem aus den beiden letzten Aspekten ergeben sich Gefahren, aber auch Chancen für die Kommunikation.

Es war also nur eine Frage der Zeit, bis jemand auf die Idee kommen würde, nicht nur ein Tagebuch online zu schreiben, sondern regelrecht „live" per Videobotschaft aus seinem Leben zu plaudern. Die beeindruckenden Erfolge von Dokumentationen wie etwa „Bowling for Columbine", „Fahrenheit 9/11" oder „Supersize-Me" haben ihr Übriges zum Aufstieg des kollektiven Aufklärungsjournalismus gegeben. So vloggt (Kurzform für videobloggen) Amanda Congdon beispielsweise sehr newsorientiert täglich auf Rocketboom.com. Alltagsorientiert mit viel Witz und Humor ist „Steve Garfield's VideoBlog". Hier erfährt man beispielsweise, was Steve und seine Freundin in der Woche erleben, bekommt Tipps für die Gartenarbeit oder kann sich an lustigen Episoden aus dem Leben von Steves Mutter erfreuen. Ob tägliche, wöchentliche oder monatliche Berichterstattung, die Chancen stehen gut, dass Video-Blogs in Zukunft eine wichtige Rolle im Internet spielen werden. Nicht nur weil sie dem Medium mehr Leben einhauchen, sondern weil sich viele Sachverhalte einfach besser anhand eines kurzen Films erläutern lassen anstatt über Text.

Wie die obigen Beispiele zu Apples iPod zeigen, müssen sich Unternehmen darauf einstellen, dass die Konsumenten in Zukunft nicht nur kritisch über Produkte schreiben, sondern auch „filmen", was sie stört. Da man die Inhalte von Videos noch weniger überwachen kann als textbasierte Webseiten, reicht reaktives Verhalten nicht aus. Nur wer aktiv mit Blogs (Text, Foto und Video) und ihren Machern interagiert, hat überhaupt eine Chance, die Meinungsbildung zu seinem Unternehmen und den eigenen Produkten sowie Dienstleistungen zu beeinflussen.

Wie kann man vorgehen, wenn Konsumenten einfach einen Werbespot für oder gegen ein Produkt oder Unternehmen drehen? So wie beispielsweise Chris Brower IKEA lobt und gleichzeitig bestimmte Produkte des schwedischen Möbelkonzerns kritisiert? Verbieten lassen ist schwer, denn danach wandern solche Videos – wie früher indizierte Filme – unter die (virtuelle) Ladentheke und werden zum begehrten Tauschobjekt. Die beste Umgangsweise ist, solche Berichte durch eine offene Kommunikationspolitik von vornherein zu verhindern und die Videoblog-Szene immer im Auge zu behalten. Ansonsten hilft nur ein authentisches Zugehen auf den Urheber, das Beseitigen etwaiger Missstände und ein offener Dialog darüber, inwiefern der Blogger Interesse daran hat, über den Erfolg seiner Aufdeckungsarbeit erneut zu berichten. Vlogs bieten auch aus Unternehmenssicht eine hervorragende Möglichkeit, komplexere Leistungen vorzustellen. Nicht unbedingt aus der Rolle eines unabhängiger Vlogs, sondern als Firmen-Videoblog: Schritt für Schritt wird filmerisch der Nutzen und die Anwendung verschiedener Produkte oder Dienstleistungen vorgestellt.

Facebook und Twitter

Auf Facebook können Unternehmen kostenlos Fanseiten anlegen. Dazu eröffnen Sie ein Facebook-Konto und kategorisieren die Art der Fanpage (in aller Regel als „Marke, Produkt oder Organisation"). Auf der neu angelegten Seite können dann Bilder, Logos, Videos und natürlich auch Texte veröffentlicht werden. Sie sollten sich natürlich darüber klar sein, was Sie mit Ihrem Facebook-Auftritt erreichen wollen und was ihn von Ihrer Webseite oder Ihrem Blog unterscheidet. Auch den (zukünftigen) Fans müssen Sie erklären, was sie auf der Facebook-Seite erwartet und ihnen regelmäßig Neuigkeiten und Hinweise liefern. Diese erscheinen dann im Profil der registrierten Fans und sorgen so für Aufmerksamkeit für neue Produkte, Sonderangebote und Ähnliches und führen idealerweise zu Weiterempfehlungen.

Ähnlich funktioniert auch Twitter. Twitter wird dem „Mikroblogging" zugeordnet und ermöglicht es Ihnen, nach Anlegen des Accounts Kurznachrichten von maximal 140 Zeichen an Ihre „Follower" zu verschicken. Die Beiträge auf Twitter bezeichnet man als „Tweets", die von den Followern kommentiert und diskutiert werden können.

Auf den ersten Blick scheinen Twitter und Facebook kostengünstige neue Kommunikationskanäle zu sein. Problematisch ist eher der Aufwand, um User anzuziehen und zu binden. Fans oder Follower erhalten Sie nicht, indem Sie einfach eine Fanpage erstellen oder einen Tweet auf Twitter erstellen. Sie müssen User aktiv werben und dann durch überzeugende Inhalte dafür sorgen, dass sie am Ball bleiben. Gleichzeitig steigt der Wettbewerb um Aufmerksamkeit in den sozialen Medien. Immer mehr Unternehmen werden mit Fanseiten oder Tweets aktiv. Außerdem müssen Fanpage und Tweet noch mit den weiteren Online-Kanälen abgestimmt sein, und es sollten möglichst viele Links zum eigenen Shop führen – ohne dass es plump wirkt.

Bei neuen Online-Kanälen stellt sich außerdem immer wieder die Frage, ob es sich nur um kurzfristige Hypes handelt oder ob sie dauerhaft von den Nutzern akzeptiert und genutzt werden. Bei Twitter muss man hier skeptisch sein: Nach vielen Erfolgsgeschichten seit dem Start des Dienstes im Jahr 2006 finden sich neuerdings immer mehr Beiträge in Online- wie auch Offline-Medien, die darüber berichten, dass die Mehrzahl der Twitter-Accounts nicht mehr genutzt wird. Der Trend zu sozialen Netzwerken wie Facebook oder studiVZ scheint hier sehr viel stabiler zu sein. Man schaue nur einmal in öffentliche Rechenräume an Schulen oder Universitäten. Hier wird immer seltener gelernt oder wissenschaftlich gearbeitet und immer häufiger das eigene Profil gepflegt.

Podcasts zur Gewinnung neuer Kundenkreise

Im Rahmen von Podcasts stellen Unternehmen häufig nach dem Abonnement-Prinzip digitale Informationen im Internet bereit. Podcasts werden in Form von Audio- oder Video-Podcasts angeboten und zu einer Vielzahl von Kommunikationszwecken eingesetzt, etwa zur Produktinformation oder als Kundenbindungsinstrument. Podcasts sind auf stationären und mobilen digitalen Endgeräten nutzbar, wobei vor allem Letzteres Podcasts zu einem interessanten und innovativen Kommunikationsinstrument macht. Die Verteilung von Podcasts über den Apple-iTunes-Music-Store und die anschließende mobile Nutzung auf dem Apple iPod sind der „klassische" Weg der Podcast-Nutzung, wodurch sich auch die Namensgebung des Podcasts als Kunstwort aus den Begriffen „Broadcast" und „iPod" erklärt. Podcasts werden über das Internet auf den iPod oder Mp3-Player geladen und dann bei der Fahrt zur Arbeit in öffentlichen Verkehrsmitteln betrachtet beziehungsweise gehört.

In den USA bietet beispielsweise der Tiernahrungshersteller Purina (Nestlé) seinen Kunden mit dem „Animal Advice-Podcast" Tipps zur richtigen Behandlung ihrer Haustiere an. Mercedes-Benz bietet seit Juni 2004 eine Sammlung außergewöhnlicher Musikstücke unter dem Titel „Mixed Tape" an, und wendet sich damit ausdrücklich an jüngere Nutzer, die bisher noch keinen intensiven Kontakt mit der Marke Mercedes-Benz hatten (siehe **Abbildung 12.2**).[11]

Social-Media-Kommunikation: Web 2.0-Dienste aktiv nutzen

Abbildung 12.2 Beispiel eines Podcasts (Quelle: www.mercedes-benz.com)

Bis zum Mai 2007 verzeichnete Mercedes mit seinem Angebot etwa 27 Millionen Downloads und 2,4 Millionen Nutzer aus mehr als 50 verschiedenen Ländern. Allein im deutschen Markt kam Mixed Tape 2006 auf rund 6 Millionen Gratis-Downloads. Der erste „Mercedes-Benz Musik-Podcast" kam in den iTunes-Charts auf Platz eins. Im Mai 2007 rangierte Mercedes noch immer unter den Top 5-iTunes-Musikpodcasts.

Mit den Podcasts konnten interessante, neue Zielgruppen angesprochen werden. Etwa ein Drittel der Nutzer kam über den Podcast erstmals intensiver mit Mercedes-Benz in Kontakt, das Durchschnittsalter der überwiegend männlichen Nutzer lag bei 34 Jahren.

Foto- und Video-Communities

Immer mehr Menschen stellen ihre selbst gemachten Filme und Bilder online und damit der Allgemeinheit zumindest ansichtshalber zur Verfügung. Als Ausdruck der zunehmenden Digitalisierung von Filmen und Fotos boomen vor allem Video- und Foto-Communities. Bei all diesen nutzergenerierten Inhaltsseiten sollten Unternehmen zumindest bei Eingabe des Firmennamens mit Inhalten vertreten sein. Man könnte beispielsweise bei flickr ein paar repräsentative Bilder des Firmensitzes und der Mitarbeiter hinterlegen oder bei youTube ein paar Filme über die sinnvolle und effiziente Verwendungsweise der Produkte.

Wikipedia

Wikipedia ist das meist genutzte Lexikon der Welt. Dementsprechend hoch ist das Ranking von Einträgen aus der freien Enzyklopädie in den Ergebnissen der wichtigen Suchmaschinen. Gibt es einen Eintrag zum gewählten Suchbegriff im Online-Lexikon, so landet dieser regelmäßig in den Top 10. Auch weiterführende Links aus der Enzyklopädie auf externe Webseiten sind zumindest aus Sicht von Google ein großer Pluspunkt für das Ranking des verlinkten Angebots. Einen Verweis auf das eigene Angebot aus Wikipedia zu erhalten, ist daher doppelt gut. Zum einen besuchen interessierte Nutzer häufig die verlinkten Seiten zum Ende eines Wikipedia-Eintrags, zum anderen erhöhen die Links die Positionierung der eigenen Webseite in den Suchmaschinen. Die Frage ist nur, wie erhält man so einen Link? Am einfachsten, indem man ihn selbst erstellt. Denn Wikipedia ist offen für jeden, der sich beteiligen will. Doch wer versuchen sollte, einfach bei allen halbwegs relevanten Einträgen Links zu der eigenen Webseite zu integrieren, wird schnell merken, dass es so einfach dann doch nicht geht. Nicht nur macht man sich durch diesen plumpen Versuch lächerlich in der Community, die entsprechenden Links werden auch relativ schnell wieder gelöscht.

Wer einen der begehrten Verweise aus dem Online-Lexikon erhalten möchte, muss vor allem den Grundsatz der Relevanz befolgen. Nur absolut themenaffine, sinnvolle und weiterführende Internetangebote haben einen Link verdient. Man sollte deshalb nur einen Verweis einbinden, wenn man absolut sicher ist, dass dies den Eintrag aufwertet. Wenn man keinen solchen Inhalt hat, kann man überlegen, wie man ihn schaffen kann. Wenn man dann andere Webseiten ebenso verlinkt, erhöht dies die Glaubwürdigkeit der Ergänzung. Wenn es zu wichtigen Themen und Begriffen im eigenen Gebiet noch keine Wikipedia-Einträge gibt, sollte man diese anlegen. Zum einen erhöht sich dadurch die eigene Bekanntheit und Reputation in der schreibenden Community des Fachgebiets. Und genau diese Nutzer engagieren sich in der Wikipedia und haben meist auch ein eigenes Blog. Zum anderen hat man bei neuen Einträgen durch die Freiheit der Gestaltung auch bessere Möglichkeiten, relevante Inhalte der eigenen Webseite und anderer wichtiger Quellen zu verlinken. Bei der Erstellung von eigenen Einträgen gilt jedoch noch mehr Vorsicht und Sensibilität als bei der Ergänzung bestehender Definitionen. Man muss nicht nur den eigenen Sprachstil dem des Lexikons anpassen, sondern das Thema objektiv beschreiben. Schließlich soll der Eintrag länger als ein paar Tage online sein. Folgt man den allgemeinen Richtlinien des Lexikons und liest sich in die Einträge zum Themengebiet ein, gewinnt man innerhalb kurzer Zeit einen Eindruck darüber, was geht und was nicht geht.

Foren und Hilfe-Portale

Klassiker der sozialen Vernetzung im Internet sind Foren. Foren sind eigentlich nichts anderes als Schwarze Bretter. Nutzer können Nachrichten hinterlassen, die andere lesen und beantworten können. Allein im deutschen Internet gibt es über 10.000 unterschiedliche Foren (siehe auch Kapitel 16.3.1). Es gibt sie zu jedem Hobby, jedem politischen Thema, jeder Religion, jedem Alter, quasi zu jeder relevanten Zielgruppe. Manche Foren sind sehr gut besucht, natürlich müssen Unternehmen auch hier präsent sein. Die Kundengewinnung über ein Forum ist aber sehr aufwendig. Schließlich suchen Menschen Foren auf, um sich zu wichtigen Themen auszutauschen und nicht um Werbung zu lesen. Offene Werbung ist daher in fast jedem Forum verboten. Hier einige Beispiele für unangebrachte Werbung:

Vermarktung von Dienstleistungen: „Hallo, ich berate in Versicherungsangelegenheiten. Braucht irgendjemand von Euch eine Versicherung? Ich kann Euch gute Konditionen aushandeln. Ruft mich an unter 01805 33333 oder schreibt mir eine E-Mail."

Produktwerbung: „Hallo, ich verkaufe Angelzubehör, wenn Ihr eine große Auswahl sucht, schaut doch mal bei www.angler-paradies-shop.de vorbei."

Forenfremde Beiträge: „Hallo, ich weiß, dieses Forum beschäftigt sich mit Wasserkühlung für PCs, aber Ihr müsst doch irgendwann einmal ausspannen. Ich verkaufe Hängematten. Wollt Ihr Euch nicht nach getaner Arbeit mal so richtig entspannen?"

Nachrichten dieser Art werden sehr schnell vom Moderator des Forums gelöscht. Es ist deshalb in der Regel reine Zeitverschwendung, solche Einträge zu posten. Sollte die Nachricht wider Erwarten doch länger als einen Tag online sein, ist der Ärger mit den Forumsmitgliedern vorprogrammiert, deren „heiliges Forum" entweiht wurde. Je nach Größe des Forums ist mit Dutzenden Protestschreiben per E-Mail und mit öffentlichen Boykottaufrufen zu rechnen.

Grundvoraussetzung ist es deshalb zunächst einmal, ein aktives und anerkanntes Mitglied der jeweiligen Diskussionsplattform zu werden. Dies erfordert jedoch ein geschicktes Vorgehen. Man sollte unbedingt folgende Regeln einhalten:

- Immer themenspezifisch: Wenn man Beiträge erstellt, dann nur zu den Themen des Forums und zu nichts anderem.

- Erst lesen, dann schreiben: Bevor man einen Eintrag erstellt, muss man sich zunächst mit den bisherigen Eintragungen vertraut machen. Wer sagt was und in welchem Ton. Man sollte erst schreiben, wenn man ein Gefühl über die Wortwahl und die Umgangsformen hat.

- Glaubwürdigkeit: Man sollte keine abwegigen Pseudonyme, sondern am besten den eigenen Namen verwenden. Es ist schwierig, eine ernsthafte Konversation mit jemandem zu führen, der „Krasse_Biene" heißt.

- Informationswert: Die wichtigste Regel bei der Erstellung von Beiträgen ist, informativ zu sein. Anbieter verfügen über viel Fachwissen zu ihrer Thematik. Wenn man dies mit der Community teilt, Fragen und Hilferufe gewissenhaft beantwortet, wird man schnell ein angesehenes Mitglied sein.

Doch wie macht man nun die eigenen Leistungen in Foren publik? Der Schlüssel liegt in der indirekten Erwähnung. Auch wenn man niemanden direkt mit Werbung konfrontieren darf, kann man zumindest nebenbei oder unterschwellig auf die eigenen Leistungen hinweisen. Der einfachste Weg, Werbung zu machen, ist, eine Signatur zu erstellen. Wenn man Fragen beantwortet, hängt man einfach einen kleinen Text an die Nachricht, die Kontaktinformationen beinhaltet und vielleicht sogar einen Slogan. Mehr als einen Drei- oder Vierzeiler darf die Signatur aber nicht beinhalten. Der Beitrag dient ja schließlich zur Hilfe und nicht zur Werbung. Hier ein Beispiel:

>> Wo finde ich Informationen zum
>> Thema Online-Marketing?
Folgende Online-Magazine beschäftigen sich mit diesem Thema und sind wirklich lesenswert:

- http://www.emar.de
- http://www.online-marketing-praxis.de
- http://www.marke-x.de
- http://www.ecin.de/marketing

Sascha Langner (Herausgeber) -
marke-X, das Online-Marketing Magazin
http://www.marke-x.de

Wichtig ist, dass die Fragen ernsthaft beantworten werden. Signaturen werden nur bis zu einem gewissen Maße geduldet. Wenn die Antworten aber immer ausführlich und informativ sind, dann wird das kleine bisschen Self-Promotion meistens akzeptiert.

Diskussionen erzeugen
Signaturen sind eine gute Möglichkeit, Nutzer dazu zu bewegen, die eigene Webseite zu besuchen. Einen wirklich bleibenden Eindruck erzeugt man auf diese Weise aber nicht. Viele Forenteilnehmer klicken zwar vielleicht aus Neugier auf die URL, sind aber von der Webseite so schnell wieder verschwunden, wie sie gekommen sind. In der Regel können mit Signaturen ein paar Klicks erzeugt werden, mehr aber nicht. Eine andere Herangehensweise ist zwar aufwendiger, kann aber effektiver sein.

Das Vorgehen kann dabei in drei Schritte aufgeteilt werden:

- Suche nach einem Forum, das zur Zielgruppe passt.
- Schaffung von Glaubwürdigkeit, indem Fragen beantwortet und Insider-Tipps gegeben werden.
- Bei Etablierung: Initiierung einer Diskussion über das eigene Produkt. „Wir wollen uns verbessern. Was ist eure Meinung über unser Produkt?"

Dadurch kann Werbung platziert werden, ohne dass jemand ärgerlich wird. Auf diese Weise werden nicht nur mehr Klicks erreicht, sondern die Forumsmitglieder beschäftigen sich jetzt sogar intensiv mit dem Produkt. Reaktionen können Lob, konstruktive Kritik und auf jeden Fall den ein oder anderen Verkauf umfassen. Durch die Diskussion, die gestartet wurde, werden das Produkt und der Name des Unternehmens außerdem sehr häufig genannt. Viele Forumsmitglieder beziehen sich bei ihren Äußerungen auf parallele oder vorherige Diskussionen. Durch diese Funktion wird das Unternehmen mit seinen Leistungen wieder und wieder genannt. Ähnliche Vorgehensweisen wie in Foren sind auch bei speziellen Hilfe-Portalen wie wer-weiss-was.de effektiv und verhelfen auch in diesen sozialen Netzwerken zu mehr Sichtbarkeit.

12.2.2 Die Community integrieren

Fast noch wichtiger, als Teil der Community seines Zielmarkts zu werden, ist es, seine potenziellen Kunden gezielt in das eigene Marketing zu integrieren. Hierbei sind die folgenden Aspekte besonders hervorzuheben:

Belohnung von Produktbesprechungen
Viele Menschen denken gar nicht darüber nach, ein Produkt oder einen Dienstleister online zu besprechen, oder kennen Webseiten wie Ciao.de oder Dooyoo.de gar nicht. Es lohnt sich daher, seine Kunden gezielt darum zu bitten (zum Beispiel im regelmäßigen Newsletter oder direkt auf der Webseite), bei Gefallen der eigenen Leistung, dies auch auf den zentralen Meinungsportalen kundzutun. Ob man eine Belohnung dafür aussprechen will, bleibt jedem Unternehmen selbst überlassen. Prämien für Produktbesprechungen bergen auch Risiken, wenn sie als illegitime Einflussnahme aufgefasst werden.

Beteiligung der Kunden an wichtigen Entscheidungen
Kunden sind der zentrale Bestandteil jedes Unternehmens. Dennoch pflegen nur wenige Firmen tatsächlich einen offenen Dialog mit ihrer Zielgruppe und binden sie in wichtige Unternehmensentscheidungen ein. Dabei bietet gerade das Internet hervorragende Möglichkeiten, diesen Dialog kosteneffizient zu organisieren. Der Leipziger Shop-in-Shop-Merchandising-Spezialist Spreadshirt ließ seine Kunden beispielsweise im Rahmen des Open-Logo-Projects nicht nur eigene Design-Vorschläge zum neuen Firmenlogo machen. Welches Design hinterher genommen wurde, entschieden die Nutzer ebenfalls durch Abstimmungen. Ähnlich ging auch das Business-Netzwerk Xing vor. Hier stand sogar das komplette Webdesign auf dem Prüfstand. Jede Woche konnten die Nutzer des Services eigene Design-Vorschläge einreichen. Welcher Entwurf zum Wochensieger und nach acht Wochen letztendlich zum neuen Design gekürt wurde, entschied ebenfalls die Community.

Ermöglichung von Mashups
Ein zentraler Bestandteil der vernetzten Welt ist die Möglichkeit, verschiedene Inhalte schnell und unkompliziert neu kombinieren zu können. Diese Mashups machen einen Erfolgsfaktor vieler Social-Media-Anwendungen aus. Ein wichtiger Bestandteil des Wachstums von youTube lag beispielsweise darin begründet, dass man die Videos mit ein paar Zeilen HTML-Code in seine eigene Webseite einbinden kann. Bei Texten sind RSS-Feeds mittlerweile anerkannter Standard dafür geworden, anderen Nutzern den eigenen Content schnell und unkompliziert zur Verfügung zu stellen. Der Marke-X-Foren-Insider (www.marke-x.de/foren-insider.htm), eine Zusammenfassung der Diskussionen aus zentralen Marketingforen, entstand beispielsweise auf dieser Grundlage. Natürlich macht es nicht immer Sinn, seinen Content für Mashups zur Verfügung zu stellen, doch in der Regel erhält man so nicht nur zusätzlichen Traffic, sondern ebenso viele wertvolle Links.

Belohnung von eingehenden Links
Im Linkmarketing gilt seit jeher der Grundsatz „quid pro quo". Setzt eine Webseite einen Link, verlinkt man die Seite auch selbst. Auch in der Social-Media-Kommunikation gilt dieser Grundsatz. Jedoch sind die Dimensionen dieser gegenseitigen Verlinkung noch

wesentlich stärker ausgeprägt. Mittlerweile gehört es zumindest bei Weblogs zum guten Ton, nicht nur Kommentare zum Beitrag zuzulassen, sondern ebenso alle Quellen aufzulisten, die den Beitrag verlinken. Erleichtert wird dies durch die Trackback-Funktion vieler Weblogdienste, die es ohne viel Aufwand ermöglichen, die Verlinkungen zu überwachen und automatisch unter dem Beitrag einzubinden. Auch immer mehr normale Webseiten binden die Trackback-Funktion mittlerweile in ihre Online-Angebote ein, um einen Überblick über die eingehenden Links zu haben und sich gleichzeitig beim Verlinkenden mit einem Gegenlink zu revanchieren.

12.2.3 Die Community im Auge behalten

Zu guter Letzt ist es wichtig, immer ein Auge auf aktuelle Entwicklungen zu haben. Denn das Internet kommt nie zur Ruhe. Ständig wird neuer Content ergänzt. Es werden neue Ideen entwickelt, neue Angebote ausprobiert und neue Trends geboren. Um am Puls der Zeit und seinen Wettbewerbern immer einen Schritt voraus zu sein, ist es unabdingbar, die Entwicklungen in den Communities des Zielmarkts unentwegt im Auge zu behalten. Aber nicht nur neue Trends gilt es frühzeitig zu entdecken und zu bewerten, auch Meinungsäußerungen über das eigene Unternehmen und/oder die angebotenen Leistungen müssen beobachtet werden.

Vor allem negative Äußerungen gilt es zeitnah zu entdecken. Besonders ärgerlich sind in diesem Zusammenhang negative Äußerungen zum eigenen Produkt, die inhaltlich nicht haltbar oder einfach nur übertrieben sind. Dagegen muss man angehen, den Urheber der Meinungsäußerung möglichst bald per E-Mail anschreiben (oder den Betreiber der jeweiligen Online-Plattform bitten, die Nachricht weiterzuleiten) und versuchen, das Problem zu lösen. Die meisten Menschen sind in der Regel überrascht und freuen sich über die Kontaktaufnahme. Denn häufig entstehen negative Äußerungen einfach aus dem Affekt heraus. Man ist wütend und ärgerlich und alles wegen eines „doofen" Produkts. In solchen Situationen entsteht schnell ein viel negativerer Eintrag, als man ihn einen Tag später mit kühlem Kopf geschrieben hätte. Die meisten Streitigkeiten lassen sich mit ein wenig Kulanz innerhalb kurzer Zeit lösen. Wenn man den Kunden zudem nett bittet, schreibt er meistens eine Ergänzung zum ursprünglichen Beitrag, der die schnelle und unproblematische Reaktion auf die Situation beschreibt.

Alle ungerechtfertigten, negativen Äußerungen kann man auf diese Weise jedoch nicht entkräften. Es gibt einfach auch schwierige Kunden. In solchen Fällen ist es sinnvoll, die negative Meinungsäußerung genau zu analysieren und nach Fehlaussagen zu suchen. Können solche gefunden werden, kann man sich direkt beim Betreiber der Meinungsplattform oder des Forums melden und die Möglichkeiten einer Löschung des Eintrags beziehungsweise der entsprechenden Passage abklären. Häufig lässt sich über diesen Umweg ein Einlenken des Schreibers beziehungsweise eine andere Lösung des Problems erreichen.

Zusammenfassung

- Suchmaschinenoptimierung

    - Suchmaschinenoptimierung ist das wohl mächtigste Instrument der Online-Kommunikation. Den redaktionellen Suchergebnissen wird durch die Nutzer nämlich ein hohes Vertrauen entgegengebracht. Außerdem kann von einer hohen Aktivierung der User ausgegangen werden, die über eine Suchmaschine auf die eigene Webseite gelenkt werden – schließlich suchen sie ja aktiv nach einer Problemlösung.
    - Entscheidend ist, neben der Auswahl der richtigen Suchworte, die Linkpopularität der Seite.
    - Die erfolgreiche Umsetzung von Suchmaschinenoptimierung – also ein Ergebnis unter den Top 10 – ist aufwendig und teuer und gehört in die Hand von Profis.

- Online-PR

    - Online-PR ist stark der klassischen Öffentlichkeitsarbeit verbunden. Jedoch lässt sie sich über das Internet effektiver und effizienter gestalten.
    - Ziel ist es, mediale Berichterstattung über das eigene Unternehmen oder die Webseite zu erzeugen. Die Medien verfügen über eine hohe Glaubwürdigkeit und sind daher ideale Multiplikatoren für Unternehmen.
    - Das wichtigste Instrument der Online-PR bleibt die Pressemitteilung, aber auch Pressebereiche können wichtige Dienste leisten.

- Virales Marketing:

    - Virales Marketing basiert auf der freiwilligen, massenhaften Weiterleitung der Kommunikationsbotschaften eines Unternehmens durch die Internetnutzer.
    - Damit die Nutzer sich freiwillig vor den Karren von Unternehmen spannen lassen, muss ihnen etwas geboten werden: kostenlose Leistungen, Humor, Spannung oder Ähnliches.
    - Entscheidend für den Erfolg von viralem Marketing ist Kreativität, nicht unbedingt das Kommunikationsbudget. Den Unternehmen muss aber klar sein, dass eine virale Kampagne nur beschränkt planbar ist. Ob sie ankommt, entscheiden nur die Nutzer.

- Social-Media-Kommunikation:

    - Soziale Medien sind Blogs, Foren, soziale Netzwerke, Video-Communities u. Ä.
    - Der Einfluss der Unternehmen auf diese Form der Kommunikation ist begrenzt, es ergeben sich aber auch neuartige Möglichkeiten im Rahmen einer Social-Media-Kommunikation.
    - Social-Media-Kommunikation ist langfristig. Unternehmen müssen zunächst ein gewisses Imagekapital aufbauen. Erst wenn das Vertrauen der Nutzer da ist, sollte man soziale Medien systematisch zur Kommunikation der eigenen Leistungen nutzen.
    - Man darf es dabei auch nicht übertreiben. Social-Media-Kommunikation ist aufwendig und langwierig.

Teil 4
Erfolgskontrolle und Beurteilung der Kommunikationsinstrumente

Im Überblick

Teil 4 beschäftigt sich mit der Erfolgskontrolle der Online-Kommunikation und beurteilt die Instrumente im Vergleich:

- Die **Möglichkeiten der Erfolgskontrolle** sind bei **der Online-Kommunikation** klar einer der größten Vorteile verglichen mit der klassischen Unternehmenskommunikation. Sie erfahren, wie der Prozess der Erfolgskontrolle abläuft, und lernen beispielhaft verschiedene Verfahren zur Erfolgskontrolle kennen (Kapitel 13).

- Welches **Kommunikationsinstrument** eignet sich am besten, um welche Kommunikationsziele umzusetzen? Welches sind die Vor- und Nachteile der einzelnen Instrumente? Mehr dazu in Kapitel 14.

13 Erfolgskontrolle der Online-Kommunikation

13.1 Der Prozess der Erfolgskontrolle

Grundsätzlich misst man den Erfolg der Online-Kommunikation genauso wie den Erfolg aller anderen Kommunikationsaktivitäten. Zunächst sind das angestrebte Ziel und Erfolgskriterien zu definieren, dann kommunikative Maßnahmen zu gestalten und umzusetzen, um schließlich die Ergebnisse der Maßnahmen beziehungsweise die Zielerreichung zu überprüfen. Es gibt einige Grundregeln der Erfolgsmessung der Online-Kommunikation. Dabei ist stets zu bedenken: Planung ohne Erfolgsmessung ist sinnlos, Erfolgsmessung ohne Planung unmöglich.

- Zielsetzung: Vor Umsetzung der Kommunikation ist im Unternehmen zunächst Einvernehmen über das zu erzeugen, was erreicht werden soll.

- Erfolgskriterien: Daraufhin sind präzise Kriterien zu definieren, mit denen der Erfolg quantifiziert werden kann. Dieses können zum Beispiel Seitenabrufe, Verkäufe pro Tag oder auch Informationsanfragen sein. Wichtig ist, dass nur Kriterien verwendet werden, die auch wirklich für Erfolg stehen.

- Benchmark: Die eigentliche Erfolgsmessung ist nichts anderes als der Vergleich der Erfolgskriterien mit ausgewählten Kennzahlen. Dieser Vergleich wird auch Benchmark genannt. Bevor man also zur Messung des Erfolges schreitet, muss man zunächst Kennzahlen definieren. Auch dabei muss man planmäßig vorgehen. Was nützt es zu wissen, dass die Webseite in einem Monat 12.300 Besucher hatte? Die Zahl an sich hat nur beschränkten Aussagewert. Ob 12.300 Besucher ein gutes Ergebnis sind, kann nur beurteilt werden, wenn die Zahl im Verhältnis zu den Seitenabrufen des letzten Monats, des letzten Jahres oder im Vergleich zu den Zahlen wichtiger Wettbewerber betrachtet wird. Ob die Webseite erfolgreich ist, mag sich aber trotzdem erst herausstellen, wenn man die Besucherzahlen ins Verhältnis zu den Verkäufen setzt.

- Soll-Ist-Vergleich: Die Ergebnisse des Benchmarks sind mit der Zielsetzung zu vergleichen. Erst nach diesem ausführlichen Soll-Ist-Vergleich kann beurteilt werden, ob die Online-Kommunikation von Erfolg gekrönt war.

13.2 Erfolgskriterien bei der Kontrolle der Online-Kommunikation

Die Erfolgskriterien, die zu messen sind, sollen quantifizierbar sein. Die Möglichkeiten dazu sind gerade bei der Online-Kommunikation exzellent: Durch Serverabfragen können diverse Kennzahlen zur Erreichung von Verhaltenszielen (zum Beispiel Konversionsraten) abgerufen werden. Schwieriger ist es, Erfolgskriterien zu psychologischen Wirkungszielen (zum Beispiel Marken- und Unternehmensimage) zu definieren und auch tatsächlich zu messen. Hier müssen Unternehmen auf qualitative Datenquellen zurückgreifen (siehe **Abbildung 13.1**).

Abbildung 13.1 Quellen der Erfolgsmessung

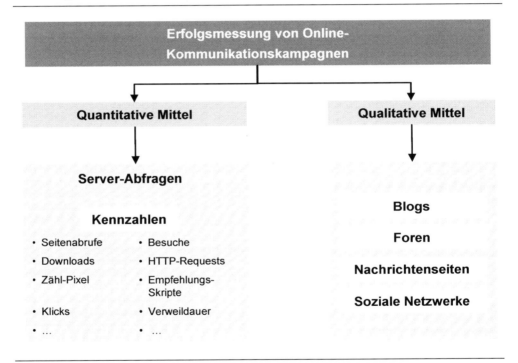

Zur Analyse von Server-Abfragen dienen Logfileanalyse und Trackingwerkzeuge. Die Auswertung qualitativer Daten ist aufwendiger und kann beispielsweise per Inhaltsanalyse erfolgen.

13.2.1 Logfileanalyse und Tracking

In den Logfiles finden sich alle Spuren, die die Nutzer auf der Webseite des Anbieters hinterlassen, also beispielsweise IP-Adresse[19], Datum und Uhrzeit des Zugriffs und die Reihenfolge, in der der Nutzer die unterschiedlichen Seiten betrachtet hat (Navigation). Seitenabrufe zählen auch zu den zentralen Kennzahlen, mit denen die Werbewirkung in der Online-Werbung gemessen wird. Die IP-Adresse kann genutzt werden, um zumindest die geographische Herkunft des Kunden zu bestimmen (sogenanntes „IP-Mapping"). Logfiles können darüber hinaus Hinweise darauf liefern, welche Banner und Suchmaschineneinträge und sonstigen Links besonders häufig genutzt werden. Dazu werden Visits von externen Seiten beziehungsweise Klicks als Kennzahl für den Erfolg von Werbebannern ausgewertet, um herauszufinden, wann die Zugriffszeiten besonders hoch sind, welche Seiten wie lange und wiederholt betrachtet wurden. Dadurch kann man das Surfverhalten der Nutzer bei ihren „Besuchen" (englisch: Visits) analysieren und Ansatzpunkte für die Optimierung der eigenen Seiten gewinnen.

Größter Vorteil der Logfileanalyse als Methode der Erfolgskontrolle ist, dass den Nutzern nicht bewusst ist, dass sie beobachtet werden, wodurch keine Verzerrungen entstehen, da reales Verhalten beobachtet wird. Außerdem findet bei vollständiger Auswertung der Logfiles eine „Vollerhebung" statt, womit keine Repräsentativitätsprobleme entstehen. Der Erhebungsaufwand ist minimal, und die Daten liegen sehr schnell (in Realzeit) vor, was sich jedoch durch den Aufwand der Datenaufbereitung relativiert. Da Logfiles die relevanten Daten recht unsystematisch präsentieren, besteht eine wesentliche Aufgabe in der Aufbereitung und Sortierung, um sinnvolle Auswertungen überhaupt erst zu ermöglichen. Es gibt viele Programme, die die Logfile-Analyse erleichtern, darunter auch kostenlose Open-Source-Programme wie Webalizer.

Jedoch enthalten Logfiles keine Nutzerdaten und können daher nicht als Grundlage der Kundensegmentierung etwa zur zielgruppengerechten Kommunikation dienen. Lediglich bei Bestandskunden können die IP-Adressen vorliegenden Kundendaten zugeordnet werden, wodurch für diese Kundengruppen auch soziodemographische Kriterien (Wohnort, Geschlecht, unter Umständen Alter, akademische Grade und so weiter) vorliegen. Bei Nicht-Kunden können aber aufgrund der Logfiledaten keine gezielten Maßnahmen zur Kundengewinnung erfolgen.

Anbieter moderner Trackingwerkzeuge analysieren darüber hinaus auch das Besucherverhalten nicht mehr nur durch Logfiles, sondern auch durch Cookies und durch das sogenannte „Page Tagging". Während in Logfiles nur Klicks registriert werden, werden beim Page Tagging beispielsweise auch Mouse-Over-Bewegungen erfasst und lassen sich analysieren. Mit Mouse-Over-Bewegungen lässt sich der Nutzer beispielsweise mit dem Maus-

---

[19] Die IP-Adresse wird allen Geräten zugewiesen, die an ein Netz beziehungsweise das Internet angeschlossen sind. Sie basiert auf dem sogenannten Internetprotokoll (IP) und besteht aus bis zu zwölf Ziffern (IP4). Durch die IP-Adresse werden alle Computer identifizierbar.

zeiger einen Kommentar anzeigen. „Google Analytics", das Trackingwerkzeug von Google, zeigt, wie Kunden die Webseite von Unternehmen finden, wie sie darauf navigieren und wie sie Kunden werden. Beispielsweise kann analysiert werden, wie viele User über ein bestimmtes Suchwort auf die Webseite gelangt sind, wie viele tatsächlich zu Kunden geworden sind, welchen Umsatz diese getätigt haben und aus welchen Regionen sie stammen. Das grafische Auswertungstool von Google Analytics ermöglicht es, Trends in der Webseitennutzung über einen längeren Zeitraum zu verfolgen

13.2.2 Inhaltsanalyse zur Auswertung qualitativer Daten

Qualitative Analysemethoden wie die Inhaltsanalyse[12] können eingesetzt werden, um bereits bestehendes, aber unstrukturiertes Material auszuwerten; etwa Meinungsberichte aus Online-Portalen wie ciao.de im Hinblick auf die Zufriedenheit mit Produkten und Dienstleistungen. Im Rahmen der inhaltsanalytischen Auswertung werden die Meinungsberichte dahingehend analysiert, welche Formen der Zufriedenheit beziehungsweise Unzufriedenheit die Kunden äußern. Als Ergebnis der inhaltsanalytischen Untersuchung kann das Unternehmen feststellen, welche Ursachen Zufriedenheit und Unzufriedenheit haben und wie hoch die Zufriedenheit mit den eigenen Produkten ausgeprägt ist. Die wesentliche Leistung ist dabei die Interpretation der Äußerungen der Verbraucher, also die Zuordnung zu bestimmten Formen oder Ursachen der Kundenzufriedenheit (sogenannte Codierung). In **Abbildung 13.2** ist ein Erfahrungsbericht über einen Farblaserdrucker mit entsprechender Codierung dargestellt.

Abbildung 13.2 Inhaltsanalytische Auswertung eines Online-Meinungsberichts

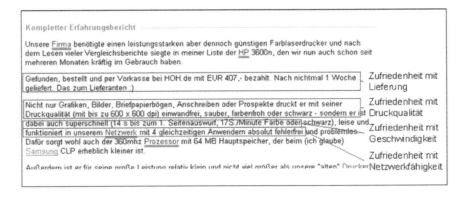

Vorteil qualitativer Ansätze ist, dass mit ihnen eine wirkliche Früherkennung betrieben werden kann. Der Aufwand ist aber beträchtlich. Im Folgenden wird die Logik der quantitativen und qualitativen Erfolgskontrolle an den Beispielen Bannerwerbung, Newsletter-Marketing und Social-Media-Kommunikation verdeutlicht. Dabei stehen jeweils unterschiedliche Facetten der Erfolgskontrolle im Vordergrund.

13.3 Erfolgskontrolle bei Bannerwerbung

Bannerwerbung ist ein zweischneidiges Schwert. Richtig eingesetzt, kann sie der eigenen Webseite zum Erfolg verhelfen. Ist man aber nur ein wenig unachtsam, kann schnell die gesamte Investition verloren sein. Um eine kosteneffiziente Bannerkampagne durchführen zu können, müssen die Abrechnungsmodelle verstanden und typische Fallen bekannt sein. Es lohnt sich daher, die oben bereits beschriebenen Abrechnungsmodelle nochmals genauer zu betrachten.

Bannerwerbung auf Basis von Page-Impressions

Die wohl häufigste Buchung von Bannern erfolgt über Seitenabrufe, also auf der Basis von Page-Impressions. Bei General-Interest-Angeboten mit grob definierter Zielgruppe sind 1 bis 50 Euro pro tausend Page-Impressions üblich. Die Buchung bei sehr speziellen oder lukrativen Zielgruppen oder anhand von Keywords, Themen und so weiter kostet regelmäßig mehr. Ein kleines Rechenbeispiel verdeutlicht die Effizienz einer Bannerkampagne:

> Angenommen der TKP für die Bannerschaltung liegt bei 20 Euro. Die durchschnittliche Klickrate auf ein Banner liegt unter einem Prozent. Angenommen das Banner erreicht 0,5 Prozent (fünf von Tausend Nutzern klicken also), entspricht dies Kosten von 4 Euro pro Klick auf das Banner. Um den Erfolg zu bestimmen, muss nun die seitenspezifische Konversionsrate (also wie viele der Besucher werden zu Käufern) berücksichtigt werden. Angenommen jeder 100. Besucher wird zum Käufer (was nicht schlecht ist) und erzeugt einen durchschnittlichen Gewinn von 50 Euro, müssten dafür 400 Euro investiert werden, was einem Verlust von 350 Euro entspricht.

Wird jetzt auch noch mit einbezogen, dass:

- unterschiedliche Webseiten unterschiedliche TKPs verwenden,
- die Klickrate sich von Webseite zu Webseite unterscheidet und
- manche Banner auf manchen Webseiten gar nicht und auf anderen hervorragend laufen,

wird klar, wie komplex Bannerwerbung werden kann. Selbst bei einer ausgeklügelten Planung kann jede Kampagne schnell zur Fehlinvestition werden.

Bannerwerbung auf Basis von Pay-per-Click

Eine andere weit verbreitete Art der Bannerwerbung sind Pay-per-Click-Programme. Hier fallen nur dann Kosten an, wenn jemand tatsächlich auf das Banner klickt. Auf den ersten Blick scheint diese Form der Bannerwerbung effektiver zu sein, da man nur für Ergebnisse bezahlt. Rentabel ist diese Form der Werbung für die eigene Webseite aber auch nicht unbedingt.

Wieder soll das kleine Rechenbeispiel von oben herangezogen werden:

> Angenommen pro Klick wäre 1 Euro fällig. Bei gleicher Konversionsrate von 1 % und einem Gewinn von 50 Euro pro verkauftem Produkt entsteht auch hier Verlust. Um 50 Euro Gewinn zu erzielen, müssen nämlich 100 Euro ausgeben werden. Selbst wenn ein niedriger Preis pro Click ausgehandelt werden kann oder die Konversionsrate gezielt verbessern wird, bedeutet dies nicht gleich auch mehr Erfolg.

Sollen Pay-per-Click-Programme eingesetzt werden, bleibt Ihnen deshalb nichts anderes übrig, als zu testen. Selbst wenn der Preis pro Klick sehr niedrig ist und eine hohe Konversionsrate erzielt werden kann, sollten Sie trotzdem langsam anfangen. Schalten Sie zunächst die Banner mit einem kleinen Budget. Dann kann das beste Banner identifiziert und ein weiterer Probelauf gestartet werden. Nur so ist abschätzbar, ob sich die Ausgaben tatsächlich lohnen oder nicht.

13.4 Erfolgskontrolle beim Newsletter-Marketing

Die Messung des Erfolgs von Newsletter umfasst so unterschiedliche Fragen wie:

- Wurde der Newsletter auch tatsächlich gelesen?
- War eine bestimmte Überschrift effektiver als eine andere?
- Was haben die Nutzer nach dem Lesen des Newsletters oder der E-Mail auf der Webseite gemacht?

Der Gesamterfolg des Newsletters wird durch die Entwicklung der Anzahl der Abonnenten abgebildet. Der Erfolg einzelner Newsletter oder von einzelnen Teilen des Newsletters (zum Beispiel Aktionsformen wie Rabatte) kann durch die Anzahl der Klicks auf die verschiedenen Hyperlinks beurteilt werden. Dadurch können Newsletter im Hinblick auf die jeweilige Zielgruppe schrittweise optimiert werden.

Die simpelste Methode, den Erfolg des Newsletter-Marketings zu bestimmen, ist das Kausalitätsprinzip: Steigen die Verkaufszahlen, nachdem ein neues Produkt im Newsletter beworben wurde, so ist dies ein Indiz dafür, dass der Text erfolgreich war. Es ist jedoch allerhöchstens ein Indiz, das mitunter auch zu Fehleinschätzungen führen kann, wenn der steigende Umsatz ganz andere Ursachen hatte. Ein Online-Magazin könnte beispielsweise im gleichen Zeitraum das Produkt besprochen haben, oder zyklische Verhaltensänderungen der Konsumenten wie etwa vor Feiertagen könnten diese simple (Erfolgs-)Rechnung zunichte machen. Jedoch ist es weder schwierig, noch teuer, aussagekräftigere Messmethoden zu implementieren. Die nachfolgend erläuterten Kennzahlen lassen sich leicht bestimmen und verbessern die Zielgenauigkeit des Newsletter-Marketings um ein Vielfaches.

Öffnungsrate

Es ist erstaunlich, wie viele Abonnenten einen bestellten Newsletter gar nicht öffnen. Die Gründe hierfür sind vielschichtig. Oft handelt es sich um einen Empfänger mit einer kostenlosen E-Mail-Adresse von GMX, Yahoo oder Hotmail. Postfächer dieser Abonnenten sind durch Werbung ziemlich schnell zugemüllt, sodass der ein oder andere Newsletter leicht übersehen werden kann. Viele Menschen haben auch nicht die Zeit, sich jede neue Ausgabe anzuschauen. Wie auch immer die Gründe lauten, um den Erfolg des Newsletters zu bestimmen, ist die Öffnungsrate die wichtigste Kennzahl.

Wird eine E-Mail an 100 Empfänger versandt und es klicken 10 Nutzer auf den enthaltenen Link, so ergibt dies eine Responserate von 10 Prozent. Haben allerdings nur 50 Abonnenten den Newsletter tatsächlich geöffnet, verändert sich das Bild. Die Responserate steigt plötzlich auf 20 Prozent. Die Öffnungsquote bietet auch die Möglichkeit, den Erfolg unterschiedlicher Betreffzeilen zu messen. Es könnte beispielsweise für eine Hälfte der Abonnenten ein reißerischer und für die andere Hälfte ein sachlicher Betreff formuliert werden. Hat die eine E-Mail eine Öffnungsrate von 70 Prozent und die andere Betreffzeile zum gleichen Thema erzielt nur 30 Prozent, sind die Präferenzen der Abonnenten offensichtlich.

Die Öffnungsquote lässt sich bestimmen, indem man sich eines simplen Tricks bedient, der aber nur bei HTML-Mails funktioniert. Durch die Einbindung eines kleinen, pixelgroßen[20] Bildes in den HTML-Code des Newsletters, das als Bildquelle (Beispiel: img scr=„http://www.ihre_domain.de/newsletter21.gif") auf die eigene Webseite verweist, wird nach Öffnung der E-Mail das Bild vom Server an den E-Mail Client gesendet. Die Öffnungsquote ergibt sich aus der Anzahl der Abrufe geteilt durch die Anzahl aller versandten E-Mails. Das Zählbild sollte möglichst weit unten im Quellcode des Newsletters aufgeführt werden. Es wird so erst dann geladen, wenn der Newsletter bereits vollständig im Client dargestellt wird. Auf diese Weise wird sichergestellt, dass sich der Abonnent zumindest zwei bis drei Sekunden mit der Mail beschäftigt und sie nicht nur aus Versehen kurz im Vorschaufenster geöffnet hat.

Klickrate

Mit der Klickrate (engl. Click-Through-Rate) wird bestimmt, welche Links wie häufig geklickt wurden. Auf diese Weise lässt sich die Attraktivität von unterschiedlichen Content-Arten (Artikel, Rezensionen, Link-Tipps und so weiter), Überschriften oder auch Werbeanzeigen genau messen. Die Klickrate errechnet sich aus der Anzahl der Klicks auf einen Link geteilt durch die Anzahl der Abonnenten (= Bruttoklickrate) beziehungsweise der Anzahl der geöffneten E-Mails (= Nettoklickrate). Professionelle Dienstleister haben umfassende Mittel und Wege, Öffnungs- und Klickraten zu bestimmen. Aber auch ohne Dienstleister können Klickraten gemessen werden.

---

[20] Ein Pixel ist die kleinste Flächeneinheit eines digitalen Bildes.

Weiterleitungsseiten
Bei dieser etwas aufwendigen Methode wird für jeden Link im Newsletter eine spezielle Seite mit automatischer Weiterleitung eingerichtet. Klickt ein Abonnent auf einen dieser Links, landet er zunächst auf einer vorgefertigten Seite, die dann umgehend zum eigentlichen Artikel weiterleitet. Später kann in der Auswertung der Logfiles nachgezählt werden, wie oft welche Weiterleitungsseite aufgerufen wurde.

Vorteil dieser Methode ist, dass kurze URLs verwendet werden können, was durch die 65-Zeichenbeschränkung pro Zeile vor allem für reine Textnewsletter von Relevanz ist. Ein Nachteil dieses Trackings ist hingegen das ständige Erzeugen von Weiterleitungsseiten, was bei manueller Erstellung äußerst zeitaufwendig werden kann.

URL-Erweiterung
Eine elegantere Variante zur Bestimmung von Klickraten sind URL-Erweiterungen. Hierbei wird an den ursprünglichen Link einfach ein Fragezeichen plus weitere Informationen zur Verifizierung angefügt. Hier ein Beispiel:

> http://www.marke-x.de/deutsch/webmarketing/aktuell.htm?newsletter-12-09-2008

Alle Informationen nach dem Fragezeichen werden vom Browser ignoriert, das heißt, die Webseite wird ohne Fehler angezeigt. Der Webserver hingegen registriert die aufgerufene URL und speichert sie. Bei der Analyse der Logfiles müssen nur noch alle Aufrufe mit der URL-Erweiterung ausgezählt werden, um zu ermitteln, wie oft der Artikel von den Abonnenten aufgerufen wurde. Dieser Trick funktioniert aber nur bei absoluten Adressen, das heißt, nur wenn am Ende der URL eine Datei steht (zum Beispiel htm, shtm, hmtl, php). Bei Aufrufen von Verzeichnissen (zum Beispiel /computer/news/?...) klappt dieser Trick nicht. Jeder Link sollte daher vorab auf fehlerfreie Darstellung getestet werden.

Klickpfade
Über Klickpfade kann herausgefunden werden, welche Seiten die Nutzer in welcher Reihenfolge aufgerufen haben. Für die Erfolgsmessung von E-Mails sind Klickpfade deshalb sehr relevant. Mithilfe der oben genannten Tricks ist es möglich zu bestimmen, welche Webseiten ein Nutzer besucht hatt, nachdem er den Link in der E-Mail geklickt hat.

Angenommen es wird im Newsletter ein neues Produkt beworben und eine Klickrate von 30 Prozent erzielt. Ein sehr gutes Ergebnis. Doch leider bleiben die Verkäufe aus. Was mag passiert sein? Wenn Sie beispielsweise URL-Erweiterungen zur Klickratenbestimmung verwenden, können Sie dies ergründen, indem Sie die Auswertung der Logfiles betrachten. Unter der Rubrik „Klickpfade", oft auch „Pfade durch die Seite" genannt, können Sie erkennen, über welche Einstiegsseiten die Nutzer gekommen sind und welche Seiten sie daraufhin aufgerufen haben. Wenn Sie den Link aus dem Newsletter identifizieren, können Sie untersuchen, welche Seiten die Abonnenten nach Aufruf dieses Links besucht haben. Schnell lässt sich auf diese Weise ergründen, was die Aufmerksamkeit der Nutzer abgelenkt hat.

Neuanmeldungen und Stornos

Nach jedem versandten Newsletter sollte durch Weiterempfehlung eine Welle von Neuanmeldungen eintreffen. Durch die Zählung der Neuanmeldungen eines Monats und den Vergleich mit den Vormonaten kann der Erfolg des Newsletters insgesamt ermittelt werden. Bei einem gesunden Newsletter steigt die Zahl der Neuanmeldungen kontinuierlich von Monat zu Monat. Genauso wie Neuanmeldungen gibt es natürlich auch Abmeldungen. Auch über diese sollte Buch geführt werden. Wenn die Zahl der Abmeldungen kontinuierlich unter einem Prozent der Abonnenten liegt, besteht kein Problem. Job- oder Providerwechsel, die auch einen Wechsel der E-Mail-Adresse bedingen, passieren häufig. Steigt die Zahl der Abmeldungen merklich darüber, sollten Sie ein paar der Abmelder persönlich kontaktieren, um die Beweggründe für die Stornierung zu erfragen.

In diesem Zusammenhang ist außerdem der Umgang mit Rückläufern (englisch: bounces) wichtig. Können E-Mails nicht zugestellt werden, laufen sie an den Absender zurück. Die fehlerhaften Adressen werden in sogenannte hard- und soft-bounces unterschieden. Ein hard-bounce liegt vor, wenn der Server zurückmeldet, dass die E-Mail-Adresse gar nicht existiert. Ein soft-bounce hat meist vorübergehende Ursachen, die die Zustellung der E-Mail verhindern, wenn zum Beispiel das Postfach voll ist. Der Umgang mit Fehlläufern ist sehr wichtig. Server, an die wiederholt Mails mit ungültigen E-Mail-Adressen (hard-bounces) geschickt werden, klassifizieren die Absender als Spammer und löschen zukünftige Mails. Um dies zu verhindern, muss eine Richtlinie zum Umgang mit Bounces entwickelt werden. Bei einem hard-bounce muss die entsprechende E-Mail-Adresse sofort aus der Datenbank der E-Mail- beziehungsweise Newsletter-Adressaten gelöscht werden. Bei soft-bounces sollte die Adresse nach drei erfolglosen Zustellversuchen gelöscht werden.

13.5 Erfolgskontrolle bei Social-Media-Kommunikation

Soziale Medien sind ohne Zweifel ein faszinierendes neues Kommunikationsinstrument, mit dem man mit den Internetnutzern ins Gespräch kommen, ihre Meinung erfahren und diese unter Umständen beeinflussen kann. Aber wie lässt sich deren Erfolg verlässlich messen? Vor allem die Schwierigkeit, die Rentabilität zu messen, lässt viele Unternehmen noch vor Social-Media-Kommunikation zurückschrecken. Die Kosten zu ermitteln, ist relativ einfach, die lassen sich aus den Gehaltsabrechnungen ableiten. Aber die Erträge? Die Nutzung quantitativer Erfolgskennzahlen wie Seitenabrufe und Klickrate reicht dazu nicht aus, vor allem wenn man die psychologische Wirkung der Kommunikation auf die Nutzer (zum Beispiel Image des Unternehmens, deren Aktivierung und Ähnliches) messen will. Hier müssen die quantitativen Erfolgskennzahlen um qualitative ergänzt werden, damit ein vollständigeres Bild vom Erfolg der Social-Media-Kommunikation entstehen kann.

Dazu kommt das Problem, dass die meisten sozialen Medien nicht unter der Kontrolle der Unternehmen stehen und es gar nicht so einfach ist, an verlässliche Daten zu kommen. Zwar gibt es zur Beobachtung von Social-Networks, Knowledge- und File-Sharing-

Communities inzwischen auch spezielle Software (beispielsweise Alterian SM2). In diesem Abschnitt werden aber Möglichkeiten zur Erfolgskontrolle eines Corporate Blogs wie dem Frosta-Blog (siehe **Abbildung 12.1**) dargestellt. Bei einem eigenen Blog hat ein Unternehmen die breitesten Möglichkeiten, den Erfolg zu messen, deshalb können an diesem Beispiel auch alle wichtigen Kriterien für den Erfolg der Social-Media-Kommunikation abgeleitet werden.

Erfolgskriterien und deren Operationalisierung

Am Beispiel des Frosta-Blogs kann man gut zeigen, worauf ein Corporate Blog abzielt. **Abbildung 13.3** stellt beispielhaft einige mögliche Kommunikationsziele dar – die Kostenziele seien vernachlässigt. Hier werden letztlich Kosten und Erträge in ein Verhältnis zueinander gesetzt. Ein Blog, der dem Support beziehungsweise dem Service dient, hat als Kostenziel beispielsweise die Reduzierung der Supportkosten.

Abbildung 13.3 Ziele eines Corporate Blogs

Kommunikationsziele

Kontaktziele	Psychologische Wirkungsziele	Verhaltensziele
• Erhöhung der Anzahl an Lesern	• Erhöhung der emotionalen Bindung an das Produkt	• Erhöhung der Vernetzung mit den Internetnutzern
• Erhöhung der Anzahl an Kommentarschreibern	• Erhöhung des Wissens über das Produkt	• Bindung bestehender Kunden und Cross-Seilling
• Erhöhung der Verweildauer	• Verbesserung des Unternehmensimages	• Gewinnung neuer Kunden
• ...	• ...	• ...

Zunächst zeigt sich an der Auflistung der Ziele, dass diese eindeutig zusammenhängen. Eine Erhöhung der Kommentarschreiber sollte (wenn die Kommentare positiv sind) eine Erhöhung der emotionalen Bindung an das Produkt mit sich bringen, die wiederum eine verstärkte Kundenbindung, Cross-Selling und erhöhten Umsatz zur Folge hat. Trotzdem ist es wichtig, möglichst alle wichtigen Ziele zu messen. So lassen sich Ursachen eines Umsatzrückganges (beispielsweise ein kritischer Blogkommentar und eine negative Diskussion im Blog) besser und zeitnäher identifizieren und abstellen.

Kontaktziele
Kontaktziele zu messen, ist per Logfileanalyse relativ einfach. Man kann über die Zeit verfolgen, wie sich quantitative Kennzahlen wie die Anzahl der Leser, der Kommentarschreiber und deren Verweildauer auf dem Blog entwickeln.

Psychologische Wirkungsziele

Die Messung psychologischer Wirkungen bei den Nutzern ist schon diffiziler. Wie soll man zum Beispiel die emotionale Bindung der Nutzer messen? Es bleibt einem nichts anderes übrig, als möglichst sinnvolle Indikatoren zu definieren. Ein Indikator kann zum Beispiel das Interesse der Nutzer sein, also wie viele Nutzer Kommentare geposted und sich an Diskussionen beteiligt haben, wie stark die Interaktion unter den Nutzern war und so weiter. Diese qualitativen Kennzahlen sagen aber noch nichts über die Tonalität der Beiträge aus. Emotionen können positiv besetzt sein (Freude, Spaß, Anerkennung), aber auch negativ (Ärger, Wut, Kritik). Hier kommt die Inhaltsanalyse ins Spiel (siehe Kapitel 13.2.2). Man sollte Kommentare zur Erfolgskontrolle zumindest danach klassifizieren, ob sie positiv, negativ oder eher neutral formuliert sind. Eine weitergehende Analyse verspricht aber viele wertvolle Anregungen zur Gestaltung zukünftiger Blogeinträge, aber auch zum Image des Unternehmens.

Verhaltensbezogene Wirkungsziele

Auf die Frage nach der Messung der emotionalen Bindung folgt logischerweise die Frage, was denn eine Bindung tatsächlich wert ist. Wäre der Nutzer wegen der hohen Produktqualität nicht sowieso Kunde geblieben? Und wie kann man messen, ob der Nutzer tatsächlich mehr gekauft hat? Wenn man einen eigenen Online-Shop hat, in dem sich die Nutzer anmelden müssen und dieser Login auch für den Blog gilt, ist die Antwort relativ einfach. Man misst die Aktivität des Nutzers (zum Beispiel anhand der Anzahl der Kommentare) in bestimmten Zeitperioden und setzt sie ins Verhältnis zum jeweils getätigten Umsatz. So kann man auch besonders erfolgreiche Blogeinträge identifizieren. Mit den getätigten Neuanmeldungen im Online-Shop kann man dann auch die gewonnenen Neukunden messen. Auch die Vernetzung mit der Gesamtheit der Internetnutzer beziehungsweise deren Erhöhung im Zeitablauf ist relativ leicht messbar. Gerade Blogs sind per se stark vernetzt miteinander, nicht umsonst spricht man bei der Gesamtheit der Blogs auch von der Blogosphäre. Um die Vernetzung des eigenen Blogs zu messen, reicht es also, die Zahl anderer Blogs, die auf einen verweisen, zu erheben.

Grenzen der Erfolgskontrolle

Am Beispiel Frosta zeigt sich, dass eine Erfolgsmessung vor allem bei Unternehmen, die ihren Schwerpunkt im traditionellen Handel haben, Grenzen hat. Ist es wirklich der Blog, der den Umsatzzuwachs zu verantworten hat, oder nicht doch eher die Preissenkung oder die bundesweite Promotionaktion im Handel? Dieses Problem der Wechselwirkung der Kommunikationsinstrumente gilt aber für jede Form der Kommunikation. Die Erfolgsmessung von Kommunikation ist – zumindest bei Instrumenten, bei denen nicht unmittelbar eine Konversion gemessen werden kann – letztlich nur eine Annäherung an die Realität. Aber ganz ohne Erfolgsmessung stünde man höchstwahrscheinlich noch viel schlechter da.

14 Welches Kommunikationsinstrument sich wofür eignet

Durch Online-Kommunikation kann sowohl Individual- als auch Massenkommunikation betrieben werden, wobei vor allem die performanceorientierten individualisierten Instrumente die Stärke der Online-Kommunikation darstellen.

Wie auch bei klassischen Kommunikationsinstrumenten sind manche für bestimmte Unternehmenstypen geeigneter als andere. Mittelständische Unternehmen wählen beispielsweise tendenziell eher preiswerte Kommunikationswege, also insbesondere nur selten TV-Werbung. Die Wahl der Kommunikationsinstrumente hängt aber nicht nur von der Größe des Unternehmens ab, sondern auch von der Branche beziehungsweise den Produkten und den Zielen der Kommunikation. Soll beispielsweise ein neues Produkt bekannt gemacht werden, muss eine relativ hohe Reichweite bei der Zielgruppe angestrebt werden. Garantiert wird dies durch – meist recht teure – Above-the-Line-Instrumente. Im Geschäftskundenbereich sind Kommunikationsinstrumente zu wählen, mit denen zielgenau Geschäftsleute erreicht werden, Massenmedien sind dazu häufig nicht geeignet.

Gemein ist fast allen Unternehmen, dass kaum noch eines auf eine eigene Webseite verzichtet und sei es nur aus Imagegründen. Im Vergleich zu Unternehmen ohne Webseite kann damit die allgemeine Kommunikation mit Anspruchsgruppen jeglicher Art sehr kosteneffizient erledigt werden. Will sich eine staatliche Stelle, ein Interessensverband oder auch ein einfacher Bürger über ein Unternehmen erkundigen, kann er sehr einfach und schnell Informationen auf der Unternehmenswebseite finden.

14.1 Interaktiv, multimedial oder individuell? Die Instrumente im Vergleich

Die wichtigsten Charakteristika der Online-Kommunikation sind wie in Kapitel 2 ausgeführt:

- Interaktivität,
- Multimedialität,
- Individualisierung und
- der Pull-Charakter.

Die Instrumente der Online-Kommunikation lassen sich danach klassifizieren, wie stark bei ihnen bestimmte Charakteristika der Kommunikation ausgeprägt sind (vgl. **Tabelle 14.1**).

Tabelle 14.1 Klassifizierung der Instrumente der Online-Kommunikation

	Interaktivität	Multi-medialität	Individualisierung	Pull-Charakter
Webseite	●	●	●	●
Online-Werbung	◐	●	◐	○
Suchmaschinenmarketing	◐	○	●	○
E-Mail-/Newsletter-Marketing	◐	◐	◐	◐
Affiliate-Marketing	○	◐	○	○
Virales Marketing	◐	●	○	●
Online-PR	○	●	○	●
Social-Media-Kommunikation	●	●	●	●

- Hinsichtlich der Interaktivität bieten Webseitengestaltung und Social-Media-Kommunikation die größten Möglichkeiten. Am schwächsten ist die Interaktivität bei Online-PR ausgeprägt.
- Sehr viele Möglichkeiten multimedialer Gestaltung bieten Webseiten, virales Marketing, klassische Online-Werbung, Online-PR und Social-Media-Kommunikation. Bei Affiliate-Marketing und E-Mail-/Newsletter-Marketing ist die Multimedialität mittel, bei Suchmaschinenwerbung eher schwach.
- Die Möglichkeit, die Kommunikation mit dem Nutzer zu individualisieren, ist bei Social-Media-Kommunikation und bei der Webseitengestaltung eher stark ausgeprägt, bei Online-PR, Affiliate-Marketing, viralem Marketing und Online-Werbung am schwächsten.
- Der Pull-Charakter ist bei Online-Medien höher als bei Offline-Medien, da der Nutzer selbst entscheidet, ob er die entsprechenden Instrumente nutzt oder nicht. Lediglich Online-Werbung und Affiliate-Marketing werden ohne Aktion des Nutzers eingeblendet.

Webseitengestaltung und Suchmaschinenoptimierung

Als Instrument der Above-the-Line-Kommunikation ist die Webseite durch hohe Interaktivität gekennzeichnet. Die Nutzer können je nach Ausrichtung der Webseite Informationen abrufen, Produkte kaufen, Foren und Chats benutzen und so weiter. Webseiten sind außerdem das Instrument der Online-Kommunikation, das am stärksten multimedial mit Texten, Tönen, Bildern, Animationen, Videos und so weiter ausgestaltet werden kann. Außerdem können Webseiten stark individualisiert werden, indem Cookies benutzt werden oder indem sich die Nutzer einloggen. Sie haben einen Pull-Charakter, da der Nutzer absolut frei ist in der Entscheidung, ob und wann er eine Webseite besucht und wann er sie wieder verlässt.

Klassische Online-Werbung

Als Instrument der Online-Kommunikation ist klassische Online-Werbung wie auch die Suchmaschinenwerbung durch eine mittlere Interaktivität gekennzeichnet. Meistens beschränkt sich die Interaktivität darauf, dass der Nutzer auf das Banner klickt und dadurch zum entsprechenden Online-Shop geleitet wird. Online-Werbung wird genauso wie Webseiten sehr stark multimedial gestaltet, die Zeit der Textanzeigen ist hier längst vorbei. Online-Werbung wird teilweise, etwa im Rahmen eines „Behavioral-Targeting", individualisiert, es dominiert aber noch die undifferenzierte Schaltung. Ihren Push-Charakter verliert Online-Werbung aber auch durch stärkere Individualisierung nicht, da der Nutzer die Einblendung der Werbung nicht verhindern kann. Er kann nur entscheiden, ob er auf die Werbung klickt oder nicht.

Affiliate-Marketing

Bei oberflächlicher Betrachtung von Affiliate-Marketing als Instrument der Online-Kommunikation scheint es nicht zu den effektivsten Mitteln zu gehören. In allen relevanten Kategorien schneidet es schlecht oder eher schlecht ab. Trotzdem kann Affiliate-Marketing vor allem dann ein mächtiges Werkzeug sein, wenn das redaktionelle Umfeld stimmt und wenn es massenhaft Verwendung findet.

E-Mail- und Newsletter-Marketing

Die Charakterisierung von E-Mail- und Newsletter-Marketing als Kommunikationsinstrument ist nicht eindeutig. Tendenziell haben Newsletter einen hohen Pull-Charakter da sie vom Nutzer aktiv abonniert werden. Werbe-E-Mails werden aber auch häufig unverlangt versandt. Newsletter und E-Mails sind grundsätzlich textbasiert, können aber multimedial, vor allem durch Bilder, angereichert werden. Die Interaktivität ist in der Regel nicht hoch, kann aber durch redaktionelle Inhalte wie Gewinnspiele oder Umfragen gesteigert werden. E-Mails und Newsletter lassen sich individualisieren, wenn die entsprechenden Nutzerdaten vorliegen. Dies erfolgt bei Newslettern eher selten, häufiger bei Werbe-E-Mails, wobei die Inhalte der Mails auf Basis der vergangenen Käufe erstellt werden.

Suchmaschinenwerbung

Suchmaschinenwerbung ist durch eine mittlere Interaktivität gekennzeichnet. Die Interaktivität beschränkt sich darauf, dass der Nutzer auf die Textanzeige klickt und dadurch zum Online-Shop geleitet wird. Suchmaschinenwerbung basiert auf reinen Textanzeigen und ist damit eine nicht multimediale Kommunikationsform. Suchmaschinenwerbung ist vom Charakter her ein stark individualisiertes Kommunikationsinstrument, da dem Nutzer auf Basis seiner Suchanfrage Anzeigen eingeblendet werden. Suchmaschinenwerbung hat eher Push-Charakter, da der Nutzer in aller Regel nach unabhängigen Ergebnissen sucht.

Online-PR

Online-PR ist das Kommunikationsinstrument, das am stärksten der traditionellen Kommunikationspolitik verhaftet ist. Dementsprechend sind Interaktivität und Individualisierung kaum ausgeprägt, jedoch können Unternehmen im Online-Kontext viel stärker unterschiedliche Medien einbinden. Online-PR hat reinen Pull-Charakter.

Virales Marketing

Als Kommunikationsinstrument verwirklicht virales Marketing viele Anforderungen an innovativer Online-Kommunikation. Je nach Ausgestaltung verfügt virales Marketing über mittlere Interaktivität, hohe Multimedialität und einen reinen Push-Charakter. Lediglich im Kriterium der Individualisierung schneidet virales Marketing schlecht ab.

Social-Media-Kommunikation

Als Kommunikationsinstrument zeichnet sich Social-Media-Kommunikation durch eine starke Ausprägung in allen Kriterien aus. Damit ist diese Form der Kommunikation wie auch virales Marketing als das Instrument einzuordnen, das am stärksten den Anforderungen innovativer Online-Kommunikation entspricht.

14.2 Wie Sie Ihre Kommunikationsziele am besten erreichen

In kaum einem anderen Medium ist es möglich, den Erfolg der Kommunikation so genau zu messen wie im Internet, da die Aktionen der Benutzer meist genau verfolgt und gezählt werden können. Aber auch ohne die Erfolgskontrolle explizit zu analysieren, lassen sich bereits einige grundlegende Anmerkungen zu der grundsätzlichen Eignung der Instrumente der Online-Kommunikation zur Verwirklichung der Kommunikationsziele machen (siehe **Tabelle 14.2**).

Zur Verwirklichung reiner Kontaktziele ist besonders das Above-the-Line-Instrument Online-Werbung geeignet. Alle anderen Formen der Online-Kommunikation, insbesondere die Online-PR mit ihrer Fokussierung auf Journalisten, visieren durch ihren höheren Pull-Charakter eher differenzierte Zielgruppen an und sind eher schlecht geeignet, reine Kontaktziele zu erreichen.

Psychologische Wirkungsziele wie beispielsweise die Schaffung einer Markenpräferenz werden besonders durch eine emotionale, häufig bildhafte Ansprache der Zielgruppe erreicht. Besonders gut geeignet sind daher die Webseite, Online-Werbung und Social Media. Am ehesten kann noch Affiliate-Marketing zu psychologischen Wirkungszielen beitragen, wenn der Kunde zum Affiliate eine psychologische Bindung hat, die auf den Shop-Partner ausstrahlt. Online-PR vermittelt vor allem rationale Informationen und ist wohl am wenigsten geeignet, psychologische Wirkungsziele zu erreichen.

Tabelle 14.2 Kommunikationsinstrumente und -ziele

	Kontakt-ziele	Psychologische Wirkungsziele	Verhaltensbezogene Wirkungsziele	Kostenziele
Webseite/SMO	◐	●	◐	◐
Online-Werbung	●	●	◐	◐
Affiliate-Marketing	◐	◐	●	●
E-Mail-/ Newsletter-Marketing	◐	○	●	●
Suchmaschinenwerbung	◐	○	●	●
Virales Marketing	●	●	◐	◐
Online-PR	○	○	●	●
Social-Media-Kommunikation	◐	●	◐	◐

○ = schwache Eignung   ◐ = mittlere...   ● = gute Eignung

Alle Formen der Online-Kommunikation können einen Beitrag zur Erreichung von verhaltensbezogenen Zielen, wie Kauf eines Produkts im Online-Shops, Download einer Broschüre, Veröffentlichung eines redaktionellen Artikels durch einen Journalisten und Ähnliches leisten. Besonders stark dürfte die Wirkung bei Instrumenten sein, bei denen die Zielgruppe differenziert angesprochen wird und bei denen bereits ein hohes Interesse an der Handlung besteht, also bei Suchmaschinenmarketing, E-Mail-/Newsletter-Marketing, Affiliate-Marketing und Online-PR. In der Erreichung von Kostenzielen, also der Erreichung der vorgenannten Ziele mit geringstmöglichem Ressourceneinsatz, liegt schließlich die größte Stärke der Online-Kommunikation. Hier können besonders die Instrumente punkten, die flexibel und skalierbar sind wie Suchmaschinenmarketing und Affiliate-Marketing. E-Mail-/Newsletter-Marketing und Online-PR bieten vor allem im Vergleich zur Offline-Variante Kostenvorteile.

14.3 Vor- und Nachteile der Instrumente

Alle bisher besprochenen Instrumente der Online-Kommunikation haben spezifische Vor- und Nachteile, die sie für bestimmte Unternehmen attraktiv oder weniger attraktiv machen.

Webseitengestaltung

Egal, welche Kommunikationsziele verfolgt werden, von der reinen Information über Unternehmen und Marken über den Verkauf in Online-Shops bis hin zur Etablierung neuer Geschäftsmodelle, Webseiten sind trotz zum Teil hoher Kosten für Unternehmen unverzichtbar. Die Webseitengestaltung gibt Unternehmen die weitreichendsten Freiheiten in der Online-Kommunikation. Entscheidend für eine erfolgreiche Kommunikation über Webseiten ist aber der Content der Seite. Der Content einer Webseite sollte je nach Ausrichtung originell, unterhaltsam, einmalig, nützlich und/oder aktuell sein. Jedoch ist gerade solcher Content, mit dem sich Webseiten wirksam von der Konkurrenz abheben können, sehr aufwendig und teuer in der Erstellung.

Webseiten ermöglichen aber nicht nur die Kommunikation, sondern auch die effiziente Abwicklung von Transaktionen beispielsweise über Online-Shops. Außerdem können Webseiten als Plattform für weitere Geschäftsmodelle dienen, etwa für Einnahmen aus Online-Werbung und Affiliate-Marketing. Damit die Webseite ihre Wirkung überhaupt entfalten kann, muss sie von den Nutzern jedoch zuerst aufgefunden werden. Dazu dienen die folgenden Instrumente.

Klassische Online-Werbung

Gegenüber klassischen Werbeformen wie Printanzeigen hat Online-Werbung den Vorteil der Multimedialität. Durch die starke Fixierung auf Bilder können auch psychologische Wirkungsziele wie die Schaffung von Markenpräferenzen erreicht werden. Bei der Nutzung durch Online-Shops kann Online-Werbung außerdem direkt zum Kauf führen, da der Nutzer hierbei kein neues Medium wie Telefon oder Brief zur Bestellung nutzen muss.

Im Vergleich zur klassischen Werbung ist die Online-Werbung häufig kostengünstiger und effizienter. Vor allem durch die gute Kontrollierbarkeit der Online-Werbung sind Optimierungen, zum Beispiel in Gestaltung und Schaltung von Bannern, auch während der Laufzeit der Kampagne noch möglich. Es muss aber genau abgewogen werden, ob in Bannerwerbung auf TKP-Basis investiert werden soll, die Rentabilität ist häufig nicht gegeben. Kleine oder junge Unternehmen sollten diese Werbeform wenn möglich ganz vermeiden. Es gibt wesentlich effektivere Methoden, um eine Webseite bekannt zu machen. Durch die Beobachtung von Klickraten kann ein relativ hohes Maß an Werbewirkungskontrolle realisiert werden. Dabei können im Gegensatz zur klassischen Werbung auch kurzfristige Verhaltensänderungen aufgrund von Variationen der Online-Werbung identifiziert und analysiert werden.

Aus der Werbeträgerstatistik bekommen die werbenden Unternehmen in der Regel individuell aufbereitete Auswertungen über Page-Impressions und Klicks der geschalteten Werbemittel. Der Vergleich unterschiedlicher Werbeträger kann dann unter Berücksichtigung der Unterschiede in den Schaltkosten Aufschlüsse über die Platzierungseffektivität bringen.

Jedoch sind die Klickraten bei Online-Werbung insgesamt sehr gering und werden in unterschiedlichen Studien durchgängig auf unter einem Prozent geschätzt. Insgesamt ist die klassische Online-Werbung zu wenig individuell für moderne Internetnutzer. Banner werden von großen Unternehmen nichtsdestotrotz geschaltet, um so viele Sichtkontakte wie möglich zu bekommen. Da die Tausender-Kontakt-Preise im Vergleich zu dem Fernsehen gering sind, werden Streuverluste häufig in Kauf genommen. Abhilfe verspricht das Behavioral-Targeting. Hierbei wird das Nutzerverhalten im Bezug auf besuchte Webseiten gesammelt. Liest beispielsweise jemand regelmäßig Magazinbeiträge zum Thema Computer-Hardware, wird er mit dem Attribut „Hardware-Interessent" versehen. Die Folge: Er erhält beim nächsten Besuch eines PC-Magazins vermehrt Anzeigen zu diesem Thema.

Affiliate-Marketing

Mit Affiliate-Marketing können Händler viele gerade auch kleine Webseiten abdecken, auf denen die Händler nie Online-Werbung schalten würden. Dadurch können Händler eine hohe Präsenz erreichen. Größere Händler können bei der Ausgestaltung des Affiliate-Marketings gegenüber kleineren Webseiten ihre höhere Marktmacht ausspielen und das Abrechnungssystem (zumeist Cost per Order) nach ihren Anforderungen gestalten. Affiliate-Marketing ist damit in hohem Maße performanceorientiert.

Auf den ersten Blick sind Partnerprogramme außerdem eine sehr zeitsparende Marketingmethode, den Hauptteil der Arbeit übernehmen ja die Partner. Dies ist aber mitnichten so. Affiliate-Marketing ist sehr zeit- und arbeitsintensiv. Jeder Partner muss umsorgt und mit dem notwendigen Material zur Vermarktung der Produkte ausgestattet werden. Die Werbemittel nutzen sich außerdem ab, müssen regelmäßig überarbeitet werden, und die Partner brauchen Hilfe bei der Vermarktung der Produkte. Die meisten Support-Anfragen drehen sich in der Regel um die gleichen Themen. Eingehende E-Mails müssen analysiert und ein Frage-Antwort-Katalog erstellt werden. Viele E-Mails, Telefongespräche und Faxe lassen sich vermeiden, wenn bereits umfassendes Informationsmaterial und FAQs auf der Webseite bereitgestellt werden. Die Partner sollten regelmäßig über aktuelle Informationen, Preisänderungen, neue Produkte, zusätzliche Boni oder Ähnliches unterrichtet werden, beispielsweise durch einen Partner-Newsletter. Es muss davon ausgegangen werden, dass sich einige Partner nicht besonders gut mit Marketingthemen wie Suchmaschinenoptimierung oder Linkpopularität auskennen. Wenn den Partnern geholfen wird, ihre Seiten bekannter zu machen (etwa durch die Empfehlung von Fachliteratur), kann dadurch deren Partnerpotenzial erhöht werden. Jeder neue Besucher der Partnerwebseite ist auch ein potenzieller neuer Kunde der eigenen Webseite.

Von einigen Webseiten wird Affiliate-Marketing inzwischen so weit in den redaktionellen Inhalt integriert, dass für den Nutzer nicht mehr sichtbar ist, dass es sich um Werbung handelt. In Deutschland muss Werbung aber eindeutig als solche erkennbar beziehungsweise gekennzeichnet sein. Unternehmen, die Affiliate-Marketing und redaktionelle Inhalte zu stark verschmelzen, laufen daher Gefahr, gegen geltendes Recht zu verstoßen. Affiliate-Marketing ist besonders gut für große und bekannte Unternehmen geeignet. Die Nutzer müssen auf die Werbemittel klicken, sie tun das eher, wenn sie das Unternehmen, zu dem sie geleitet werden, kennen. Das wohl wichtigste Erfolgskriterium ist die redaktionelle Nähe der Webseite des Affiliates zu den Produkten des Händlers.

E-Mail- und Newsletter-Marketing

Viele Menschen bevorzugen inzwischen die schriftliche Kommunikation per Mail anstatt per Brief. Da liegt es auch nahe, Werbeangebote per E-Mail statt per Briefpost zu verschicken. E-Mail- und Newsletter-Marketing zeichnet sich durch vergleichsweise niedrige Kosten aus. Druck-, Papier- und Portokosten wie bei klassischen Werbebriefen entfallen. Außerdem liegt die Auslieferungszeit im Bereich von Minuten. Im Vergleich zu Werbebriefen oder gedruckten Kundenzeitschriften haben Werbe-E-Mails und Newsletter den Vorteil, dass der Kunde direkt, also per Klick, mit dem Unternehmen in einen Dialog treten kann und nicht erst zum Telefon greifen oder eine Antwortpostkarte ausfüllen oder frankieren muss. Mit E-Mails wird es möglich, einen Dialog mit den Kunden zu beginnen. Dafür sind besonders Elemente wie Befragungen oder die Beantwortung von Anfragen wichtig. Wenn der Kunde so stärker mit Unternehmen und Produkte involviert wird, steigert das die Kundenbindung.

Ein sehr wichtiges Element der Kommunikation ist die Frequenz. Ein einziger Kontakt zum Kunden reicht häufig nicht aus, um zu überzeugen. Erst mehrere Kontakte führen dazu, dass der Kunde über das Angebot nachdenkt, sich ein Kaufwunsch entwickelt und schließlich auch die Kaufhandlung vollführt wird. Vom Stellenwert der Frequenz leben TV-Anstalten wie auch Printmedien. Eine einzige E-Mail reicht in aller Regel nicht aus, um einen Konsumenten zu beeinflussen. Erst der mehrfache Kontakt mit einer Anzeige oder einem TV-Spot führt zur Einprägung von Slogans (zum Beispiel „Geiz ist geil"), beziehungsweise zu Veränderungen im Denken des Kunden. Mit Newslettern besteht die Möglichkeit, den Kontakt zu den potenziellen Kunden fast automatisch, in selbstbestimmter Frequenz, aufrechtzuerhalten. Das Ganze gibt es zu verschwindend geringen Kosten, denn eine E-Mail kostet nur den Bruchteil einer Anzeige oder eines Werbespots. Gerade auch im Vergleich zu klassischen Werbebriefen kann außerdem ein höheres Maß an Erfolgskontrolle realisiert und dies bei der Nutzung einer Softwarelösung automatisiert werden. Es können dadurch auch Folgemails verschickt werden, beispielsweise an Nutzer, die sich das Angebot zwar angesehen, aber nicht gekauft haben. Beim Newsletter-Marketing können durch die Identifizierbarkeit der potenziellen Kunden und durch Personalisierung (das heißt individuelle Ansprache) zusätzliche Umsätze generiert und Streuverluste vermieden werden.

Newsletter bieten die Möglichkeit, unaufdringlich mit den Kunden in Kontakt zu bleiben und so Folgekäufe zu erzeugen. Wie bei der Gestaltung von Webseiten müssen dazu die Inhalte von Newslettern für die Nutzer interessant sein und auch interessant bleiben, damit die Abonnenten gehalten werden können. Die Erstellung hochwertigen Contents ist aber sehr teuer. Dazu kommt das Problem der Genauigkeit der Zielgruppenansprache des Newsletters: Wird ein allgemeiner Newsletter formuliert, besteht die Gefahr, dass viele Nutzer sich nicht spezifisch genug angesprochen fühlen und den Newsletter abbestellen. Werden mehrere Zielgruppen mit spezifischen Newslettern angesprochen, steigt der Aufwand zur Erstellung des Contents nochmals an. Die PC-Welt bietet die Möglichkeit an, aus einer Reihe von Newslettern auszuwählen, beispielsweise aus Angeboten für private Anwender und für Nutzer, die an geschäftlichen Entwicklungen im IT-Sektor interessiert sind (sogenannte „Business News"). Der Erfolg des Newsletter- (und E-Mail-)Marketings kann aber gut gemessen werden, wodurch Informationen zu Kosten und Nutzen des E-Mail- und Newsletter-Marketings vorliegen und deren Verhältnis schrittweise optimiert werden kann.

Suchmaschinenwerbung

Der wesentliche Vorteil der Suchmaschinenwerbung ist, dass dem Nutzer zu einem Gebiet, zu dem er entsprechendes Interesse durch seine Suchanfrage bekundet, passende Angebote unterbreitet werden, Suchmaschinenwerbung ist also verhaltensbasiert. Dies zeigt sich auch im Vergleich zur Online-Werbung über Banner. Während bei Bannerwerbung Klickraten von unter einem Prozent erreicht werden, liegt die Klickrate beim Keyword-Advertising klar darüber zum Teil gar über fünf Prozent. Auch das geographische Gebiet kann berücksichtigt werden. Durch die Möglichkeit Zielregionen anzugeben, wird Suchmaschinenwerbung auch für kleine, lokal agierende Unternehmen interessant. Die Abrechnung erfolgt, auch dies ein Vorteil der Methode, vornehmlich nach der Anzahl der Klicks. Dadurch wird es für die werbenden Unternehmen interessant, Keyword-Advertising bei unterschiedlichen Suchmaschinen und nicht nur beim Marktführer Google zu buchen, denn Kosten entstehen nur bei Klicks. Selbst wenn der Internetnutzer den Link nicht betätigt, hat das werbende Unternehmen doch noch einen Nutzen, wenn der Nutzer den Link betrachtet und sich unbewusst den Namen einprägt. Deshalb kann es sinnvoll sein, vor allem wenn primär Bekanntheit erzeugt werden soll, den Unternehmens- oder Produktnamen bei den Anzeigen (typo-)grafisch hervorzuheben.

Darüber hinaus kann Keyword-Advertising sehr kurzfristig, innerhalb von Stunden, gebucht werden und ist hoch flexibel. Anzeigentexte können auch kurzfristig geändert werden. Dadurch, dass das Budget genau skaliert werden kann, erreicht das Unternehmen ein hohes Maß an Kostenkontrolle. Das heißt, dass die Kampagne automatisch abgebrochen wird, wenn ein vorher festgelegtes Budget (durch Klicks der Nutzer) aufgebraucht ist. Erste Ergebnisse zu Klickraten liegen dabei unmittelbar, bereits zwei bis drei Stunden nach Beginn der Kampagne, vor. Dadurch, dass allgemeine und auch sehr spezielle Suchworte gebucht werden können, ist das Instrument für große wie auch kleine Unternehmen interessant. Großunternehmen bieten auf allgemeine Begriffe, um viele Klicks zu erzeugen, kleine Unternehmen mit beschränktem Budget auf spezielle Suchworte, die eine hohe Konversion versprechen.

Suchmaschinenoptimierung

Größter Vorteil des Suchmaschinenmarketings insgesamt ist, dass der Kunde bereits aktiv nach Produkten sucht, also ein entsprechendes Bedürfnis hat und damit die Wahrscheinlichkeit, dass er einen Kauf tätigt, relativ hoch ist. Suchmaschinenoptimierung ist aber nicht kostenlos. Eher das Gegenteil ist der Fall, es kostet große Mühen und Anstrengungen, also hohe Personalkosten beziehungsweise hohe Kosten für die Inanspruchnahme eines Dienstleisters, um überhaupt unter die ersten zehn zu kommen. Eine Suchmaschinenoptimierung in Eigenregie ist nämlich nur bis zu einem bestimmten Grad effizient. Darüber hinaus sind sehr gute Platzierungen heutzutage nur noch sehr schwer zu erreichen beziehungsweise nur mit unverhältnismäßig großen Anstrengungen. Heute ist der Wettbewerb selbst bei weniger stark genutzten Suchwörtern sehr hoch. Ein hohes Ranking ist zwar zu erreichen, es dauerhaft zu behaupten, kostet aber viel Zeit und kontinuierliche Pflege. Zudem ändern die Suchmaschinen regelmäßig die Ranking-Kriterien, sodass auch deswegen unentwegt Anpassungen an der Webseite vorgenommen werden müssen. Da die großen Suchmaschinen die Linkpopularität mit in das Ranking einbeziehen, werden dem eifrigen Suchmaschinenoptimierer durch diesen auf kurze Frist schwer beeinflussbaren Faktor noch mehr Steine in den Weg gelegt.

Online-PR

Online-PR stellt gerade für Unternehmen mit einem innovativen Produkt oder einer spannenden Geschichte eine hervorragende Möglichkeit dar, Produkt und Unternehmen relativ kostengünstig durch einen glaubwürdigen Sender bekannt zu machen. Der Aufbau und die Pflege eines Pressebereichs ist aber keineswegs preiswert, gerade wenn viel Content erstellt werden muss. Unternehmen und Produkte müssen für die Presse interessant sein, sonst lohnt sich der Aufbau eines Pressebereichs nicht. Online-PR bringt aber im Vergleich zu klassischer Öffentlichkeitsarbeit alleine durch die Digitalisierung Kostenvorteile. Broschüren müssen nicht mehr teuer gedruckt werden, sondern stehen als Download zu Verfügung, Pressemitteilungen werden nicht per Fax oder Post verschickt, sondern per E-Mail.

Problematisch ist die im Vergleich zu anderen Online-Kommunikationsinstrumenten schwierige Erfolgskontrolle sowohl beim Verschicken von Pressemitteilungen als auch bei der Nutzung des Pressebereichs. Erfolgreiche Online-PR liegt letztlich erst dann vor, wenn ein Beitrag über das Unternehmen erscheint. Dass dies geschieht, wird dem entsprechenden Unternehmen aber keineswegs immer mitgeteilt. Also muss man bei einer PR-Agentur ein Presseclipping (redaktionelle Beobachtung der Medien nach Unternehmen oder Produkten) buchen, was wieder Kosten erzeugt.

Virales Marketing

Am viralen Marketing scheiden sich die Geister; es wird zum einen als die kosteneffizienteste und zum anderen als eine unbeeinflussbare, nicht plan- und steuerbare Kommunikationsmethode beschrieben.

Virales Marketing ist – wenn es funktioniert – eine sehr kosteneffiziente Methode, Werbeinhalte zu verbreiten. Durch die potenziell sehr hohe Geschwindigkeit der Weiterverbreitung der Kommunikationsbotschaft ist das virale Marketing ein Instrument, das sehr kurzfristig Wirkung entfalten und so Zugriffs- und Nutzerzahlen schnell ansteigen lassen kann. Da der Absender der (Kommunikations-)Botschaft dem Empfänger persönlich bekannt ist, haben virale Marketingkampagnen eine hohe Glaubwürdigkeit. Dadurch kann von einem relativ hohen Interesse an den Kommunikationsinhalten ausgegangen werden. Problematisch ist, dass virale Kampagnen durch die Werbetreibenden nur schwer kontrollierbar sind. Ob und wie die Botschaft weiterverbreitet wird, kann vom Unternehmen weder geplant noch gesteuert werden.

Wer an virales Marketing denkt, dem kommen lustige Videos wie das vom DSF in den Kopf. Clips, die sich durch ihren extremen Inhalt von klassischer Werbung unterscheiden und meistens aufwendig produziert wurden. Doch gerade Letzteres schreckt viele kleine und mittelständische Unternehmen ab. Dabei kann virales Marketing weitaus mehr sein als unterhaltsame Werbeclips. Vor allem lässt sich Mundpropaganda auch bei kleinen Budgets nur mit Kreativität und dem Gespür für die Bedürfnisse der eigenen Zielgruppe zielgerichtet auslösen. Voraussetzung dafür ist aber eine intelligente Verknüpfung der viralen Botschaft mit dem Produkt des Unternehmens.

Social-Media-Kommunikation

Social-Media-Kommunikation verspricht den Aufbau eines fruchtbaren Dialogs mit der Zielgruppe. Dadurch kann das gegenseitige Vertrauen erhöht werden, und im Sinne einer Früherkennung können schnell Trends in den Wünschen der Nutzer und Käufer ausgemacht werden. Die Veröffentlichung in sozialen Medien verspricht darüber hinaus virale Effekte und positive Wirkungen auf die Suchmaschinenplatzierung durch Verlinkung von Inhalten. Voraussetzung dafür ist aber eine sensible Herangehensweise. Der Ruf in einer Community ist schnell ruiniert und lässt sich wegen des langen Gedächtnisses des Internets nur langfristig wiederherstellen.

Voraussetzung für wirksame Social-Media-Kommunikation ist vor allem einzigartiger Content. Diesen zu erstellen, ist aber sehr aufwendig und teuer. Teil der Community zu werden, ist sehr langwierig und aufwendig, das Ergebnis ist wegen mangelnder Kontrollierbarkeit unsicher. Aber auch kleinere Unternehmen können Social-Media-Kommunikation nutzen, wenn sie über Mitarbeiter verfügen, die hier besonders kompetent sind.

Zusammenfassung

- Erfolgskontrolle

  - Die Erfolgskontrolle ist die große Stärke der Online-Kommunikation, vor allem im Vergleich zur traditionellen Kommunikation über Massenmedien. Jedoch gibt es auch hier Einschränkungen, je nachdem, welches Instrument man betrachtet.

  - Erfolgskontrolle von Online-Kommunikation kann sich auf qualitative oder quantitative Daten stützen. Am erfolgversprechendsten scheint eine Mischung zu sein, zumindest dort, wo der Inhalt der Kommunikation von Nutzern wichtig ist.

  - Bannerwerbung ist ein gutes Beispiel dafür, wie man die Rentabilität einer Kommunikationskampagne berechnen kann.

  - Die wichtigsten Kennzahlen beim Newsletter-Marketing sind Öffnungsrate, Klickrate, Neuanmeldungen und Stornos.

  - Der Erfolg von Social-Media-Kommunikation sollte unbedingt mit einer Mischung aus qualitativen und quantitativen Kennzahlen gemessen werden. Problematisch ist, dass man nur selten eine direkte Konversion messen kann. Dadurch ist die Berechnung der Rentabilität der Social-Media-Kommunikation nur eingeschränkt möglich.

- Beurteilung der Kommunikationsinstrumente

  - Die Webseite ist und bleibt ein Multitalent: Sie bietet die höchste Ausprägung in den Bereichen Interaktivität, Multimedialität, Individualisierung und Pull-Charakter. Affiliate-Marketing schneidet hier auf den ersten Blick am schlechtesten ab, hat aber unbestrittene Stärken, wenn es im richtigen redaktionellen Kontext eingesetzt wird.

  - Kontaktziele können am besten per Online-Werbung und viralem Marketing erreicht werden, psychologische Wirkungsziele am besten durch multimediale (zum Beispiel die Webseite) und interaktive (zum Beispiel Social Media) erreicht werden. Bei den verhaltensbezogenen Wirkungszielen und den Kostenzielen können Affiliate-Marketing, E-Mail- und Newsletter-Marketing sowie Suchmaschinenwerbung punkten.

  - Alle Instrumente haben ganz spezifische Stärken, aber auch Schwächen. Jedes einzelne Unternehmen muss daher genau prüfen, welche Instrumente für es geeignet sind und welche nicht.

Teil 5
Beeinflussungstechniken in der Online-Kommunikation

Im Überblick

In Teil 5 lernen Sie die Beeinflussungstechniken kennen, die Online-Kommunikation nutzen kann:

- Zunächst bekommen Sie einen generellen Überblick über die **Beeinflussungstechniken** (Kapitel 15). Anschließend werden verschiedene Techniken im Detail vorgestellt.

- **Beeinflussung durch die Nutzung der sozialen Verhaltensorientierung** basiert auf der Sozialisation der Menschen mit Normen und Verhaltensweisen von Gruppen (Kapitel 16).

- **Beeinflussung durch die Nutzung der Wahrnehmungsprozesse** zielt auf die Aussendung bestimmter optischer Reize ab, von denen vermutet wird, dass sie eine positive Wirkung entfalten (Kapitel 17).

- **Beeinflussung durch die Gestaltung der Rahmenbedingungen** ist eine eher indirekte Form der Beeinflussung, die sich auf die emotionale Stimmung von Nutzern, aber auch auf ihre Motivation in der spezifischen Situation auswirkt (Kapitel 18).

15 Beeinflussungstechniken in der Übersicht

Der Mensch ist in vielen Aspekten seines Verhaltens von nicht willentlichen, „fixen" Mustern bestimmt und handelt in vielen Situationen weitgehend automatisch nach eingeprägten oder erlernten Faustregeln. Vorteil dieser Faustregel ist ihre Effizienz. Je mehr man sich auf sie verlässt, desto geringer ist der benötigte Aufwand an Zeit und mentaler Energie bei der Entscheidungsfindung, was gerade angesichts der heutigen Informationsflut eine durchaus sinnvolle Strategie ist. Die Kehrseite der Medaille: Indem man sein Verhalten nur von einem kleinen Teil der verfügbaren Informationen abhängig macht, wird man auch anfällig für Beeinflussung durch die Kommunikation von Unternehmen.

Ziel von Beeinflussungstechniken ist es, sich die Faustformeln der Konsumenten zunutze zu machen, um ein gewünschtes Verhalten zu erzeugen (in aller Regel den Kauf), mindestens aber eine Änderung der Einstellung (zum Beispiel erhöhtes Vertrauen in den Anbieter). Veröffentlichungen zu psychologisch geprägten Beeinflussungs- beziehungsweise Verkaufstechniken gibt es eine ganze Menge.[13] Wie sich diese Techniken für die Online-Kommunikation nutzen lassen, ist Inhalt dieses und der folgenden Kapitel. Beeinflussung wird in diesem Buch wie folgt klassifiziert (siehe **Abbildung 15.1** [14]).

Abbildung 15.1   Klassifizierung von Beeinflussungstechniken

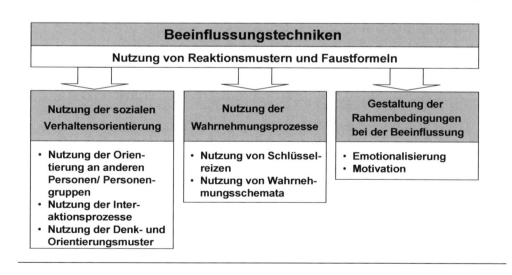

Zu den Beeinflussungstechniken, die die soziale Verhaltensorientierung nutzen, gehören:

- Die Orientierung an anderen Personen oder Personengruppen: Hierbei orientieren sich Konsumenten an anderen Personen oder Personengruppen und dem, was diese in einer vergleichbaren Situation tun oder wahrscheinlich tun würden. Hierzu zählen beispielsweise der Einsatz von Autoritäten oder das Prinzip der sozialen Mehrheit.
- Interaktionsprozesse: Menschliches Miteinander basiert auf einfachen Regeln wie zum Beispiel Begrüßungen. Das Reziprozitätsprinzip (Gegenseitigkeit von Handlungen) ist eine der am stärksten verbreiteten Normen des menschlichen Verhaltens und kann zur Beeinflussung eingesetzt werden.
- Denk- und Orientierungsmuster: Der Mensch kann seine Umwelt in ihrer Komplexität nicht im Ganzen wahrnehmen und teilt deswegen in „glaubwürdig" und „unglaubwürdig" ein. Informationen aus unglaubwürdigen Quellen werden abgelehnt, glaubwürdigen Quellen wird Vertrauen entgegengebracht. Beeinflussung kommt hier dadurch zustande, dass sich ein Unternehmen als anerkannt und glaubwürdig darstellt, um von den Konsumenten als den „Guten" zugehörig wahrgenommen zu werden.

Wahrnehmungsprozesse werden bei den folgenden Beeinflussungstechniken genutzt:

- Menschen nehmen bestimmte optische Schlüsselreize besonders emotional wahr. Dazu gehört zum Beispiel das Kindchenschema.
- Außerdem interpretieren sie optische Reize intuitiv nach bestimmten Gesetzmäßigkeiten (Wahrnehmungsschemata). Ein bewegtes Objekt hebt sich beispielsweise vom Hintergrund ab. Diese spontanen Beurteilungen bei der Wahrnehmung können als Beeinflussungstechnik genutzt werden, etwa durch die „optische" Verknappung von Produkten oder die Verwendung gebrochener Preise (zum Beispiel 9,99 anstatt 10,00).

Zu den Beeinflussungstechniken, die die Gestaltung der Rahmenbedingungen nutzen, gehören:

- Emotionalisierung: Wahrnehmen, Erinnern und Entscheiden wird von Emotionen stark beeinflusst. Konsumenten, die emotional positiv gestimmt sind, können leichter von einem Kauf überzeugt werden als Konsumenten mit schlechter Stimmung. Ziel der Beeinflussung ist es deshalb, die Stimmung von Personen zu verbessern.
- Motivation: Ähnlich wie Emotionen kann auch die Motivation in eine bestimmte Richtung gelenkt werden.

In den folgenden Kapiteln wird dargestellt, wie mithilfe dieser Beeinflussungstechniken die Online-Kommunikation erfolgreicher gestaltet werden kann.

16 Bitte folgen: Beeinflussen mit Hilfe der sozialen Verhaltensorientierung

16.1 Nutzung der Orientierung an anderen Personen oder Personengruppen

Es ist vor allen Dingen das Herdenverhalten, das Menschen dazu bringt, sich am Verhalten anderer – in diesem Fall an Gruppen – zu orientieren. Aber nicht nur die Mehrheit, auch als besonders kompetent, glaubwürdig oder sympathisch wahrgenommene Einzelpersonen oder Institutionen wie Testzeitschriften können zur Beeinflussung benutzt werden.

16.1.1 Das Herdenverhalten

Einige der erfolgreichsten Beeinflussungstechniken im Internet basieren auf dem Prinzip der sozialen Mehrheit. In Situationen der Unsicherheit neigen Menschen dazu, sich eher in eine Schlange einzureihen, anstatt sich selbst ein Urteil zu bilden. Die zugrunde liegende Vermutung: Je mehr Nutzer beispielsweise Google nutzen oder je mehr Kunden sich für ein bestimmtes Produkt entscheiden, desto besser muss das Angebot wohl sein. Dieses Herdenverhalten ist tief in der menschlichen Psyche verwurzelt. Und gerade im Rahmen der Online-Kommunikation lässt sich dieser Mechanismus gezielt zur Beeinflussung instrumentalisieren. Menschen orientieren sich an dem Verhalten ihres sozialen Umfelds, imitieren es und stimmen ihre Handlungen mit den (ungeschriebenen) Regeln der Gemeinschaft ab. Dadurch grüßen wir einander auf der Straße, halten uns gegenseitig die Tür auf, können über die gleichen Witze lachen oder schauen uns einen Film im Kino an, von dem alle Welt spricht, und sei es nur, um mitreden zu können. In der Tierwelt garantiert die Orientierung am Rudel, an der Herde oder am Schwarm ausreichend Versorgung und Schutz. Alleingänge fernab der Gruppe werden nicht selten mit dem Leben bezahlt.

Doch warum machen wir das? Warum bildet sich nicht jeder Mensch selbst ein Urteil und entscheidet unabhängig von seinen Mitmenschen?

Zunächst sichert Herdenverhalten ein Mindestmaß an Effizienz. Ein Beispiel:

> Man stelle sich eine Reisegruppe von 20 Personen vor, die auf ihrer Reise durch Italien in einer kleinen, historischen Stadt haltmacht. Um die Stadt zu erkunden, begeben sich alle Reisenden allein auf Erkundungstour. Nach einer halben Stunde erreicht der erste Tourist den Marktplatz der Stadt. Da es bereits 12 Uhr ist, entschließt er sich, eine Gaststätte aufzusuchen. Am Platz gibt es zwei Restaurants: Das eine wirkt etwas heruntergekommen (der Putz blättert ab) und das andere frisch renoviert. Ansonsten scheinen die beiden Restaurants fast identisch zu sein und keines der beiden Lokale wirkt übertrieben teuer. Unabhängig vom Äußeren besteht also eine 50-Prozent-Chance für jedes

Restaurant, vom Touristen aufgesucht zu werden. Bezieht man die weniger attraktive Fassade in die Überlegungen mit ein, besteht natürlich eine etwas größere Chance für das gerade renovierte Restaurant.

Nehmen wir nun aber an, dass der Tourist das Restaurant mit der schlechten Fassade wählt, weil es zufälligerweise den Namen seiner Frau „Simone" trägt. Was passiert nun, wenn der zweite Tourist den Platz erreicht? Eigentlich müssten für Tourist 2 ja die gleichen Voraussetzungen gelten wie für Tourist 1. Dem ist aber nicht so. Denn für den zweiten Reisenden bietet sich ein vollkommen anderes Bild. Natürlich sieht auch er die beiden Restaurants mit ihren Eigenheiten. Hinzu kommt aber, dass er einen Mitreisenden am Tisch vor dem etwas heruntergekommenen Lokal sitzen sieht. Für ihn stellt sich daher nicht nur die Frage, welches Restaurant er wählen soll, sondern ebenso, ob sein Mitreisender vielleicht mehr Informationen zum Beispiel über die Qualität des Essens hat (von einer früheren Reise vielleicht), worauf er seine Entscheidung begründet haben könnte. Die Wahrscheinlichkeit, dass Tourist 2 ebenfalls das etwas heruntergekommene Lokal wählt, ist bereits wesentlich höher als bei Tourist 1. Entschließt sich der zweite Reisende tatsächlich dazu, das gleiche Restaurant wie der erste Reisenden zu wählen, sind die Würfel gefallen: Jeder weitere Tourist, der den Platz erreicht, wird nicht nur mehr Wissen bezüglich des heruntergekommenen Restaurants bei seinen Mitreisenden vermuten, er wird es unterstellen: Warum sonst sollten gleich zwei Personen das augenscheinlich unattraktivere Restaurant wählen?

Ergebnis: Trotz schlechter Fassade hat das Restaurant „Simone" an diesem Tag einen bombastischen Umsatz.

Herdenverhalten setzt ungleich verteilte Informationen voraus
Herdenverhalten wird zumeist mit asymmetrisch verteilten Informationen erklärt, es verfügen also nicht alle Marktteilnehmer über die gleichen Informationen.

Sind Konsumenten in einer solchen Situation der Meinung, dass andere Konsumenten über bessere Informationen als sie selbst verfügen, so deuten sie deren Marktverhalten (zum Beispiel den Kauf eines Produkts oder das Nutzen einer Dienstleistung) als Folge dieser besseren Informationen. Dadurch vermeiden sie aufwendige Eigenrecherchen und folgen dem Entschluss der anscheinend besser informierten Marktakteure. Dadurch verkürzt sich nicht nur die Entscheidungsdauer, sondern es verbessert sich häufig auch die Qualität der Entscheidung. Denn ein Produkt zu kaufen, das von Hunderten anderer Menschen ebenfalls erworben wurde, kann nicht schlecht sein.

Herdenverhalten im Internet

Auch wenn das Internet schier unerschöpfliche Möglichkeiten zur Informationssuche bietet und die Basis schafft, sich unabhängig über fast alle Themen zu informieren, ist Herdenverhalten auch hier an der Tagesordnung. Denn auch im Internet sind ungleich verteilte Informationen die Regel. Die Ursachen sind nahezu die gleichen wie in der nicht-virtuellen Welt:

- Mangelnde Zeit: Niemand kennt sich in allen Themengebieten gleich gut aus. Um sich eine unabhängige Meinung zu einem Produkt wie zum Beispiel zu einem Staubsauger oder einer Digitalkamera zu bilden, hilft also nur Recherchieren. Doch das kostet Zeit. Aber wie viele Produkte und Marken soll man in seine Informationssuche mit einbeziehen? Welche Produktcharakteristika sind überhaupt relevant? Soll man Testergebnisse heranziehen oder doch lieber Verbrauchermeinungen vertrauen? Wie viele Meinungen reichen für ein unabhängiges Urteil aus? Welchen Testmagazinen, Bloggern, Forumsteilnehmern kann man eigentlich vertrauen? Welcher Tester hat die gleichen Ansprüche an das Produkt wie man selbst? Wenn man erst einmal anfängt, zu recherchieren, tauchen häufig mehr neue Fragen auf, als dass alte beantwortet werden. Daher reicht bei vielen Produkten für eine intensive Sichtung der Fülle an Informationen die Zeit der Konsumenten einfach nicht aus.

- Schwierige Informationsbewertung: Selbst wenn sich jemand die Mühe macht, zu vergleichen, und ein Produkt identifiziert, das zunächst den Ansprüchen zu genügen scheint, hilft das nicht immer weiter. Denn wie verfährt man mit widersprüchlichen Informationen? So kann es durchaus passieren, dass das gewählte Produkt in einem Blog zerrissen und andererseits in einem Testmagazin gelobt wird. Oder ein aktueller Testbericht wertet vorangegangene Testergebnisse ab, weil eine neue Produktgeneration auf den Markt gebracht wurde. Zu allem Überfluss kann ein mittelmäßig bewertetes Produkt schnell die Bestsellerlisten stürmen, wenn es durch eine Preissenkung plötzlich ein einmaliges Preis-Leistungs-Verhältnis bietet.

- Schwierig zu findende Informationen: Schließlich gibt es auch im Internet nicht zu allen Produkten leicht zugängliche Informationen. Bei neuen Artikeln oder spezielleren Produkten kann es durchaus vorkommen, dass man sehr wenige oder gar keine Informationen findet. Wobei nicht zu vergessen ist, dass die Möglichkeit, Informationen zu finden, auch von den individuellen Fähigkeiten des Konsumenten abhängt, mit zum Beispiel Suchmaschinen umzugehen.

Letztlich steht der Online-Shopper mit seiner Entscheidung allein da und weiß nicht, ob er alles berücksichtigt hat und welche Informationen wie zu bewerten sind.

Die Folge ist, dass viele Menschen bei ihrer Kaufentscheidung der Masse vertrauen. Sie ziehen eine Reihe von Alternativen in die engere Wahl und schauen, welches dieser Produkte am häufigsten verkauft wurde. Dabei reflektieren viele Konsumenten ihre Kaufstrategie nicht einmal. Ganz unbewusst suchen sie sich einen Shop aus, der zu den bekannten gehört, konsultieren die Rezensionen bei Amazon oder suchen kurz vorm Kauf noch einmal die Bestsellerlisten auf.

Überspitzt formuliert, hat sich trotz Internet kaum etwas verändert. Weiß ein Konsument nicht genau, was er kaufen soll, vertraut er der Einschätzung der Mehrheit. Doch die Virtualität des Internets macht einen entscheidenden Unterschied zum klassischen Handel aus. Steht ein Kunde unentschlossen vor einem Weinregal, dann ist der Riesling mit den wenigsten Flaschen im Regal augenscheinlich der beliebteste. Im Internet sieht der Kunde nur das, was der Online-Händler ihn sehen lassen will. Genau an dieser Stelle bieten sich viele Möglichkeiten der Beeinflussung des Konsumentenverhaltens. Einige Strategien zur Nutzung des Herdenverhaltens werden im Folgenden dargestellt.

Visualisierung der Beliebtheit des Online-Angebots

Ob auf der Webseite oder in der Werbung: Man sollte den Kunden zeigen, dass er mit der Nutzung der Leistung nichts falsch machen kann. Man kann beispielsweise auf allen wichtigen Seiten des Internetangebots Kennzahlen zur Nutzung und zur Beliebtheit der Leistung veröffentlichen. Hierzu zählen unter anderem Kundenzahlen, Mitgliederzahlen, Newsletter-Abonnenten. Aber Hände weg von Besucherzählern. Kein potenzieller Kunde kann einschätzen, ob 20.000 Besucher seit Inbetriebnahme der Webseite ein guter oder ein schlechter Wert sind. Die Aussage „über 4.000 zufriedene Kunden pro Jahr" macht da schon mehr her.

Masse ist aber nicht immer gleich Klasse. Wer eine anspruchsvolle und elitäre Klientel bedient, sollte auf plakative Zahlen verzichten oder zumindest auf den richtigen Ton achten:

> Schlecht: „Über 6.500 Newsletter-Abonnenten"
>
> Gut: „Gehören Sie zum erlesenen Kreis von 6.500 Online-Marketing-Spezialisten"

Den Austausch der Konsumenten untereinander anregen

Auch die Anzahl an Kommentaren und Rezensionen zu einem Produkt oder einer Dienstleistung beeinflusst die Wahrnehmung seiner Beliebtheit. Es gilt die Regel, je mehr Kommentare oder Rezensionen ein Objekt auf sich vereint, desto gefragter muss es wohl sein. Es kann Herdenverhalten anregen, wenn Sie den Kunden über eine Kommentarfunktion oder ein Bewertungssystem ermöglichen, ihre Meinung zu einem Produkt abzugeben.

Verkaufsränge und Bestseller

Um schnelle Kaufentscheidungen zu begünstigen, ist es außerdem sinnvoll, bei allen Produkten einen Verkaufsrang einzublenden. Zum einen kann der Nutzer seine Entscheidung für einen Kauf mit einem hohen Verkaufsrang begründen (schließlich wird die Masse der Käufer ja nicht falsch liegen), zum anderen ist das ein hervorragender Grund, hinterher seine Wahl gegenüber anderen und sich selbst zu rechtfertigen („… schließlich gehörte das Produkt ja zu den zehn meistverkauften der letzten Woche.").

Abbildung 16.1 Verkaufsränge und Bestseller (Quelle: www.amazon.de)

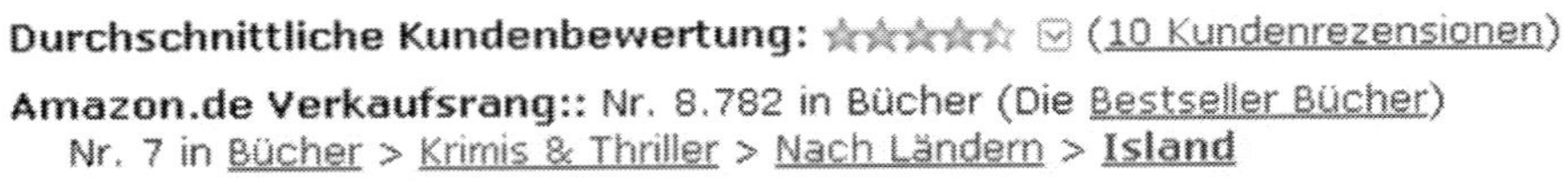

Durchschnittliche Kundenbewertung: ★★★★☆ ☑ (10 Kundenrezensionen)
Amazon.de Verkaufsrang:: Nr. 8.782 in Bücher (Die Bestseller Bücher)
  Nr. 7 in Bücher > Krimis & Thriller > Nach Ländern > **Island**

Detaillierte Bestsellerlisten

Bestsellerlisten sind ein Klassiker, wenn es um die gezielte Nutzung des Herdenverhaltens geht. Doch der Erfolg ist abhängig von ihrem Detailgrad. Einfach nur die zehn am meisten verkauften Produkte zu listen, reicht allenfalls für Shops mit einem sehr eingeschränkten Sortiment. Ab 100 Produkten und mehreren Kategorien benötigen Nutzer feinere Abstufungen. Es gibt nichts Ärgerlicheres, als in einem Haushaltwaren-Shop nach den meistverkauften Staubsaugern zu suchen und nur Kaffeemaschinen und Latte-Macchiato-Gläser bei den Topsellern zu sehen, weil diese gerade reißenden Absatz finden. Generell gilt: mindestens für jede Kategorie eine Bestsellerliste. Zusätzlich lohnt es sich, den Verkaufsrang jedes Produkts mit auf der Produktübersichtsseite anzugeben. Bei Amazon lassen sich etwa zu jeder Unterkategorie die aktuellen Topseller anzeigen (siehe **Abbildung 16.2**).

Abbildung 16.2   Detaillierte Bestsellerlisten (Quelle: www.amazon.de)

Herdenverhalten und Manipulation

Durch die Virtualität des Internets kann niemand überprüfen, ob man tatsächlich 2.000 Kunden pro Monat hat, das Lager zu bestimmten Produkten wirklich fast geleert ist oder alle Artikel in der Bestsellerliste wahrhaftig reißenden Absatz finden. Auf diese Weise bieten sich durch die Nutzung des Herdenverhaltens nicht nur Möglichkeiten der Beeinflussung, sondern auch der Irreführung. Woher soll ein Kunde auch wissen, ob man die Wahrheit schreibt oder nicht? Lügen haben aber bekanntlich kurze Beine. Und in der transparenten Welt des Internets kommen Manipulationen relativ schnell heraus. Sind erst die ersten Vermutungen zu Manipulationsversuchen im Umlauf, gibt es kaum Möglichkeiten der Schadensbegrenzung: Das Vertrauen der Kundschaft ist wahrscheinlich dauerhaft gestört. Daher sollten Unternehmen ehrlich kommunizieren und immer authentisch bleiben. Das lohnt sich langfristig mehr als jede noch so kleine Manipulation zur kurzfristigen Umsatzsteigerung.

16.1.2 Integration von Kundenlob in die Webseite

Neben der Orientierung an Gruppen kommt auch die Nutzung einzelner Personen in Betracht, um Nutzer gezielt zu beeinflussen. Was weckt mehr Vertrauen als eine Empfehlung von einem Freund? Wenn ein guter Bekannter einen Tipp gibt oder sich für ein spezielles Produkt ausspricht, ist man wesentlich eher bereit, sich das entsprechende Angebot anzuschauen, als wenn man auf der Straße von einem wildfremden Menschen angesprochen wird. Man vertraut Freunden, weil man sie kennt, bei Fremden ist man eher skeptisch. An dieser fundamentalen Tatsache scheitern viele Geschäftsideen. Ein großartiges Produkt verheißt nicht automatisch Erfolg. Wenn potenzielle Kunden kein Vertrauen aufbauen können, sind die Bemühungen des Unternehmens zum Scheitern verurteilt. Referenzen sind nichts anderes als Empfehlungen und Lob der Kunden zu den Unternehmensleistungen. Wenn ein Geschäftsführer ein positives Statement von einem anderen Geschäftsführer liest, der ein Produkt empfiehlt, fällt eine Entscheidung zu Gunsten dieses Produkts wesentlich leichter.

Geschickt in die Webseite integriert, wirkt Kundenlob wie ein Vertrauenszertifikat. Besucher bekommen den Eindruck, dass die Leistungen gut sein müssen. Warum sprechen sich sonst so beeindruckende Experten für das Unternehmen aus? Die Universität Koblenz-Landau setzt Kundenlob ein, um für ihre Weiterbildungsangebote zu werben (siehe **Abbildung 16.3**).

Woher bekommt man Lob?

Jeder Mensch ist engagiert, wenn er sich beschweren will. Lob hingegen ist ein knappes Gut, die meisten Menschen gehen sparsam damit um und nur wenige sprechen es unaufgefordert aus. In der Regel muss man seine Kunden und Geschäftspartner darum bitten. Gehen Sie aktiv auf mögliche Fürsprecher zu und bitten Sie sie um ein Statement zum Unternehmen und dessen Leistungen. Hin und wieder erhält man auch unaufgefordertes Lob von Kunden. Solche Aussagen sollten nicht untergehen, sondern von Vertriebs-, Support- und alle anderen Mitarbeitern mit Kundenkontakt gesammelt und weitergeleitet werden.

Wortwahl

Eine Referenz kann nur dann ihre Wirkung entfalten, wenn sie authentisch klingt. Wenn das Lob der Kunden nur sinngemäß übernommen oder umgeschrieben wird, hören sich alle Aussagen ähnlich an, und potenzielle Kunden glauben, die Statements seien gefälscht. Gerade unterschiedliche Sprachstile wirken lebendig und echt.

Inhalt

So unterschiedlich wie die Kunden selbst sind auch ihre jeweiligen Ansprüche an Produkte. Achten Sie, wenn Sie Referenzen verwenden, darauf, dass die unterschiedlichen Eigenschaften des Produktes betont werden. Man könnte beispielsweise ein Statement verwenden, das die Schnelligkeit lobt, und eines, das die Flexibilität hervorhebt. Auch der Autor des jeweiligen Testimonials ist entscheidend. Wenn man ein sehr breites Kundenspektrum hat, ist es sinnvoll, dass sich dies auch in den Testimonials widerspiegelt. Ein Angestellter einer Softwarefirma wird sich durch einen Kollegen aus einer ähnlichen Firma eher beeinflussen lassen als von einem Angestellten im Öffentlichen Dienst.

Abbildung 16.3 Referenzen auf der Startseite (Quelle: www.wordtracker.com)

startseite → campus koblenz → zentrum für fernstudien und universitäre weiterbildung → studien- und weiterbildungsangebote → management → marketing management → teilnehmerstimmen

FERNSTUDIENKURS „MARKETING MANAGEMENT" - PRAXISNAHE LERNINHALTE AUF BREITER EBENE

Nachstehend einige Teilnehmerstimmen:

„Für mich als Freiberufler war der Fernstudienkurs „Marketing-Management" ein voller Erfolg, da ich eine Reihe von Theorien und Modelle, die im Marketing-Management angewendet werden, so nicht kannte.
Der Aufbau des Kurses und der Unterlagen ist sehr aktuell und professionell zusammengestellt. Die Teilnahme am zweitägigen Abschlussseminar ist unbedingt zu empfehlen, dabei lernt man das Team um Prof. Dr. G. Walsh sowie die anderen Kursteilnehmer näher kennen.
Aus meiner Sicht war dieser Fernstudienkurs eine sehr gute Ergänzung und Auffrischung meiner Kenntnisse im Marketing-Management und für meine beruflichen Beratungstätigkeiten von großem Nutzen.
Ich kann diesen Fernstudienkurs uneingeschränkt weiterempfehlen."

Reinhard Bach, RB-Consult

Oberflächlichkeit vs. Nutzen

In der Regel beschränken sich Menschen, die eine Referenz aussprechen, auf allgemeine, oberflächliche Aussagen wie beispielsweise: „Tolles Produkt, arbeite wirklich gern damit." Angaben dieser Art sind gut, wenn sie eine bekannte Persönlichkeit ausspricht, die für die Zielgruppe Vorbildcharakter hat. In solchen Fällen zählt für die Besucher mehr die Tatsache, dass diese Person überhaupt das Produkt benutzt, als welchen Nutzen sie konkret daraus zieht. Besser als oberflächliches Lob sind aber immer nutzenbezogene Äußerungen. Optimal sind zum Beispiel Kundenäußerungen, die besagen, dass man durch das Produkt Zeit sparen konnte. Ein Statement wie „Tolles Produkt, ich spare jeden Tag durch die Nutzung mindestens 15 Prozent meiner kostbaren Zeit", klingt dabei durch die Quantifizierung der Zeitersparnis noch wesentlich glaubwürdiger als ohne eine verbindliche Aussage dazu.

Relevanz
Nicht alles ist wichtig. Wie der Kunde auf das Produkt aufmerksam geworden ist und welche Leute er noch im Laden getroffen hat, ist für potenzielle Kunden nicht von Belang. Sie interessieren sich eher für den Nutzen des Produkts. Verwenden Sie also nur die wichtigen Teile eines Lobs. Auch lange Referenzen können sinnvoll sein, wenn deren Inhalt durchgehend relevant ist.

Name und Titel
Ein Lob von „Herrn S. aus W. bei P." ist zwar aus Datenschutzaspekten eine saubere Lösung. Doch klingt eine Äußerung, die so unterschrieben wurde, leider nicht sehr glaubwürdig. Besser ist es, zu jedem Referenzgeber immer den vollständigen Namen und Titel anzugeben, wenn möglich auch den Namen des Unternehmens (bei Geschäftskunden) und eine URL. Selbstverständlich dürfen Referenzen nie ohne Zustimmung des Autors veröffentlicht werden. Eine kurze Anfrage per E-Mail, in der um Erlaubnis gebeten wird, das Lob im Rahmen der Öffentlichkeitsarbeit verwenden zu dürfen, und mit einer Erläuterung, in welchem Zusammenhang das Lob erscheinen wird, führt häufig zum Erfolg. Die meisten Menschen fühlen sich geehrt und stimmen zu. Wenn nicht, hilft häufig ein kleines Geschenk, etwa ein Buch oder ein kostenloser Download. Man sollte dabei darauf achten, eine schriftliche Bestätigung zu erhalten (E-Mail reicht in der Regel). So kann man auch noch in einem Jahr beweisen, dass die Zustimmung des Autors vorlag.

Fallbeispiele
Gerade bei immateriellen Dienstleistungen (wie Beratung) ist es eine gute Strategie, wahre Geschichten zu den Dienstleistungen zu erzählen. Fallbeispiele, die nicht nur die Dienstleistung selbst, sondern auch das tolle Verhältnis zu den Kunden sowie das hervorragende Ergebnis der Zusammenarbeit darstellen, machen enormen Eindruck. Diese Art der Fallbeispiele sind selten und wesentlich effektiver als Lobeshymnen auf die eigene Firma, wie man sie zuhauf liest. Ergänzen Sie die Fallbeispiele durch Referenzen der betreffenden Kunden.

16.1.3 Meinungsführer

Meinungsführer sind, aufgrund ihrer Position und ihrer Kompetenz, Autoritäten, damit besonders glaubwürdig und werden häufig um Rat gefragt. Meinungsführer kennen sich nicht nur in einer bestimmten Produktkategorie sehr gut aus, sie stellen für ihre Mitmenschen auch eine gewisse Autorität in ihrem Fachgebiet dar. Sie sind daher die idealen Multiplikatoren für die Kommunikation.

Jeder Politiker weiß, dass es unmöglich ist, jeden Wähler persönlich zu überzeugen. Ein cleverer, zukünftiger Abgeordneter versucht deshalb immer zuerst, einflussreiche Persönlichkeiten seines Wahlkreises zu beeinflussen. Erst danach widmet er sich direkt der Basis. Diese Technik lässt sich auch auf die Online-Kommunikation übertragen. Wer es schafft, bestimmte Gruppen von Nutzern von seinem Angebot zu überzeugen, gewinnt damit Multiplikatoren, die häufig mehr wert sind als alle Kommunikationskampagnen zusammen. Doch wo findet man diese äußerst interessante Klientel, und wie überzeugt man sie von seiner Webseite und seinen Leistungen?

Identifikation und Ansprache von Meinungsführern in Foren
Foren gibt es zu jedem Thema und damit zu fast jeder relevanten Zielgruppe. Engagierte Forennutzer bringen es nicht selten auf über 50 Beiträge pro Woche. Die virtuellen schwarzen Bretter eignen sich deshalb hervorragend dazu, sich nach neuen „Freunden" umzuschauen.

Wenn man in einem Forum (etwa dem wichtigsten in der Branche) die Mitglieder identifiziert hat, die die meisten Threads (deutsch: Diskussionsstränge) verfasst haben, kann man sich an den gleichen Diskussionen beteiligen, und versuchen sich mit ihnen anzufreunden. Ist erst einmal eine persönliche Beziehung aufgebaut, kommt eins zum anderen. Wenn man beiläufig das eigene Internetangebot vorstellt und nach Meinungen dazu fragt, kann man nicht nur konstruktive Kritik sammeln, sondern auch wichtige Multiplikatoren gewinnen. Geht es bei einer der nächsten Diskussionen im Forum um ein zu der eigenen Webseite passendes Thema, ist es sehr wahrscheinlich, dass diese in diesem Zusammenhang auch empfohlen wird.

Beschwerdeführer als Meinungsführer
Jedes Unternehmen kennt sie, die ständigen Fragen oder Beschwerden von Nutzern per E-Mail. Sie sind zumindest ein Ärgernis, alle Fragen müssen schließlich ordentlich beantwortet werden, und das kostet viel Zeit. Schnell vergisst man jedoch, dass gerade die fragenstellenden Nutzer besonderes Potenzial bergen. Sie gehören in der Regel nicht zur schüchternen Fraktion, sondern sind häufig den Meinungsführern zuzurechnen. Wenn das Unternehmen gerade bei diesen kritischen Nutzern den Eindruck hoher Expertise vermittelt, bringt dies nicht nur Punkte auf der Sympathieskala, sondern häufig auch eine Menge an Empfehlungen. Man sollte sich also für Fragen immer ausreichend Zeit nehmen. Am Ende des Antwortschreibens kann man ebenfalls eine Frage stellen, beispielsweise zur Webseite, dem Produktangebot oder auf das angesprochene Thema bezogen. Man gibt dem Gegenüber das Gefühl, ernst genommen zu werden, und erhält gleichzeitig den Dialog aufrecht.

Meinungsportale als Communities für Meinungsführer
Gerne holt man von diesen bei wichtigen Entscheidungen Rat. Fast jeder kennt beispielsweise eine Person, die ausführlich die Vorzüge und Details von Computer-Hardware erläutern kann. Meinungsführer stellen für das Marketing eine besondere Herausforderung dar. Wenn es gelingt, sie für ein Produkt zu gewinnen, besitzt man einen Multiplikator, der in der Regel mehr wert ist als jede Werbekampagne. Auf Meinungsportalen wie ciao.de lassen sich Meinungsführer identifizieren. Sucht man hier nach den zu der Websei-

te bzw. Produkten passenden Kategorien und liest sich die einzelnen Testberichte durch, kann man auch Informationen über den Autor finden. Auf einer „Über mich"-Seite bieten sich auch Kontaktmöglichkeiten. Unternehmen, die über das entsprechende Kleingeld verfügen, können ihre Produkte den Meinungsführern einer bestimmten Kategorie vorstellen. Wenn sich diese von dem Produkt überzeugen lassen, konnte ein wichtiger Verbündeter gewonnen werden.

16.1.4 Testergebnisse, Gütesiegel und Awards

Testergebnisse

Institutionen wie die Stiftung Warentest haben bei den meisten Konsumenten einen hohen Vertrauensvorschuss. Die Logos positiver Testergebnisse, die das Produkt erzielt hat, gehören daher auf jede Produktübersichtsseite (siehe **Abbildung 16.4**). Testzeitschriften wie die Stiftung Warentest sind Autoritäten bei der Beurteilung von Produkten. Je bekannter die Publikation ist, desto größer ist der Effekt auf die Verkaufszahlen. Das Testergebnis fasst die Qualität des Produkts in allen relevanten Leistungskategorien (Testkriterien) zu einem Urteil zusammen und hilft dem Nutzer, die Komplexität der Entscheidung zu reduzieren. Wenn den Kunden berichtet wird, was Fachleute von der Leistung halten, Testsiegerlogos neben den Text eingeblendet oder das Fazit der Tester zitiert wird, erzeugt dies Vertrauen. Um keine potenziellen Kunden zu verlieren, sollte nicht das gesamte Testergebnis verlinkt werden, sondern höchstens eine größere Abbildung der Auszeichnung und das Fazit. Ansonsten läuft man Gefahr, dass die Nutzer womöglich nicht mehr den Weg zum Shop zurückfinden.

Abbildung 16.4 Auszeichnungen als Kaufgrund (Quelle: www.otto.de)

Man muss gar nicht immer Testsieger werden. Selbst wenn man nur auf den Plätzen gelandet ist, können doch besonders positive Aussagen über das Produkt übernommen werden. Beispiele:

> Die PC-Welt (Ausgabe 12/08) nennt unser Produkt „einen Meilenstein der Softwaregeschichte".

> „Klar und präzise" (ComOnline, Websitetest Mai/08) führt Sie unser Routenplaner zum Ziel.

Aber Vorsicht: Sinnentstellende Zitate können zu heftigen Reaktionen vonseiten der Nutzer und der Autoren führen. Doch woher weiß man, welches Produkt welche Auszeichnung bekommen hat? Am besten wissen natürlich die ausgezeichneten Unternehmen selbst Bescheid. Wer jedoch nicht bei der Presseabteilung jedes Herstellers in seinem Sortiment nachfragen will, dem bieten mittlerweile eine Reihe von Testportalen Produkt bezogene Übersichten der errungenen Auszeichnungen wie beispielsweise Testberichte.de.

Gütesiegel und Awards

Auch mit der Nutzung von Gütesiegeln und Awards setzt man auf die Übertragung der Glaubwürdigkeit von Autoritäten auf das eigene Unternehmen. Die Kaufentscheidung scheitert nämlich bei vergleichsweise kleinen Anbietern regelmäßig an der fehlendem Bekanntheit und dem fehlenden Vertrauen, das dem Händler entgegengebracht wird. Hier bietet es sich gerade für kleine Online-Händler an, den Online-Shop zertifizieren zu lassen, beispielsweise durch das anerkannte Siegel „Geprüfter Online-Shop", das vom Bundesverband des Deutschen Versandhandels e.V. in Kooperation mit dem EHI Retail Institute GmbH vergeben wird.

Auch durch Awards bzw. Online-Auszeichnungen können mehr Besucher akquiriert und bei diesen ein höheres Maß an Vertrauen erzeugt werden. Manche Awards können zu wahren Besucherstürmen führen, andere wiederum sind nur schale Trophäen. Verliehen von einem gewitzten Webmaster mit der Bitte, den Award mit seiner Webseite zu verlinken, verdienen diese den Namen Auszeichnungen meist nicht. Solche Awards ohne Bezug zum Inhalt oder der Qualität der ausgezeichneten Webseite verfolgen nur ein Ziel: Sie werden verliehen, um die Linkpopularität des Auszeichnenden zu steigern. Doch auch wenn es einige schwarze Schafe gibt, kann so manch angesehener Preis effektiver sein als monatelanges Optimieren von Suchmaschinen.

Hochwertige Auszeichnungen, vergeben von einer gutfrequentierten Webseite oder einer bekannten Institution, führen zu einem starken Besucheranstieg. Jedoch hält dieser Anstieg nur so lange an, wie der Wettbewerb und die Sieger für die Medien interessant sind, danach nimmt der Besucherstrom wieder schnell ab. Awards erhöhen die Glaubwürdigkeit und das Vertrauen der ausgezeichneten Webseite, sie zeigen den Besuchern, dass das Online-Unternehmen sein Handwerk versteht. Für manch unentschlossenen Käufer kann eine Auszeichnung genauso wie bei Gütezeichen das noch zum Kauf fehlende Quäntchen Vertrauen erzeugen.

Eine Bewerbung bei den wesentlichen Wettbewerben lohnt sich deshalb in jedem Fall. Hier eine Auswahl der wichtigen deutschen themenübergreifenden Awards:

- OnlineStar (Verlagsgruppe Ebner Ulm)

- eco Internet-Awards (Verband der deutschen Internetwirtschaft)

- Deutscher Internetpreis (BITKOM e.V.)

Wird ein wichtiger Preis gewonnen, sollte er auf jeden Fall auf der Webseite präsentiert werden.

16.2 Nutzung der Interaktionsprozesse

Viele Beeinflussungstechniken basieren auf der Norm der Reziprozität. Demnach fühlt man sich verpflichtet, anderen einen Gefallen zurückzugeben. Mit der wichtigsten, darauf aufbauenden Technik versucht man, einen „Fuß in die Tür" der Nutzer zu bekommen. Andere Techniken zielen darauf ab, einen Dialog mit dem Nutzer zu beginnen oder ihm eine Danksagung zukommen zu lassen, darauf hoffend, dass der Nutzer sich der Reziprozitätsregel entsprechend revanchiert.

16.2.1 Fuß-in-der-Tür-Strategie

Wenn die Klickraten gegen Null tendieren, die Nutzerakzeptanz sinkt und jede neue Kampagne nur kurzfristig erfolgreicher zu sein scheint als die letzte, muss man sich die Frage stellen, ob es sich überhaupt noch lohnt, Online-Werbung zu schalten. Antwort: Es kommt darauf an. Viele Banner und Textanzeigen scheitern nur, weil sie Grundregeln erfolgreichen Marketings verletzen.

Die Erfolgsformel jeder Werbung besteht (in Verkürzung der AIDA-Formel) aus zwei Faktoren:

- Aufmerksamkeit: Die Anzeige muss auffallen, das Interesse des Konsumenten wecken und ein Verlangen nach dem Produkt auslösen.
- Aktion: Der potenzielle Kunde muss eine Handlung ausführen.

Die Gestaltung der Kommunikationsinstrumente – besonders die der Above-the-Line-Instrumente – sollte auf diesem simplen Ansatz basieren. Wenn Anzeigen die oben genannten Bedingungen nicht erfüllen, sollte sich das werbende Unternehmen ernsthaft fragen, was die Anzeigen überhaupt erreichen sollen.

Ein oft genanntes Argument gegen die Einfachheit der AIDA-Formel lautet Markenaufbau oder Branding. Wenn ein neues Unternehmen am Markt auftritt, ein Image aufgebaut oder es bekannter gemacht werden soll, wird häufig auf den Faktor „Aktion" verzichtet. Die Konsumenten sollen nicht handeln, sie sollen die Werbung und damit das Unternehmen oder dessen Leistung vorerst „nur" wahrnehmen. Dahinter steht die (vage) Hoffnung, dass sich der Konsument bei einer konkreten Kaufentscheidung an das beworbene Produkt und das Unternehmen erinnern wird. Ein Unternehmen mit großem Werbebudget kann so vorgehen, für ein Kleinunternehmen ist dies aber keine Option. Aber selbst bei ausreichendem Etat verschwendet man bares Geld. Warum auf die Handlungsaufforderung zum Kauf verzichten, wenn man beides haben kann?

Interesse, Verlangen und Handlung
Dass bei jeder verkaufsfördernden Maßnahme zuerst die Aufmerksamkeit der Konsumenten erlangt werden muss, steht außer Frage. Entscheidender, aber auch schwieriger ist es, diese mit dem Auslösen einer Handlung zu verbinden. Denn gerade die Handlungsaufforderung an sich führt zu Skepsis bei fast allen Konsumenten. Die meisten Menschen

mögen Werbung nicht. Sie unterbricht, sie stört oder sie nervt. Viele Menschen fühlen sich bedrängt. Niemand will sich etwas aufschwatzen lassen. Clevere Kommunikation muss deshalb geschickt vorgehen.

Als Beispiel zwei Anzeigen:

> „DVD-Player in riesiger Auswahl und zu günstigen Preisen gibt es im DVD-Superparadies.
> Schnell hin!
> http://www.dvd-superparadies.de"

> „Qualität oder Ramsch? Lernen Sie 10 Funktionen kennen, die ein guter DVD-Player haben muss. Und finden Sie heraus, ob Sie wirklich eine neue Surround-Anlage brauchen oder ob Sie Ihre alte HiFi-Anlage für weniger als 50 Euro aufrüsten können.
> http://www.dvd-superparadies.de/ratgeber"

Werbebotschaften der ersten Art finden sich zuhauf. Früher waren sie vielleicht einmal erfolgreich. Heute dürften sie bei den meisten Konsumenten Alarm auslösen: Der Text klingt aufdringlich, nach Marktschreierei. Skepsis kommt auf gegenüber allem, was danach kommen könnte.

Anzeige 2 ist fast unwiderstehlich. Selbst, wenn man sich nicht für einen DVD-Player interessiert, will man doch wissen, was einen guten Player ausmacht. Im Gegensatz zum ersten Werbetext weckt der zweite das Interesse des Konsumenten. Und viel wichtiger: Der Kunde geht nicht in eine Abwehrhaltung, sondern freut sich auf die gebotenen Informationen. Die Grundeinstellung gegenüber dem werbenden Unternehmen ist viel positiver.

Der Fuß in der Tür

Das hier zugrundeliegende Phänomen nennt sich „Fuß-in-der-Tür"-Effekt. Es ist einfacher, jemand dazu zu bringen, einen kleinen Schritt in Richtung einer Kaufentscheidung zu gehen, als gleich einen großen zu tun.

Diese Vorgehensweise ist nicht neu, sondern wird im Geschäftsleben häufig verwendet. Viele religiöse Organisationen und Gruppierungen sind wahre Meister dieser Technik. Auch Buchklubs wissen, dass sie keine neuen Mitglieder werben, wenn sie Konsumenten anrufen und danach fragen, ob sie ein Buchabonnement abschließen wollen. Sie locken mit vergünstigten Preisen und großzügigen Einkaufsgutscheinen bei Vertragsabschluss.

Der clevere Weinhändler

Eine weitere Gruppe, die diese Technik perfektioniert hat, sind Vertreter. Ein Weinhändler, der bei einer fremden Familie klingelt und fragt, ob sie einen Jahresvorrat Wein kaufen will, bekommt keinen Fuß in die Tür. Vertreter wissen, dass sie klein anfangen müssen, um groß zu verdienen. Der clevere Weinhändler ruft eine Woche vorher an, erläutert, dass er von einem kleinen Weingut kommt, und bietet eine kostenlose Weinprobe an. Als Dankeschön gibt es natürlich eine Flasche Wein kostenlos. Sobald der Weinhändler seinen Fuß in die Tür bekommen hat, beginnt die Verkaufsshow. Der Wein wird probiert und die Unterschiede einzelner Rebsorten erläutert – im Endeffekt nicht anderes als eine Vorstellung der Produkte. Profitieren kann der Verkäufer zudem von der guten Erziehung der meisten Konsumenten. Sitzt er erst einmal am Wohnzimmertisch, ist ein großer Schritt getan. Ganz automatisch werden Gäste zuvorkommend und freundlich behandelt. Auch wenn man den Vertreter gar nicht kennt, bekommen viele an einem bestimmten Punkt ein schlechtes Gewissen, diesen netten Menschen mit leeren Händen wieder nach Hause schicken zu müssen.

Gastfreundschaft im Internet?
Im Internet ist diese Technik natürlich schwieriger anzuwenden. Die Anbieter haben keinen persönlichen Kontakt und genießen auch nicht die Gastfreundschaft ihres potenziellen Kunden. Finden die Kunden die Webseite nicht interessant, sind sie mit einem Klick auf einer anderen Seite, ohne dabei ein schlechtes Gewissen wegen Unhöflichkeit zu haben. Im Internet bedeutet der Fuß in der Tür, dass zuerst die Aufmerksamkeit des Nutzers erregt und dann mit wertvollen Informationen aufrechterhalten werden muss. Dieses geht am einfachsten mit etwas Kostenlosem, Gratisangebote finden fast alle gut.

Kostenlose Leistungen als Schlüssel

Zu Beginn der Interneteuphorie war „kostenlos" der Kernbegriff, der in aller Munde war. Kostenlos musste etwas sein, um erfolgreich zu werden. Diese Ansicht hat sich nun mehr und mehr ins Gegenteil gewandelt. Große Unternehmen suchen immer intensiver nach Konzepten, Inhalte über das Netz erfolgreich gebührenpflichtig verkaufen zu können. Immer mehr kostenlose Angebote verschwinden vom Markt. Genauso wie die Kostenlos-Kultur ein Extrem in die falsche Richtung war, sind es die Paid-Content-Bestrebungen heute. Erfolgreich ist – wie so oft – der Mittelweg.

Aber nur etwas zu verschenken, ist nicht Erfolg versprechend. Das Gratisangebot darf nur der Schlüssel sein, Ziel ist es, dem Nutzer die Entscheidung für den Kauf zu erleichtern. Es ist wichtig, dass ein Zusammenhang besteht zwischen dem, was verkauft wird und dem, was verschenkt wird. Nur so lässt sich eine effektive Verknüpfung zwischen Geschenk und späterem Verkauf herstellen.

Vier Faktoren sind bei der Fuß-in-der-Tür Strategie im Internet besonders wichtig:

- Fokussieren: Identifizieren Sie zunächst klare Zielgruppen. Private Krankenversicherungen verkaufen nicht an Niedrigverdiener. Wenn Sie herausfinden, wo sich die Zielgruppe im Internet aufhält, wo sie Informationen sucht und welche Webseiten sie besucht, können Sie dort Werbung schalten. Wenn Sie dazu keine aufwendige Marktforschung betreiben wollen, reicht es in einem ersten Schritt häufig auch, ein paar bestehende Kunden zu interviewen.

- Nicht übertreiben: Übertriebene Werbetexte wirken aufgesetzt und werden leicht durchschaut. Vermeiden Sie Superlative.

- Prozess planen: Legen Sie genau fest, wie der Prozess von kostenlos bis kostenpflichtig ablaufen soll. Nur so kann die Technik Erfolg haben. Versicherungsmakler werben im Internet beispielsweise mit dem Angebot eines kostenlosen Versicherungsvergleichs. Im Laufe des Vergleichs werden geschickt persönliche Daten abgefragt, die hinterher zur Kontaktaufnahme dienen. Innerhalb eines Tages meldet sich der Makler telefonisch, nimmt Bezug auf den Vergleich, spricht Probleme an und antwortet auf Fragen.

- Nachfassen: Ein Weinhändler verkauft nicht am ersten Tag einen Jahresvorrat Spätlese. Er verkauft erst eine Kiste zum Schnupperpreis. Nach einem Monat meldet er sich dann per Telefon und macht die nächste etwas größere Bestellung klar. So entsteht eine lange Kundenbeziehung.

Wichtig sind die Kontaktdaten der Kunden. Und für Beziehungen im Internet gilt dies vor allem für die E-Mail-Adresse.

16.2.2 Autoresponder

Einen Dialog mit dem Kunden aufzubauen, ist eine sehr effektive Form der Beeinflussung. Fast jeder Nutzer, der Interesse an der jeweiligen Leistung hat, fühlt sich geehrt, wenn ein Unternehmen zu ihm Kontakt aufnimmt. Doch leider ist individuelle Kommunikation sehr aufwendig und teuer. Man kann individuelle Kommunikation im Rahmen eines E-Mail-Marketings durch Autoresponder aber zumindest simulieren.

Ein Autoresponder funktioniert sehr simpel. Man schickt eine E-Mail und bekommt eine automatisch generierte E-Mail zurück. Bis zu diesem Punkt klingt das noch nicht sehr spannend. Man stelle sich jedoch vor, jemand interessiert sich für ein Softwareprodukt und lädt eine Testversion herunter. Im Rahmen dieses Vorgangs wird auch die E-Mail-Adresse abgefragt und der Testkunde erhält einen Tag später eine E-Mail vom Support, der noch einmal die Vorzüge des Produktes erläutert und viel Spaß bei der Nutzung wünscht. Wieder einen Tag später wird eine weitere E-Mail verschickt, in der sich der Support erkundigt, ob Fragen zur Nutzung bestehen. Dieses geschieht noch einmal nach einer Woche, nach einem Monat und nach drei Monaten, jeweils in anderer Formulierung. Viele Kunden freuen sich wahrscheinlich, wie sehr sich das Unternehmen um sie kümmert, und kaufen bei soviel Fürsorge womöglich auch das Produkt.

Was die meisten Menschen nicht im Entferntesten annehmen würden, ist, dass jede einzelne Nachricht automatisch nach einem festgelegten Ablaufplan versandt wurde. Infolge des Herunterladens der Software wurde die E-Mail-Adresse an einen Autoresponder übergeben, der ab diesem Zeitpunkt den Kontakt zum Kunden aufrechterhielt. Kontinuierlich zeigte er dem Nutzer die Vorzüge des Produktes auf, stellte den hervorragenden Support (selbst für Nichtkunden) unter Beweis und erinnerte indirekt daran, dass das Produkt noch gar nicht erworben wurde.

Auch bei Autorespondern gibt es aber viele Dinge zu beachten, damit sie die maximale Wirkung erreichen:

- Ablaufplan: Erstellen Sie einen Zeitplan für die Versendung jeder E-Mail. Um die hohe Aufmerksamkeit am Anfang auszunutzen, bieten sich ein bis zwei E-Mails in der ersten und der zweiten Woche an. Danach sollten noch einmal nach zwei Wochen und dann in monatlichen Abständen E-Mails versendet werden. Übertreiben Sie es nicht. Verschicken Sie je nach Art der Leistung innerhalb von drei Monaten nicht mehr als fünf E-Mails, sonst überfrachten Sie die Kunden. Wählen Sie unregelmäßige Zeitabstände. So sollte eine E-Mail nie genau nach einer Woche, sondern besser sechs oder acht Tage später versandt werden.
- E-Mail-Texte: Jede E-Mail sollte sich textlich von den anderen unterscheiden.
- Rückantwort an Support: Ein Autoresponder kann zwar automatisch E-Mails versenden, auf eine individuelle Anfrage eines potenziellen Kunden kann er jedoch nicht antworten. Es muss also sichergestellt werden, dass eine direkte Antwort auf eine automatisch generierte Nachricht immer an einen menschlichen Support-Mitarbeiter gesendet wird.
- Personalisierung: Richtig authentisch wirkt der Autoresponder erst, wenn jede Nachricht personalisiert wird. Wenn der Nutzer mit Namen angesprochen wird, verstärkt sich der Eindruck einer persönlichen Kontaktaufnahme. Neben der E-Mail-Adresse sollte dazu unbedingt auch nach dem Namen gefragt werden.
- Dezente Angebotsplatzierung: Weisen Sie nicht direkt und an prominenter Stelle auf den Kauf hin. Zwar erkennt immer noch niemand, dass ein Autoresponder verwendet wird, das Vorgehen kann aber wieder als Spam wahrgenommen werden.

16.2.3 Danksagungen

Danksagungen sind für denjenigen, der den Dank erhält, fast immer angenehm, können aber auch für den Sender des Danks positiv wirken, wenn man es schafft, gleich in das nächste Geschäft einzusteigen. Danksagungen zeigen dem Kunden, dass man ihn wertschätzt. Aber nur relativ wenige Online-Unternehmen nutzen diese Möglichkeit wirklich konsequent, um Kunden zu binden und damit mehr Produkte zu verkaufen. Nichts ist wertvoller für einen Kunden, als persönlich geschätzt zu werden. Ganz besonders nach einem virtuellen Geschäft dürstet es Kunden danach, dass der Kauf gewürdigt wird.

Natürlich erhält jeder Kunde nach seiner Online-Bestellung ein Dankesschreiben des Shops. Jedoch hat diese E-Mail eher die Funktion einer Bestätigung der Bestellung als die eines Dankesschreibens. Das „Danke" in der E-Mail ist zu vergleichen mit dem obligatorischen „Danke" eines Verkäufers in einem Warenhaus. Durchaus nett, aber nichts Besonderes. Am wirkungsvollsten ist eine Danksagung, wenn sie persönlich gestaltet ist und der Kunde gar nicht damit rechnet. Hier ein paar Beispiele aus der On- und Offline-Welt:

- Ein amerikanischer Online-Marketing-News-Dienst versendet bei Abonnement eine übliche Dankes-Mail. Nach einem Monat erhalten Abonnenten eine E-Mail vom Chefredakteur, in der er seinen persönlichen Dank ausspricht und sich nach der Zufriedenheit mit dem Angebot erkundigt.

- Nach dem Kauf eines E-Books über Wissensmanagement in Unternehmen erhielt man eine E-Mail vom Autor, in der er als Dankeschön den Käufern des Buchs noch ein kleines Booklet zum Thema „Geldverdienen mit Wissensmanagement im Internet" als kostenlosen Download bereitstellte. Des Weiteren bat er darum, seinen Newsletter zu abonnieren, um aktuelle Tipps und Tricks zur Thematik zu erhalten.

- Bei der Online-Bestellung einer CD-ROM für Medizinstudenten erhält man eine Woche nach Lieferung der CD eine handgeschriebene Dankeskarte des kleinen Verlags. Nichts Außergewöhnliches, nur ein Dank dafür, dass man diesen Verlag gewählt hat. Obwohl das schon genug gewesen wäre, legte der Verlag ein kleines Notizbuch bei. Ganz am Ende dieses Büchleins befindet sich eine Auflistung aller aktuellen CD-ROM-Titel des Verlags.

Es ist also eigentlich gar nicht so schwierig, seine Kunden auf originelle Art und Weise zu überraschen. Dennoch sollte der Aufwand hierfür nicht unterschätzt werden. Bei der Suche nach einer originellen Danksagungsidee sollte man sich deshalb auch immer Gedanken über eine kostengünstige Automatisierung machen. Auch einen Rabattcoupon zu versenden oder ein Booklet zum Download bereitzustellen sind nette Gesten. Nutzen Sie eine Danksagung aber nicht zu direkt dazu, ein anderes Produkt zu verkaufen. So erzeugt man bei Kunden nur das Gefühl, dass man ihm etwas aufschwatzen will.

E-Mail: Persönlich und kostengünstig
Per E-Mail Danke zu sagen, bringt viele Vorteile. Der Versand kostet nur einen Bruchteil im Vergleich zu einem Versand per Post. Aber vor allem durch die Personalisierungs- und Automatisierungsfunktionen eignet sich die elektronische Post hervorragend für den Versand von Dankesschreiben:

- Eine E-Mail lässt sich wie ein Serienbrief personalisieren.
- Der Versand kann zeitlich automatisiert werden, also beispielsweise genau einen Monat nach einer Bestellung erfolgen.
- Papier- und Druckkosten entfallen.
- Die Kosten für Downloads von kleinen Dateien wie Booklets, Software oder Ähnlichem sind verhältnismäßig gering (vor allem, wenn man den professionellen Druck und den Versand per Post gegenrechnet).

Wenn eine E-Mail als Dankesschreiben verwendet werden soll, sollte man sich allerdings im Klaren darüber sein, dass sich das Schreiben von der Bestellbestätigungen abhebt und die Unterschrift einer realen Person trägt.

Diese Person sollte wiederum dazu in der Lage sein, ihre E-Mails persönlich zu empfangen und zu versenden. Nur sehr wenige Menschen greifen noch zu „Papier und Stift" und beantworten eine handgeschriebene Dankeskarte. Bei einer E-Mail drückt man schnell mal auf den Antwort-Button.

Traditionelle Danksagungen machen mehr Eindruck
Wenn ein Kunde ein virtuelles Produkt über ein virtuelles Medium kauft, kann eine „reale", handgeschriebene Dankeskarte oder ein Anruf mehr Eindruck machen. Man zeigt den Kunden, dass es das Online-Unternehmen nicht nur virtuell gibt und dass der Kunde es mit echten Menschen zu tun hat. Je virtueller die Leistung ist, desto handfester sollte deshalb Ihre Danksagung ausfallen. Traditionelle Danksagungen sind natürlich besonders dann angebracht, wenn es sich um ein teures Produkt handelt. Sich per E-Mail zu bedanken, kann in diesem Fall sogar eine Minderwertschätzung für den Kunden bedeuten. Wenn Dankeskarten, sollten auf jeden Fall nur handgeschriebene verwendet werden. Nichts ist so unpersönlich wie ein vorgedruckter Text, nichts so persönlich wie eine handschriftliche Notiz. Die Kosten sind zwar höher als für gedruckte Schreiben, der Effekt aber wesentlich größer. Sich zu bedanken ist eine exzellente Möglichkeit, Vertrauen zu den Kunden aufzubauen. Danksagungen eignen sich auch hervorragend, um Mundpropaganda zu erzeugen. Die meisten Menschen sind so überrascht, dass sie vielen anderen Menschen davon erzählen. Herzlichen Dank, dass Sie diesen Abschnitt gelesen haben!

16.3 Nutzung der Denk- und Orientierungsmuster

Auch die beste Online-Kommunikation stößt an ihre Grenzen, wenn man auf sehr kritische oder unsichere Nutzer trifft. Viele Konsumenten empfinden den Kauf im Internet immer noch als riskant, gerade bei wenig bekannten Händlern. Die im Folgenden beschriebenen Techniken zielen vor allem auf die Erzeugung von Glaubwürdigkeit und Vertrauen ab. Mit einem Anbieter, dem man vertraut, schließt man gerne und dauerhaft Geschäfte ab. Am wirkungsvollsten überzeugt man potenzielle Kunden, indem man einen herausragenden Service anbietet und dies auch kommuniziert. Den skeptischsten Kunden sollte dann noch eine Geld-zurück-Garantie angeboten werden. Damit dokumentiert man, dass man von der eigenen Leistung einhundertprozentig überzeugt ist.

16.3.1 Service

Service kostet Geld. Aus diesem Grund verzichten einige Unternehmen darauf, ihren Kunden nach dem Kauf zur Seite zu stehen. Dabei vernachlässigen diese nicht nur Kundenbindungsaspekte, sondern auch die Tatsache, dass Kundenservice und Support die Entscheidungsfindung des Konsumenten schon vor dem Kauf maßgeblich beeinflussen können. Wer mehr Aufträge akquirieren will, muss besseren Service bieten.

Zur Erläuterung ein kleines Beispiel: Angenommen ein Kunde möchte ein Produkt kaufen, das von zwei Webseiten angeboten wird. Beide verkaufen ungefähr für den gleichen Preis, bieten ähnliche Garantien und können in der gleichen Zeit liefern. Was dem Kunden in einer solchen Situation noch zur Entscheidungsfindung bleibt, ist nicht viel. Er bewertet „Look und Feel" der jeweiligen Webseite und kauft schlussendlich bei dem Shop, der mehr Vertrauen vermitteln konnte. Wenn aber eines der Unternehmen ausführliche Informationen zur Nutzung des Produktes, eine Installationsanleitung mit Problemlösungshilfen und ein Downloadarchiv mit nützlichen Add-Ons bieten würde? Ganz klar: Dieser Shop böte einen erheblichen Mehrwert gegenüber seinem Konkurrenten. Der Kunde würde bei diesem Unternehmen kaufen.

Auf vielen Märkten gibt es heute nur noch wenige Qualitätsunterschiede. Produkte großer Markenhersteller sind sich teilweise so ähnlich, dass sie nur der Name selbst unterscheidet. Viel falsch machen kann der Konsument bei der Wahl des einen oder anderen Unternehmens nicht. Gravierende Unterscheidungsmerkmale liegen dann häufig im gebotenen Service. Dieser Tatsache sind sich die Konsumenten bewusst und beziehen Serviceaspekte mehr und mehr in ihre Kaufentscheidung mit ein. Kundenservice und Support ist darüber hinaus aber auch wichtig für den Anbieter. Kommt der Kunde mit dem erworbenen Produkt nicht zurecht oder kann er nicht den vollen Nutzen daraus ziehen, schlägt sich das auf das Image des Herstellers nieder. Der Konsument wird bei einem Folgekauf eine andere Marke wählen und, viel wichtiger, schon bei der Zubehöranschaffung das Unternehmen meiden.

Weitere Vorteile für die Einrichtung eines Online-Service-Centers sind:

- Niedrigere Supportkosten: Über die Webseite können Kunden selbst die benötigten Informationen finden. Die Support-Mitarbeiter hängen nicht andauernd am Telefon. Zudem kann die Beantwortung von Fragen automatisiert werden. Kurz gesagt: Die Zeit der Mitarbeiter kann effizienter genutzt werden.

- Bessere Erreichbarkeit: Das Internet ist rund um die Uhr verfügbar. 24 Stunden Support kann ermöglicht werden, ohne die Geschäftszeiten zu verändern.

- Schneller Kundenservice: Die Qualität und vor allem Schnelligkeit des Kundenservices entscheiden darüber, ob der Kunde wieder kauft oder nicht. Eine E-Mail ist in Sekunden beim Empfänger und die Antwort in der gleichen Zeit wieder beim Absender. Mit der schnellen Beantwortung von Kundenanfragen kann die Kundenbindung aktiv erhöht werden und Folgekäufe werden wahrscheinlicher.

- Marktforschung: Durch die digitale Verarbeitung von Kundenproblemen können Rückschlüsse auf Verbesserungen oder Produktneuentwicklungen gezogen werden.

Kundendienst übers Internet ist also alles andere als eine nutzlose Dreingabe, die den Gewinn schmälert. Wer die Umsätze erhöhen und Kunden fürs Leben gewinnen will, der muss Serviceleistungen als hoch relevantes Thema betrachten und in seine Kommunikation integrieren.

Im Folgenden werden einige kostengünstige Möglichkeiten zur Etablierung eines effizienten Service- und Support-Systems übers Internet detailliert dargestellt. Der Kauf ist nur der Beginn einer Beziehung zwischen Verkäufer und Kunde. Wie lange diese Beziehung anhält, hängt vor allem vom Anbieter ab.

Kundenservice per E-Mail

E-Mail ist der meistgenutzte Dienst des Internets. Neben Telefon, Fax und Brief hat sich die elektronische Post als mindestens gleichwertig genutztes Servicemedium etabliert. Vielen Kunden fällt das Schreiben einer E-Mail heutzutage leichter als ein Telefonanruf oder der Versand eines Faxes.

Aber nicht wegen aus der allgemeinen Akzeptanz des Mediums ist es für Unternehmen unabdingbar geworden, E-Mails zu verwenden, die elektronische Post bietet für den Kundenservice eine Reihe weiterer Vorteile, die es wert sind, E-Mail zur präferierten Kommunikationsform zu ernennen:

- Geringe Kosten: Eine E-Mail ist konkurrenzlos günstig. Es fallen weder Kosten für Papier oder Druckerschwärze noch für Porto an. Und da es keinen Medienbruch bei der Beantwortung gibt (niemand muss beispielsweise zum Drucker laufen und später einen Brief eintüten), steigt die Bearbeitungsgeschwindigkeit.

- Klare Fragen: E-Mail zwingt die Kunden, die Anfragen schriftlich zu formulieren. Hierdurch erhält man (meist) klar formulierte Texte in digitaler Form.

- Schnelle Zuordnung: Durch unterschiedliche E-Mail-Adressen wie beispielsweise grafikkarten@... oder drucker@... kann der Mailverkehr zielgerichtet erfolgen. So sparen Anbieter eine Verteilerstufe und jede Anfrage landet direkt beim zuständigen Mitarbeiter.

- Automatisierung: Nicht jede Frage ist neu. In der Tat ist es so, dass sich über 90 Prozent aller Fragen wiederholen. Durch vorgefertigte Textblöcke können per „Copy & Paste" (deutsch: Kopieren und Einfügen) schnell aussagekräftige Antworten erstellt werden.

Eine E-Mail zu beantworten, bedarf derselben verantwortungsbewussten Vorgehensweise wie die Nutzung der klassischen Kommunikationsformen. Ausdrucksweise und Haltung des Schreibenden bestimmen über den Erfolg oder Misserfolg der Servicebemühungen. Die richtige Antwort im falschen Tonfall geschrieben, kann sich negativ auswirken. Dabei ist auch zu berücksichtigen, dass E-Mails als Beweis vor Gericht angeführt werden können. Es lohnt sich also, das Thema elektronische Korrespondenz genauer zu betrachten.

Formell oder leger?

Es liegt an der Eigenart des Mediums, dass eine E-Mail in der Regel lockerer geschrieben wird als ein klassischer Geschäftsbrief. Aus Konsumentensicht ist der Versand einer E-Mail oft eine spontane Angelegenheit. Der Kunde tippt schnell ein paar Zeilen und drückt unbedarft auf den Sendeknopf. Aufgrund dieser ungezwungenen Vorgehensweise neigen viele Menschen dazu, E-Mails auf die gleiche informelle Art zu beantworten. Aus unternehmerischer Sicht ist eine solche Vorgehensweise allerdings kontraproduktiv. Auch wenn sich der Kunde selbst eines legereren Tonfalls bedient, bedeutet dies nicht, dass er dies auch von dem adressierten Unternehmen erwartet, meist ist das Gegenteil der Fall. Unförmliche und salopp geschriebene Mails werden oft als nachlässig und unprofessionell interpretiert.

Aufbau eines Dialogs

E-Mail ist ein Dialogmedium. Wenn man als Anbieter eine Nachricht erhält, sollte man diese nicht nur beantworten, sondern gleich in die Offensive gehen. Am besten startet man eine Konversation, indem man Fragen stellt. Die ernste Bitte um die Meinung des Gesprächspartners, beispielsweise nach Nutzungsgewohnheiten, Produkteigenschaften oder Ähnlichem, ermuntert fast jeden zu antworten. Dadurch vermittelt man den Kunden auch das Gefühl, dass sie ernst genommen werden.

Regeln

Mit einer Liste von Grundregeln zur E-Mail-Nutzung innerhalb des Unternehmens und für kundengerichtete Nachrichten beugt man den oben genannten Stolpersteinen vor und ermöglicht es neuen Mitarbeitern, sich schnell einzuarbeiten. Support-Mitarbeiter sollten keine privaten Nachrichten über die offizielle Geschäftsadresse versenden. Schnell ist es sonst passiert, dass die Nachricht, die eigentlich für einen Kollegen vorgesehen war, aus Versehen beim Kunden landet.

FAQs Häufig gestellte Fragen

Kunden haben in der Regel immer die gleichen Fragen:

- Wie lauten die Lieferarten?
- Wo ist meine Bestellung?
- Wie kann ich bezahlen?
- Wo schicke ich Retouren hin?
- Kann es Kompatibilitätsprobleme mit anderen Produkten geben?

Jeder Servicemitarbeiter kennt eine große Anzahl von Fragen, die sich stetig wiederholen und deren Beantwortung nicht nur viel Zeit in Anspruch nimmt, sondern zusätzlich äußerst langweilig ist. Natürlich kann man sich mit Textbausteinen helfen, doch interessanter wird die Arbeit dadurch nicht.

Sinnvoller ist es, FAQs mit den dazugehörigen Antworten auf der Webseite zu listen. Hierdurch spart man nicht nur eine Menge Zeit, auch die Kunden finden es oft angenehmer, selbst die Lösung des Problems zu finden. Aus Kundensicht bieten FAQs folgende Vorteile:

- Die Privatsphäre wird gewahrt.
- Keine Telefonnummer oder E-Mail-Adresse muss übermittelt werden.
- Häufig schnelle Hilfe.
- Keine Warteschleifen und kein Weiterverbinden.
- Viele Menschen vertrauen ihren eigenen Fähigkeiten mehr als der Kompetenz des Supportmitarbeiters am Telefon (und das oft zu Recht).

- Kein sozialer Druck.
- Man muss jemand anderem nicht die eigene Ahnungslosigkeit gestehen.

Schritte zur Fragen- und Antwortgewinnung
Alles hat einmal einen Anfang. Fragen und die dazugehörigen Antworten müssen erst einmal generiert werden. Hierbei lohnt es sich, die folgenden Anstrengungen zu unternehmen:

- E-Mails durchforsten: Durchsuchen Servicemitarbeiter den Ordner mit „gesendeten Objekten", finden sie sofort eine Menge einbindbarer FAQs
- Interviews mit Support-Mitarbeitern: Auch Gespräche mit den Support-Mitarbeitern sind sehr hilfreich und decken noch die ein oder andere Frage auf.
- Foren: Wenn das Online-Unternehmen ein Forum betreibt, finden sich auch hier eine Menge von wichtigen Fragen und die dazugehörigen Antworten. Achten Sie dabei besonders auf neue Fragen. Auch wenn die meisten Fragen für die Support-Mitarbeiter reine Routine sind, gibt es dennoch immer wieder unbekannte Fragen. Diese müssen gewissenhaft und ausführlich beantwortet werden. Damit können frühzeitig Probleme bei neuen Produkten aufgedeckt werden, die sonst unter Umständen sehr teuer für das Unternehmen werden.

Darstellung
Niemand erwartet bei FAQs wunderschön anzuschauende HTML-Seiten, eher das Gegenteil ist der Fall. Klar verständliche Texte und Übersichtlichkeit sollten im Mittelpunkt der Gestaltung von Frequently Asked Questions stehen. Alle Fragen und Antworten sollten nach ihrer jeweiligen Häufigkeit aufgelistet werden. Sinnvoll ist es, zunächst alle Fragen zu notieren und die Antworten zu verlinken. Man kann ruhig lange Seiten mit vielen Fragen verwenden. Die Nutzer können so mit der Suchen-Funktion des Browsers alle Fragen komfortabel nach Schlüsselwörtern durchsuchen. Zur Verdeutlichung von schwer zu verstehenden Sachverhalten kann man Grafiken benutzen. Der Internetprovider 1&1 veranschaulicht so beispielsweise die Einrichtung eines Home-Servers (siehe **Abbildung 16.5**). So kann der Nutzer Schritt für Schritt erkunden, wie er vorgehen muss und wie der Bildschirm bei jedem größeren Fortschritt aussieht.

Abbildung 16.5 FAQs zur Einrichtung eine Home Servers (Quelle: www.1und1.com)

Wenn man viele unterschiedliche Produkte und damit viele Themenbereiche im Rahmen der FAQs zu bedienen hat, kann es sinnvoll sein, den Kunden in Form einer Übersichtsseite die Orientierung zu vereinfachen.

FAQs zur Umsatzsteigerung
Was haben Service und Support mit Online-Kommunikation und Beeinflussung zu tun? Eine ganze Menge, da hierbei ein Dialog mit dem Kunden geführt wird. Häufig gestellte Fragen können daher auch als Werbeinstrument verwendet werden. Vor einem Kauf will der Konsument umfassend darüber informiert werden, ob das Produkt das leistet, was er sucht. Diese Nutzenargumentation kann übersichtlich in Form einer FAQ-Seite angeboten werden. Beispiel:

- Was bietet dieser Home Server?
- Welche Anschlüsse sind vorhanden?
- Benötigt man zusätzliche Software?
- Was wird alles mitgeliefert?

Unternehmen können anhand von Fragen der Konsumenten außerdem erfahren, welche zusätzlichen Eigenschaften von dem Produkt erwartet werden. Diese können in die nächste Version oder in das Update eingebaut werden. Bei schneller Erfassung dieser Informationen kann dies einen beträchtlichen Wettbewerbsvorteil bedeuten.

Informations- und Downloadarchive & interaktive Anleitungen

Anleitungen und technische Beschreibungen sollten digital erfasst werden und den Kunden online auf der Webseite in Informationsarchiven zur Verfügung gestellt werden. Die Deutsche Telekom bietet auf ihrer Webseite beispielsweise Anleitungen und technische Beschreibungen sämtlicher Telefone an. Nicht nur, dass kein Support-Mitarbeiter Anfragen diesbezüglich mehr beantworten muss, es entfallen des Weiteren Druck- und Versandkosten sowie die Kosten für einen etwaigen Datenträger wie zum Beispiel eine Diskette oder CD-ROM (für umfangreiche Anleitungen). Auch Upgrades, Patches oder Updates von Software gehören auf die Internetpräsenz. Hierzu sollte ein besonderes Download-Archiv angelegt werden.

Interaktive Anleitungen

Bei jedem etwas komplizierteren Produkt bietet es sich an, selbstlaufende, interaktive Anleitungen zu erstellen, die den Kunden Schritt für Schritt beispielweise die Installation oder die Benutzung einer Software erklären. Je besser die interaktive Anleitung ist, desto geringer sind hinterher die Support-Anfragen (siehe **Abbildung 16.6**). Interaktive Anleitungen bieten sich auch im Vorfeld eines Kaufes an. Der potenzielle Kunde erhält auf diese Weise schon vor dem Produktkauf einen Einblick in Benutzerführung und Leistung Ihres Produktes. Der Hersteller von digitalen Kameras Fuji gibt interessierten Nutzern beispielweise die Möglichkeit, alle Kamerafunktionen in einer Simulation übers Internet zu testen.

Abbildung 16.6 Finepix Simulator (Quelle: www.finepix.de)

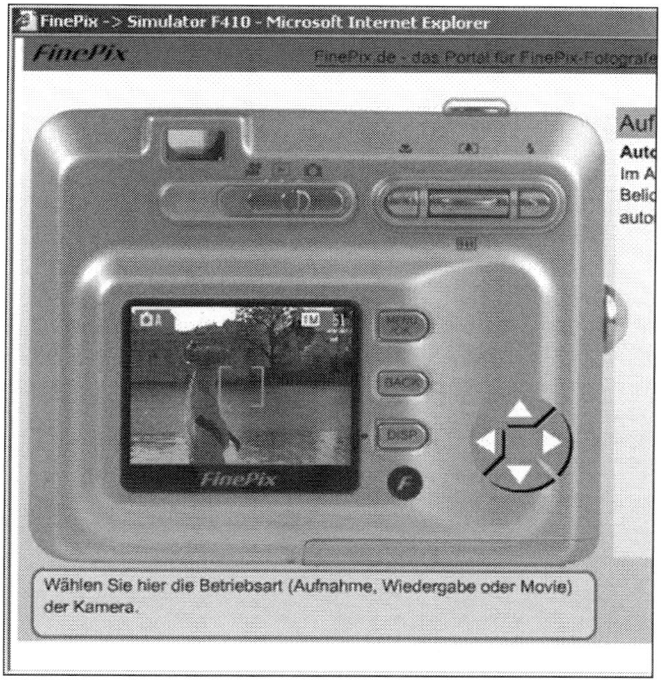

Foren

Wenn sich eine breite Masse für die Produkte interessiert, kann es sinnvoll sein, ein Online-Forum einzurichten. Besucher des Forums können hier Fragen stellen, die wiederum von anderen Besuchern beantwortet werden. Die Einbindung von fremden Stimmen, die für das Unternehmen sprechen, erzeugt Glaubwürdigkeit. Wenn Dritte in einem Forum positiv über den Online-Händler berichten, entsteht Vertrauen. Es spricht also einiges dafür, ein Forum einzurichten.

Dieses hat außerdem den Vorteil, dass Hilfestellungen zur Benutzung des Produktes von den Menschen beantwortet werden, die sich mit der Nutzung Ihres Produkt am besten auskennen, den Kunden. Damit dies funktioniert, bedarf es neben einer hohen Frequentierung der Webseite vor allem bestimmter Produkteigenschaften, über die es wert ist, sich auch nach dem Erwerb auszutauschen. Ein Schokoriegel gibt kaum Anlass für eine Diskussion, ein Computerspiel allemal. Grafikeinstellungen, Rätsel im Spiel oder Rechnertuning sind alles Themen, die auch nach dem Kauf auf großes Interesse beim Konsumenten stoßen. Wenn das Produkt oder die Dienstleistung eines oder mehrere der folgenden Kriterien erfüllt, ist ein Forum sinnvoll:

- Weckt großes Interesse – Fernsehsender bieten beispielsweise Fanforen zu beliebten Daily-Soaps an.
- Schwierige, aufwendige oder individuelle Installation – beispielsweise bei Satelliten-Anlagen oder Wasserkühlung im PC.
- Nutzen kann optimiert werden – Softwarehersteller ermöglichen es den Kunden, sich miteinander über effiziente Konfigurationen auszutauschen.
- Rätsel – beispielsweise bei Computer- und Videospielen.
- Technische Fragen – beispielsweise bei der Rechnerzusammenstellung. Welches Motherboard, welche Grafikkarte, welcher Speicherbaustein und so weiter sind die besten?

Der Erfolg eines Forums ist also abhängig von der Art des Produkts. Handelt es sich um ein sogenanntes „Shopping-Good", so spielen für den Kunden hauptsächlich Preis, Qualität und Stil eine Rolle. Letztendlich entscheidet sich der Konsument für das beste Preis-Leistungs-Verhältnis. Beispiele für solche Produkte sind Computer, Software oder eine No-Name Jeans. Bei diesen oder vergleichbaren Produkten kann man bei Support-Fragen getrost auf das Forum verweisen. Handelt es sich aber bei dem Produkt um eine ausgefallene Leistung, kann ein Forum auch den gegenteiligen Effekt haben. Man spricht in diesem Zusammenhang auch von „Specialty Goods" (zum Beispiel Designeranzüge, Sportwagen, teure Markenuhren und so weiter). Dieses sind Güter, die über den Geldwert hinaus eine so große Anziehungskraft auf den Konsumenten ausüben, dass er gewillt ist, einen relativ hohen Preis zu bezahlen. In solchen Fällen erwarten Kunden individuellen und persönlichen Service und kein Forum.

Moderiert oder unmoderiert?
So sinnvoll Foren auch sind, sie bedürfen dennoch der ständigen Überwachung. Einzelne Mitglieder können ausfallend werden, absichtlich falsche Tipps geben oder sich zu thematisch fremden Inhalten austauschen. Um dem zuvorzukommen, benötigen Online-Unternehmen eine oder mehrere Personen, die die Tätigkeiten der Forumsmitglieder kontrollieren und gegebenenfalls einschreiten, um Beiträge zu löschen oder Sachverhalte klarzustellen.

Foren mit Kontrollfunktion nennt man moderiert. Unmoderierte, das heißt ohne Überwachung, enden nicht selten im Chaos und können sich negativ auf das Image Ihres Unternehmens auswirken. Oft kann man hochaktive Forumsteilnehmer davon überzeugen, Moderatoren zu werden. Viele fühlen sich sogar geehrt und übernehmen die Aufgabe kostenlos.

Foren mit FAQs verknüpfen

Gerade im Vorfeld eines Kaufs kommen bei vielen Kunden wichtige Fragen auf, zum Beispiel:

- Was sind die Vorzüge dieser Technik, was sind die Nachteile?
- Welche Marke ist der derzeitige Marktführer?
- Wie verlässlich sind einzelne Komponenten auf Dauer?

Antworten auf Fragen dieser Art bietet in der Regel keine Produktbeschreibung. Doch zur Schaffung von Vertrauen in die Kaufentscheidung sind sie für die Nutzer absolut notwendig. Um die Gefahr eines Fehlkaufs zu mindern, versuchen deshalb immer mehr Nutzer ihr Glück in Foren. In der Hoffnung, dass die eigene Frage schon einmal beantwortet wurde, nutzen viele die Suchfunktion oder stellen einfach selbst eine Frage ein.

Auch wenn Foren für Kunden höchst nützlich sind, bedeutet es doch für viele Online-Shops zu viel Aufwand, ein eigenes Forum einzurichten. Ganz zu schweigen davon, eine kritische Masse an Nutzern zu begeistern, die sich regelmäßig an Diskussionen beteiligt. Nichts desto trotz ist es sinnvoll, auf das kollektiven Wissen eine Forums zurückzugreifen.

Obwohl den meisten Online-Händlern der Nutzen von Foren-Wissen bewusst ist, werten nur wenige ihre FAQs zu der jeweiligen Produktgattung mit sinnvollen Fragen und Antworten aus relevanten Foren auf. Dabei kann gerade dieses Wissen dazu führen, dass ein ansonsten verlorengegangener Kunde im Shop bleibt und seine Bestellung tätigt.

Wenn man Informationen aus einem Forum „übernimmt", sollte dies jedoch nur in Übereinstimmung mit den jeweiligen Forenbetreibern geschehen. Eine Kooperation, von der jeder profitiert, ist immer einer einseitigen Lösung vorzuziehen. So könnte man als Shop-Betreiber anbieten, zum Ende jeder FAQ das Forum mit dem Satz „Noch eine Frage offen? Stellen Sie sie doch im xyzforum.de…" zu verlinken. Dies gibt nicht nur ein Plus an Besuchern für das Forum, sondern auch einen Bonus für die Linkpopularität. Auch für den Online-Händler bietet eine Kooperation neben dem kollektiven Wissen weitere Vorteile: Der persönliche Kontakt zu den Experten aus den einzelnen Kategorien des Forums erleichtert die Auswahl von relevanten Diskussionen für die eigenen FAQ ungemein.

16.3.2 Geld-zurück-Garantien

Fast-Kunden sind oft unsicher, ob sie bestimmte Angebote direkt kaufen oder noch bei Wettbewerbern recherchieren sollten. Eine gute Taktik, Menschen Sicherheit zu geben, stellen Geld-zurück-Garantien dar. Sie reduzieren das vermutete Risiko eines Fehlkaufes.

Für Skeptiker, hier einmal ein paar Fakten zu Geld-zurück-Garantien:

- Geld-zurück-Garantien senken das wahrgenommen Risiko eines Fehlkaufes. Die Betonung liegt auf „wahrgenommen". In der Regel weiß der Konsument einfach nicht, ob sich die Beschreibung des Produktes mit dem Nutzen deckt, den er davon erwartet. Wenn man dem Kunden aber keine Märchen über das Produkt erzählt, gibt es für die meisten Kunden gar keinen Grund, das Produkt zurückzugeben.

- Mit dem Inkrafttreten des Fernabsatzgesetzes (mittlerweile in das Bürgerliche Gesetzbuch integriert) kann sowieso jeder Kunde Ware, die über das Internet bestellt wurde, innerhalb von 14 Tagen ohne Angabe von Gründen zurücksenden. Wenn man schon gesetzlich zu einer Geld-zurück-Garantien gezwungen, warum diese nicht erweitern und den Kunden noch mehr Sicherheit geben? Wenn jemand nicht in den ersten 14 Tagen reagiert, ist die Wahrscheinlichkeit gering, dass er es eine Woche später tut.

- Der Aufwand, ein Produkt wieder zu verpacken und zurückzusenden, ist erheblich größer als die Rückgabe in einem stationären Geschäft. Allein aufgrund der Bequemlichkeit des Menschen sind deshalb im Versandhandel die Rückgabequoten niedriger als im stationären Handel.

- Die meisten Menschen nehmen Geld-zurück-Garantien nicht in Anspruch, selbst wenn sie unzufrieden sind. Sie haben entweder zu wenig Zeit, um sich damit zu beschäftigen, oder trauen sich nicht, sich zu beschweren.

- Wenn das Produkt das leistet, was versprochen wurde, sollte man dies mit einer unumstößliche „30-Tage-keine-Fragen-werden-gestellt-Geld-zurück-Garantie" untermauern. Dadurch können die Verkäufe merklich ansteigen. Wenn der Wettbewerb ebenfalls eine solche Garantie anbietet, kann man sich überlegen, ob man je nach Produkt mit einer 45-oder 60-Tage-Garantie leben kann. Es ist nicht davon auszugehen, dass die Rückgabequoten merklich ansteigen.

17 Blicke geschickt lenken: Beeinflussen mit Hilfe der Wahrnehmungsprozesse

17.1 Nutzung optischer Schlüsselreize

Optische Schlüsselreize sprechen viele Menschen auf einer instinktiven Ebene an. Diese Wahrnehmungsreaktion können Sie auch in Ihrer Online-Kommunikation nutzen.

Nur wenn sich ein Mensch einem Reiz zuwendet, ist er auch fähig, diesen aufzunehmen. Deswegen ist auch erstes Ziel jeder Werbemaßnahme, Aufmerksamkeit zu erregen. Doch wie zieht man die Blicke der Konsumenten auf sich?

Der willentliche und vernünftige Umgang mit optischen Reizen wird unterwandert von instinktiven Verhaltensweisen. Klassisches Beispiel ist der Einsatz von erotischen Bildern in der Werbung. Ganz automatisch zieht eine spärlich bekleidete, attraktive Frau die Blicke von Männern an. Dies zeigen zahlreiche Tests und Studien: Stellt man zwei Anzeigen, erotisch und neutral, nebeneinander, dann werden immer:

- die erotischen Bilder signifikant länger und öfter betrachtet als die neutralen Bilder,
- die erotischen Bilder besser erinnert als neutrale,
- die übrigen Anzeigenelemente (Marke, Produkt, Texte und so weiter) ungefähr gleich lange angesehen.

Die Ursachen dafür sind leicht zu ergründen: Der Mensch ist auch noch in vielen Aspekten geprägt von seiner vorzivilisatorischen Vergangenheit. Viele grundsätzliche Verhaltensweisen haben ihren Ursprung in den Erbanlagen und sind von individueller Sozialisation und Erfahrungen unabhängig. Dies gilt nicht nur im Bezug auf die Fortpflanzung, sondern beispielsweise auch den Ekel vor Spinnen. Aber nicht nur angeborene Verhaltensweisen beeinflussen das Blickverhalten, auch erlernte und erfahrene Wahrnehmungsmuster laufen im Unterbewussten des Menschen vollkommen automatisch ab.

Die Wahrnehmung von Schemata

Konsumenten gliedern, ordnen und interpretieren optische Reize intuitiv nach bestimmten Regeln und Gesetzmäßigkeiten. Ein bewegtes Objekt hebt sich beispielsweise spontan vom Hintergrund ab, einzelne Elemente werden nach Gestaltungsgesetzen zu Gruppen zusammengefasst (Platte + vier Beine = Tisch) und Menschen allein aufgrund ihrer äußeren Merkmale und Verhaltensweisen beurteilt.

Die spontanen Einordnungen und Beurteilungen bei der Wahrnehmung werden als Wahrnehmungsschemata bezeichnet. Sie erleichtern dem Menschen das tagtägliche Leben ungemein. Anhand weniger Aspekte können komplexe Sachverhalte schnell eingeordnet und verstanden werden. Doch Wahrnehmungsschemata sind nicht unfehlbar. Sie lassen sich einfach täuschen und sind dadurch instrumentalisierbar. Gängige Ansätze sind beispielsweise die „optische" Verknappung von Produkten, die Verwendung gebrochener Preise (zum Beispiel 9,95 anstatt 10,00) oder die äußere Produktgestaltung. Handelsmarken (wie zum Beispiel Isana vom Drogeriemarkt Rossmann, siehe **Abbildung 17.1**) versuchten in der Vergangenheit häufiger, im Aussehen dem optischen Erscheinungsbild bekannter Marken nahezukommen, um damit von Abstrahlungseffekten der Wahrnehmung (beispielsweise in Sachen Qualität) profitieren zu können.

Abbildung 17.1   Zwei Marken, viele Ähnlichkeiten (Quelle: Walsh 2001)

Schlüsselreize als effektive Wahrnehmungsschemata

Zu den effektivsten Instrumentalisierungsmöglichkeiten der Wahrnehmungsprozesse zählen Schlüsselreize. Diese zumeist angeborenen Auslösemechanismen spielen eine Sonderrolle. Unabhängig von Lernen und Erfahrung ziehen sie die Aufmerksamkeit des Menschen auf sich und rufen Gefühle hervor, die wenig kontrolliert werden können und über die sich der Empfänger kaum Rechenschaft ablegt. Die effektivsten natürlichen Stimuli sind auf die Ursprünge des Menschen in der Tierwelt zurückzuführen (siehe **Abbildung 17.2**). Es sind:

- erotische Bilder (Ganzkörper oder Körperteile wie Taille, Beine oder Busen/Brust),
- Kinder (Ganzkörper oder Kopf; auch Tierkinder wie Hundewelpen),
- Gesichtselemente (zum Beispiel Auge oder Mund),
- Gesichtsmimik (zum Beispiel Freude, Ärger, Ekel und so weiter),
- Zeichen für den Tod (wie zum Beispiel Totenkopfsymbole, Knochen und so weiter)

Blicke geschickt lenken: Beeinflussen mit Hilfe der Wahrnehmungsprozesse

Abbildung 17.2 Natürliche Schlüsselreize am Beispiel Kindchenschema, Erotik und Augen (Quelle: kommdesign.de)

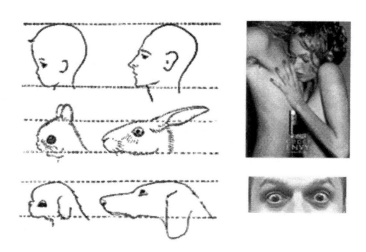

Neben angeborenen Schlüsselreizen existiert noch eine Reihe von erlernten automatischen Auslösestimuli. Dieses sind beispielsweise Symbole, die man bereits in der Kindheit lernt und im Laufe seines Lebens ständig weiter einprägt: Eine geschmückte Tanne ist untrennbar mit Weihnachten verbunden, ein Kuchen mit Kerzen lässt auf einen Geburtstag schließen und bei einem Feuerwerk denkt man an Sylvester.

Da erlernte Schlüsselbilder aber nicht biologisch bedingt sind, können diese von Mensch zu Mensch in ihrer Ausprägung stark unterschiedlich wirken. Jemand, der Weihnachten hasst, wird von einem Tannenbaum an seine Abneigung erinnert, und jemand, der nicht in unserem Kulturkreis groß geworden ist, wird mit einem Furcht einflößenden Kürbisgesicht auch nicht unmittelbar Halloween verbinden.

Effektiver Einsatz von Schlüsselreizen
Der Einsatz von Schlüsselreizen ist nicht per se wirkungsvoll. Nicht nur, weil erlernte Wahrnehmungsschemata unterschiedlich interpretiert werden, sondern weil der Reiz auch tatsächlich beobachtet werden muss, um Wirkung zu zeigen. Damit Letzteres auch geschieht, bedarf es einer Fokussierung auf die zentralen Elemente des Stimulus. Besonders erfolgreich sind Reize, die

- einfach aufzunehmen (das heißt, nur aus wenigen Merkmalen bestehen),
- auffallend und
- eindeutig sind.

Es kommt nicht von ungefähr, dass künstliche Nachbildungen bzw. grafische „Imitationen" (siehe **Abbildung 17.3**) teilweise sogar stärkere Wirkung entfalten als ihre natürlichen Vorbilder. Karikative und/oder überzeichnete Darstellungen von Formen und Gestaltungsfaktoren (zum Beispiel größere Augen, längere Stirn bei einem Kindergesicht) präsentieren einen Reiz intensiver und quasi störungsfrei.

Abbildung 17.3   Verstärkung von Schlüsselreizen (Quelle: Kroeber-Riel/Meyer-Hentschel 1982, S. 37)

Kannibalisierungseffekte

Vor allem erotische Bilder haben den Nachteil, dass sie häufig Erinnerungseffekte unterwandern. Zeigt man Testteilnehmern zwei Anzeigen – einmal mit aufreizendem Modell und einmal ohne – dann erweckt zwar die erste Anzeige mehr Aufmerksamkeit und kann besser erinnert werden. Wiederzugeben, was in der Anzeige beworben wurde und von welchem Unternehmen, fällt den Probanden jedoch wesentlich schwerer als bei Anzeigen ohne erotischen Schlüsselreiz. Ähnliches geschieht auch bei anderen natürlichen Schlüsselreizen (wenn auch mit geringerer Ausprägung). Für die Orientierungsfunktion auf einer Webseite mag dies zunächst kein Problem sein. Der Einsatz von Schlüsselreizen sollte jedoch nicht übertrieben werden. Zum einen kann der übermäßige Einsatz von natürlichen Schlüsselreizen (Erotik, Kinder, Tod) die Erinnerungsfähigkeit beeinflussen, zum anderen wirken drei Kindergesichter zur Symbolisierung von drei unterschiedlichen Kategorien nicht unbedingt dreimal so stark. Der Erfolg hängt vom Darstellungskontext und der Klarheit des Schlüsselreizes ab. Letzterer nimmt zwangsläufig bei Reizüberflutung ab.

Online-Kommunikation und Schlüsselreize

Was haben Schlüsselreize aber nun mit Online-Kommunikation zu tun? Der menschliche Sinnesapparat verfolgt mit seiner automatisierten Wahrnehmung vornehmlich drei Funktionen:

- die Orientierung zu erleichtern,
- Gefühle auszulösen und
- Denkmechanismen ingangzusetzen.

Vor allem der erste Aspekt ist für die Online-Kommunikation von besonderer Bedeutung. Schlüsselreize sorgen nicht nur dafür, dass Anzeigen wie Banner besser wahrgenommen werden, sondern sie erleichtern vor allem die generelle Orientierung auf einer Webseite.

Blickverlaufsteuerung und Erinnerung

Die ersten Momente entscheiden. Je nach Anliegen verbringt ein Nutzer unter Umständen nur wenige Sekunden auf einer neuen Webseite. Wenig Zeit, um das Anliegen der eigenen Seite anschaulich zu vermitteln. Ziel des Designs einer Webseite muss es daher sein, innerhalb weniger Sekunden die wichtigsten Informationen zu transportieren. Der Nutzer soll innerlich sagen „Hier bin ich richtig". Nur dann besteht die Chance, dass er länger mit der Webseite interagiert und dem Anbieter die Möglichkeit gibt, mit den Inhalten zu überzeugen. Doch wie überprüft man die Effektivität des eigenen Designs?

Der sogenannte Fünf-Sekunden-Test ist einer der am weitesten verbreiteten und ein hoch akzeptierter Test, um die Wirkung einer gesamten Webseite sowie die Effektivität von einzelnen Navigations- bzw. Orientierungselementen zu testen. Der Versuchsaufbau ist denkbar einfach. Den Probanden wird nur für wenige Sekunden erlaubt, eine Webseite zu betrachten, ohne dass sie mit der Seite interagieren dürfen (zum Beispiel Links klicken). Nach der Betrachtungszeit wird die Webseite wieder abgedunkelt und die Testteilnehmer gefragt, an was sie sich erinnern. Schafft es eine Webseite bei der Mehrheit der Testteilnehmer nicht, in weniger als fünf Sekunden die relevanten Inhalte zu vermitteln, ist sie durchgefallen.

Schlüsselreize können also sekundenschnell auf wesentliche Aspekte aufmerksam machen. Richtig geplant und umgesetzt, lässt sich sogar der Blickverlauf der Nutzer gezielt auf bestimmte Seitenelemente steuern, wie in **Abbildung 17.4** dargestellt.

Schlüsselreize können innerhalb von Sekunden Menschen auf wesentliche Aspekte aufmerksam machen – entweder auf besondere Angebote oder aber auch auf das Anliegen einer gesamten Seite.

Abbildung 17.4 Schlüsselreize im Einsatz (Quelle: www.travelchannel.de)

Einfache Symbole zur Orientierung

Schlüsselreize eignen sich nicht nur zur Verbesserung der initialen Orientierung, sondern ebenso zur Hervorhebung von zentralen Navigationselementen. Bei AOL wird beispielsweise die E-Mail-Funktion durch einen Brief, die Wettervorhersage durch eine Sonne und die Singlebörse durch ein Herz symbolisiert.

AdSense Anzeigen aufwerten

In Kapitel 8.3 wurden die Textanzeigen, die sich Webseitenbetreiber über den Online-Dienst Google AdSense auf den eigenen Seiten einblenden lassen können, vorgestellt. Die Entlohnung für die zur Verfügung gestellten Werbeflächen erfolgt nach Klicks. Je mehr Nutzer also auf eine Anzeige klicken, umso besser für den Betreiber der Webseite. Doch Textanzeigen sind von ihrer Natur her sehr schlicht. Nur wenn beispielsweise eine Überschrift oder ein Link besonders aufmerksamkeitsstark ist, fällt eine Anzeige überproportional vielen Nutzern ins Auge. Doch das muss nicht zwingend so sein.

Man kann die Klickrate von AdSense Anzeigen durch einen simplen Trick signifikant steigern lassen. Über kleine Abbildung (am besten Schlüsselreize) vor oder neben den Anzeigen lässt sich die Wahrnehmbarkeit der Werbeflächen erheblich erhöhen (siehe **Abbildung 17.5**). Die Textanzeigen gelangen so wesentlich schneller und häufiger ins Blickfeld der Nutzer.

Abbildung 17.5 Normale und aufgewertete AdSense-Textanzeige

17.2 Nutzung der Wahrnehmungsschemata

Die menschliche Entscheidungsfindung ist ein komplexer Vorgang: Alternativen müssen gegeneinander abgewogen, Vor- und Nachteile in Betracht gezogen und persönliche Vorlieben berücksichtigt werden. Es liegt auf der Hand, dass gerade bei Unsicherheit und einer Vielzahl von Optionen der Aufwand, eine Entscheidung zu treffen, enorm steigt. Menschen haben deshalb über Generationen hinweg Verhaltensmuster zur Komplexitätsreduktion entwickelt. Diese gelernten Schemata laufen quasi automatisch ab.

Dieses reaktive Verhalten bietet wiederum viele Möglichkeiten für Webseiten und Shops, sich im Kopf der Kunden zu verankern. Wer die Wahrnehmungs- und Handlungsmuster der Internetnutzer kennt, dem bietet sich eine Fülle von Möglichkeiten, das Konsumentenverhalten gezielt zu beeinflussen. Das im Marketing bekannteste Wahrnehmungsschema, das zur Beeinflussung herangezogen werden kann, ist das sogenannte „Evoked Set" von Konsumenten.[1]

Die Nutzung von Evoked Set

Vor allem im Internet, wo quasi sekündlich Entscheidungen getroffen werden müssen (klicke ich auf den Link oder nicht?), gibt es eine Vielzahl von Gestaltungsoptionen. In der psychologischen Fachliteratur finden sich viele Beispiele, die die verkürzten Gedankenvorgänge im Rahmen der Entscheidungsfindung im Gehirn verdeutlichen.

> Werden Probanden etwa gebeten, innerhalb weniger Sekunden eine Eissorte zu nennen, gehen sie im Geiste eben nicht alle ihnen bekannten Eissorten durch. Vielmehr werden spontan vier oder fünf Geschmacksrichtungen genannt, die der Proband sowieso im Kopf hat. Doch warum hat der menschliche Geist schon vorher eine Auswahl der interessanten Varianten für die Probanden vorgehalten?

Anders als man vielleicht zunächst denken würde, hat das Gehirn nicht etwa die Eissorten vorgeschlagen, die es mag, sondern genau das Gegenteil. In dem Bruchteil einer Sekunde hat es alle Varianten ausgeschlossen, die es als uninteressant empfand. Das gleiche passiert, wenn man an der Theke einer Eisdiele steht und sich für drei unterschiedliche Kugeln Eis entscheiden muss. Auch hier schließt man Schritt für Schritt alle Sorten aus, die nicht infrage kommen.

An der Eistheke zeigen sich jedoch auch die Unterschiede zwischen der stark und der schwach kognitiven (willentlich gesteuerten) Entscheidungsfindung. Je mehr Alternativen ein Mensch wahrnimmt, aus denen er auswählen muss, desto bewusster wird der Entscheidungsprozess und desto größer wird auch der Aufwand des Eliminierens von unpassenden Varianten. Die Betonung liegt dabei auf der Wahrnehmung. Wie das obige Beispiel zeigt, ist es für jeden innerhalb von Sekunden möglich, eine oder zwei Lieblingseissorten zu nennen. Nehmen wir jedoch 20 unterschiedliche Sorten wahr (wie im Eisladen), so wird aus dem schwach willentlichen Entscheidungsprozess eine stark kognitive und somit sehr bewusste und zum Teil langwierige Angelegenheit.

Das Paradoxe daran ist, dass viele es gar nicht genießen, diese Entscheidung zu treffen. Die „Qual der Wahl" ist häufig lästig. Gerne würde man von Anfang an wissen, welche Eissorte man wählen oder welches Auto man kaufen sollte.

Ein echtes Dilemma: Wir wollen zwar Entscheidungsfreiheit, haben wir sie aber schließlich, sind wir wegen der Überauswahl auch nicht glücklich.[15] Die bewusste Entscheidungsfindung zieht nämlich fast zwangsläufig einen anstrengenden und häufig langwierigen Prozess des Nachdenkens und Eliminierens nach sich.

Kaufentscheidungen, Evoked Sets und Top of Mind

Eine große Alternativenmenge führt bei vielen Kaufentscheidungen zu ähnlichen Problemen. Je mehr Varianten für das Gehirn zu eliminieren sind, desto aufwendiger wird der Entscheidungsprozess. Vor allem im Internet, wo neben den Produkteigenschaften noch Lieferzeiten, Zahlungsmodalitäten, Rückgabemöglichkeiten und das Vertrauensverhältnis zum Händler bedacht werden müssen, wächst die Alternativenmenge schnell an. Das führt nicht selten dazu, dass Konsumenten verwirrt sind oder den Kauf eines Produkts aufschieben, um mehr Zeit zum Überlegen zu haben. Eine verheerende Folge für eine Webseite, wenn man bedenkt, dass der Nutzer womöglich nach seinen Überlegungen das ursprüngliche Internetangebot nicht mehr wiederfindet und bei der Konkurrenz bestellt.

Ebenso wie jeder die Frage nach einer Eissorte innerhalb von Sekunden beantworten kann, hat aber auch fast jeder Nutzer – abhängig vom Produkt oder der Dienstleistung – eine konkrete Vorstellung von guten Marken, akzeptablen Lieferzeiten oder der passenden Bezahlform. Diese subjektiv spontan erinnerte und für relevant erachtete Alternativenmenge wird im Marketing als Evoked Set (deutsch: die in Erinnerung gerufene (Vor-) Auswahl) bezeichnet. Die spezifischen Marken, Produkte oder Eigenschaften der jeweiligen Auswahl bezeichnet man – bildlich gesprochen – als „Top of Mind".

Evoked Sets in der Online-Kommunikation

Je häufiger man mit seiner Webseite bestehende Evoked Sets, also individuelle Alternativenmengen anspricht, desto geringer ist die Chance, dass es zu Konsumentenverwirrtheit oder einem Entscheidungsaufschub kommt. Wer beispielsweise den Aufbau seines Online-Shops nach den Erwartungen seiner Zielgruppe gestaltet, verhindert schon auf der ersten Stufe (beispielsweise beim „Betreten" des Shops) extensive geistige Tätigkeiten und verbessert damit das Einkaufserlebnis. Man muss jedoch nicht zwingend immer die Evoked Sets seiner Zielgruppe treffen.

Der Clou ist, dass man die Auswahlzusammensetzung der Top of Mind-Objekte gezielt durch die vorgegebene Anzahl an Optionen beeinflussen kann. An einem Beispiel lässt sich dies anschaulich verdeutlichen:

> Vielen guten Gastgebern ist von persönlichen Feiern bekannt, dass man die Getränkewünsche seiner Gäste manipulieren kann. Stellt man die Frage „Bier oder Wein?", dann entscheiden sich die meisten für eine der beiden Alternativen. Ähnlich verhält es sich auch noch bei drei Auswahlmöglichkeiten. Stellt man den Gast jedoch vor die Wahl „Bier, Wein, O-Saft oder Rum-Cola" zu trinken, dann stellt man fest, dass der Gefragte erstens wesentlich länger für seine Entscheidung braucht und zweitens (viel wichtiger) häufig etwas ganz anderes wählt als vorgeschlagen. Es ist wirklich verblüffend: Ab drei bis vier Auswahlalternativen wird aus einer spontanen eine stark willentlich gesteuerte Entscheidung, die durch die Vielzahl an unterschiedlichen Getränkewünschen auch einen noch so gut vorbereiteten Gastgeber in arge Bedrängnis bringen kann. Dass die Menschen so handeln, ist aber nur logisch: Wird die Menge der individuell als „sicher" vorgehaltenen Alternativen überschritten, so interveniert die willentliche Steuerung des Geistes. Die Gefahr ist einfach zu groß, dass das reaktive Verhalten zu einer Fehlentscheidung führen könnte.

Um einfache und schnelle Entscheidungen zu begünstigen, darf sich die wahrgenommene und die relevante Alternativenmenge (Evoked Set) also nicht gravierend unterscheiden. Tut sie es dennoch, führt dies zwangsläufig zu längeren Entscheidungsprozessen und womöglich zu einem Entscheidungsaufschub. Im Klartext heißt das: Bei allen nebensächlichen Entscheidungen in den vorgegebenen Alternativen möglichst Evoked Sets zu treffen. Dass das bei den vielen Meinungen, Haltungen und Konsumpräferenzen in der Gesellschaft sehr schwierig ist, liegt auf der Hand. Man sollte daher möglichst immer den kleinsten gemeinsamen Teiler finden.

Betritt man als Besucher einen Online-Shop, so wird der Nutzer häufig gleich auf der ersten Seite mit einer großen Auswahl neuer Produkte konfrontiert. Auf den Unterseiten zu einzelnen Kategorien sieht es meist nicht anders aus. Zehn bis zwanzig Produkte werden dem Nutzer vorgestellt, um die große Auswahl zur Schau zu stellen. Um die Menschen nicht gleich zu Beginn ins Grübeln zu stürzen, wäre es sinnvoller, nur maximal drei Vorschläge zu präsentieren. Bei ausreichend großem Sortiment können diese durchaus auch rotieren. Wie es nicht aussehen sollte, zeigen viele Computerhersteller auf ihren Webseiten. Hier wird häufig eine Unzahl von Modellen aufgelistet, ohne dass sich für den Nicht-Experten erschließt, wie sich diese denn unterscheiden.

Auch bei den Zahlungsmodalitäten kann das Evoked Set eine Rolle spielen. Viele Online-Unternehmen machen den Fehler, den Nutzern fünf oder mehr unterschiedliche Zahlungsoptionen zu bieten. Seinen Kunden viele Möglichkeiten zu bieten, die Bestellung zu bezahlen, ist natürlich erst einmal vorbildlich. Jedoch ist es ineffizient, den Nutzer gleich mit allen auf einmal zu konfrontieren. Kommt ein Konsument erst einmal ins Überlegen, welche der Bezahlformen nun am sichersten ist, entfernt er sich schon wieder vom eigentlichen Ziel – der Bestellung. Sinnvoller kann es unter Umständen sein, nur die zwei am häufigsten genutzten Varianten anzubieten und alle anderen unter einem dritten Menüpunkt („weitere Zahlungsformen") zusammenzufassen. Erst wenn der Nutzer hierauf klickt, werden ihm die anderen Optionen wie Faxbestellung, Vorauskasse und so weiter vorgestellt.

18 Emotionen und Aktionen: Beeinflussen durch die Gestaltung der Rahmenbedingungen

18.1 Emotionalisierung

Kaufentscheidungen sind nicht nur rational, sondern häufig ähnlich stark emotional beeinflusst. Dies kommt darin zum Ausdruck, dass sich einige Einzelhändler zunehmend der Schaffung von Kauferlebnissen widmen, nicht zuletzt, um sich vom Online-Handel abzuheben. Buchhandlungen integrieren deshalb beispielsweise Cafébetriebe und richten Leseecken ein. Der Online-Handel tut sich naturgemäß mit der Vermittlung sinnlicher Eindrücke schwerer als der stationäre Einzelhandel. Einige Händler wie Amazon versuchen eine Emotionalisierung des Online-Shops zu erreichen, indem sie eine Interaktion der Nutzer untereinander anregen. Käufer von Büchern (einem hoch emotionalen Unterhaltungsprodukt) können bei Amazon ihre Lieblingsbücher rezensieren, Listen mit den eigenen Lieblingsbüchern zusammenstellen und in einem Forum diskutieren. Weitere Möglichkeit zur Emotionalisierung bestehen durch Produktvideos, Erlebnis-Shopping und durch Kultmarketing.

18.1.1 Produktvideos

Mit Hilfe multimedialer Techniken ist es möglich, eine angemessene und abwechslungsreiche Präsentation der eigenen Produkte und Dienstleistungen zu gewährleisten. Eine geradezu erlebnisorientierte Produktpräsentation liefert der Online-Händler MonsterZeug. Eine geradezu erlebnisorientierte Produktpräsentation liefert der Online-Händler MonsterZeug. Der Waboba Fun-Ball wird nicht nur im Text amüsant vorgestellt und mit Fotos abgebildet, ein Video zeigt ihn auch beim Einsatz im örtlichen Badesee.

Produktvideos dienen dem Kunden zur Risikoreduktion. Die fehlende „Anfassbarkeit" im Online-Handel wird durch Videos kompensiert, die das Produkt in Aktion zeigen. Dadurch können die Funktionen eines Produkts viel besser präsentiert werden als auf einer statischen Webseite. Produktvideos wirken besonders gut bei emotionalen Produkten, da durch Bilder besonders gut Emotionen transportiert werden. Aber auch bei erklärungsbedürftigen Produkten und damit eher rational geprägten Kaufentscheidungen können sie sinnvoll das Risiko reduzieren. So könnte beispielsweise ein Online-Shop demonstrieren, wie schnell sich ein Zelt durch eine Person aufbauen lässt.

Abbildung 18.1 Erlebnisorientierte Produktpräsentation
(Quelle: www.monsterzeug.de)

Waboba Wasser Ball

"Waboba"! Klingt so ähnlich, als würde Tarzan seinen berühmten Ruf machen. So könnte aber auch ein australisches Kriechtier aus dem Outback heißen oder etwa ein obskurer Charakter aus Star Wars... In Wahrheit ist das Ding nicht annähernd so exotisch. Nein, es ist ein Ball. Ja, Du hast richtig gelesen. Jetzt verdreh aber nicht gleich gelangweilt die Augen! Denn der **Waboba-Ball** ist kein gewöhnlicher Ball - er hüpft, hopst und springt auf Wasser. Unglaublich, oder!?

Der Waboba-Ball ist dafür bestimmt, die herkömmlichen Wasser-Planschereien von bisher gehörig umzuwälzen und ist durch seine besonderen Eigenschaften perfekt für ausgedehnte Spielereien in Meer, Schwimmbad oder Pool geeignet.

Fangen und Werfen zu spielen wird nie wieder dasselbe sein - stell Dir einen Tennisball mit hopsender Wendigkeit wie von Zauberhand vor, dann weißt Du ungefähr, wovon wir hier sprechen.

Video:

18.1.2 Erlebnis-Shopping

Um Mitternacht surfen die Wenigsten im Internet. Es gibt einfach Besseres zu tun, als nachts auf ein paar Links zu klicken. Doch das geht nicht allen so. In den USA machen sich mittlerweile Tausende Nutzer auf, pünktlich um Mitternacht vor dem Monitor zu sitzen. Denn das, was es dort zu sehen und zu kaufen gibt, gibt es nur für kurze Zeit.

Woot.com heißt eine der faszinierendsten Shopping-Ideen der letzten Jahre, die mittlerweile etwa durch guut.de auch nach Deutschland importiert wurde (siehe **Abbildung 18.2**).

Das Geschäftsmodell nennt sich „Live-Shopping", und jeden Morgen streiten über 10.000 Nutzer darum, die ersten zu sein, einen besonders günstigen iPod, Apple PC oder ferngesteuerten Dinosaurier zu ergattern. Das Besondere an Woot: Das Angebot ist jeden Tag neu. Immer gibt es nur ein stark reduziertes Produkt, und niemand weiß, wie groß der Vorrat ist. Fest steht nur, dass das Angebot täglich um Mitternacht wechselt. Worum es sich dann aber handelt, ist bis zur letzten Minute unbekannt.

Abbildung 18.2 Live-Shopping auf Woot (Quelle: www.woot.com)

Der Erfolg von Woot lässt sich wohl so erklären: Im Internet, wo alles 24 Stunden am Tag, sieben Tage die Woche verfügbar ist, macht die Tatsache, etwas nur zu einem bestimmten Zeitpunkt für eine kurze Zeit haben zu können, einen besonderen Reiz aus. Insofern ist Live-Shopping auch etwas anderes als die Anwendung der Technik der Knappheit (siehe Kapitel 18.2.1). Hier werden gezielt Schnäppchenjäger angesprochen und an die Webseite gebunden.

Aber nur wer sich wie Woot etwas wirklich Ungewöhnliches ausdenkt und die spezifischen Vorteile des Netzes konsequent nutzt, kann mit seinem Angebot eine ausreichende Anzahl an Konsumenten motivieren und faszinieren. Wichtig für den Entwurf und die Umsetzung von Shopping-Events sind die folgenden Aspekte:

Unterhaltung ist Trumpf
Es muss Spaß machen, aber nur was langfristig Spaß macht, kann sich auch langfristig durchsetzen. Der Online-Händler Woot nimmt sich selbst nicht wirklich ernst. Wer ein wenig auf der Webseite herumstöbert, stößt fast zwangsläufig auf Aussagen wie diese: Auf die Frage, wie Woot sich es leisten kann, Produkte so günstig anzubieten, schreibt das Unternehmen:

„We anticipate profitability by 2043 – by then we should be retired; someone smarter might take over and jack up the prices."

Immer wieder überrascht Woot daher auch mit ganz besonderen Angeboten. Im August 2004 versteigerte Woot beispielsweise für einen Dollar ein „Bag o`Crap" (deutsch: eine Tüte Schund). Das Überraschungsgeschenk stellte sich später unter anderem als eine Toilettenbürste oder eine Mönchsfigur aus Beton heraus.

Erfolgsfaktor Mundpropaganda

Man sollte Nutzern etwas bieten, worüber sie sprechen können. Woot bietet manche Produkte teilweise zu so niedrigen Preisen an, dass sie eigentlich kaum Gewinn damit erzielen können. Dennoch kann sich ein solches Vorgehen auszahlen. Dass es bei Woot täglich Preiskracher gibt, ist zur Tatsache in den Köpfen vieler Menschen geworden. Der trockene Humor in vielen Produktbeschreibungen fasziniert die Bloggerszene. Regelmäßig findet man kurze Hinweise zu besonders gelungenen Produktbeschreibungen in einer ganzen Reihe von hochfrequentierten Weblogs und Foren.

Handlungsaufforderungen

Viele Webseitenbetreiber verstehen es, überzeugende Texte zu gestalten und dadurch ein Verlangen nach einem Produkt zu erzeugen. Kommt es aber zu dem Punkt, an dem der potenzielle Kunde eine Handlung durchführen soll, versagen viele Texter. Viele E-Mails, Webseiten oder Werbebroschüren kommen nicht zum Punkt und sagen nicht klar, was man machen soll, wenn man das Produkt erwerben möchte.

Im Laufe des Textes – zumindest am Ende – muss dem Leser klar erläutert werden, was er als nächstes tun soll. Man darf seine potenziellen Kunden nicht in der Luft hängen lassen. Über die konkrete Handlungsaufforderung ist im Einzelfall zu entscheiden. Wenn man umgehend ein Produkt verkaufen will, kann man beispielsweise schreiben „Bestellen Sie jetzt" oder „Kaufen? Hier!". Nicht für jede Leistung ist das Internet das geeignete Vertriebsmedium. Bei einer sehr erklärungsbedürftigen Dienstleistung wie einer Lebensversicherung könnte die Aufforderung beispielsweise heißen: „Vereinbaren Sie jetzt einen Termin, klicken Sie hier …". Der Versicherungsabschluss erfolgt dann im persönlichen Gespräch mit dem Kunden.

Sehr viele Kaufprozesse sind aber auch wie bei Woot mit Emotionen verbunden. Doch oft wird diese fundamentale Tatsache außer Acht gelassen. Eine Aufforderung wie „In den Warenkorb legen" oder „Bestellung auslösen" ist genauso emotional ansprechend wie eine Verkäuferin, die fragt „Kann ich Ihnen helfen?". Wenn man einen Nerv beim Kunden treffen will, muss eine Handlungsaufforderung gewählt werden, die ihm förmlich aus der Seele spricht. Bei Woot.com heißt der Bestellbutton, der bereits auf der Startseite angezeigt wird: „I want one" (siehe **Abbildung 18.2**). Auf den ersten Blick klingt dieser Ausspruch reichlich informell, vielleicht fast aufdringlich und ist auch mit Sicherheit nicht auf jedes Produkt übertragbar, aber er appelliert stark an die emotionale Komponente, und diese hat beim Kauf einen großen, oft entscheidenden Einfluss.

Auf der Webseite von Woot werden außerdem zahlreiche Statistiken dargestellt. So wird in einer Art Fieberkurve ständig angezeigt, wie viele Produkte wann verkauft werden. Der schnellste Käufer wird mit seinem Nickname genannt, wodurch täglich ein Wettrennen um den Titel des „first sucker" stattfindet. Auch der „Wooter to blame for sellout" wird in dieser Form „prämiert". Diese Statistiken unterstreichen den Aktionscharakter und erhöhen den Kaufdruck.

Letztlich geht es beim Live-Shopping um eine spezielle Verkaufstechnik, ähnlich wie sie auch vom stationären Handel eingesetzt wird. Ob Live-Shopping als eigenständiges und alleiniges Geschäftsmodell hohe Rentabilität verspricht, ist eher ungewiss. Auf jeden Fall ist es aber eine zukunftsfähige Technik zur Emotionalisierung von Kunden und damit interessant für spezielle Angebotsaktionen von Online-Shops. Damit würde der Online-Handel die Entwicklung im stationären Handel nachvollziehen, denn auch hier ist Emotionalisierung und Erlebnisorientierung zu einer nicht mehr wegzudenkenden Verkaufstechnik des Handels geworden.

18.1.3 Kultmarketing

Manche Online-Angebote wie eben auch Woot haben eine magische Anziehungskraft und werden in kürzester Zeit „Kult". Sie sind im positiven Sinne durchgedreht und dadurch einprägsam. Wer an Kultmarken denkt, dem kommen zuallererst Klassiker in den Sinn. Traditionelle Marken wie Mini, Landrover, Apple oder den legendären Commodore AMIGA kennt fast jedes (erwachsene) Kind. Sie alle glänzen durch Eigensinnigkeit und werden trotzdem oder gerade deshalb von ihren Anhängern geliebt und verehrt. Doch Webseiten? Hier fällt einem, wenn überhaupt, nur eine Handvoll URLs ein. Und wirklicher Kultstatus wird dabei nur wenigen Projekten zuerkannt. Woran liegt das? Was ist Kult, und wie kann man eine Webseite gezielt mystifizieren?

Kult als Beeinflussungstechnik?

Radikal formuliert, gibt es nur zwei Möglichkeiten einer Webseite Kultstatus zu verleihen:

- Sein eigenes Ding durchziehen, sprich seine Ideen umzusetzen, ohne sich dabei von anderen leiten zu lassen oder

- sich an erfolgreichen Kultmarken zu orientieren und Strategien und Taktiken abzuleiten, die das Zeug in sich bergen, das eigene Angebot gezielt zu mystifizieren.

Dabei ist mit beiden Vorgehensweisen kein Erfolg zu garantieren. Es liegt in der Natur der Sache, dass Kult und Kultstatus untrennbar mit der Zielgruppe verknüpft sind, an die sich das jeweilige Angebot richtet. Nur wenn diese einen symbolischen Zusatznutzen wahrnimmt und diesen auch für entsprechend werthaltig erachtet, kann sich der Kultstatus einer Webseite überhaupt entwickeln.

Kultmarketing zielt darauf ab, ein Produkt oder eine Dienstleistung zu mystifizieren, dass Konsumenten sie als besonders faszinierend erachten und deshalb dazu bereit sind, sie durch Mundwerbung zu verbreiten und einen im Vergleich zu Konkurrenzangeboten weitaus höheren Preis zu bezahlen. Was aber macht ein „Kultobjekt" überhaupt aus? Und kann man die Entstehung eines Kults beeinflussen?

Kult und Kultobjekte

Der Begriff Kult hat seinen Ursprung in der Religion und bezieht sich auf die „Anbetung" und „Vergötterung" des Übernatürlichen. Auch wenn früher der Kult vor allem als Beschreibung aller religiösen Verhaltensweisen im Rahmen der Gottesverehrung definiert wurde, spricht man heute in der Alltagssprache eher von Geheimwissen um ein Objekt. Das Kult-Attribut verleiht dabei einen besonderen Nimbus, der den Gesprächsgegenstand einzigartig macht und aus der Masse hebt. Jeder, der sich am Kult zum Beispiel durch Besuch einer bestimmten Webseite, als Mitglied in einem speziellen Forum oder Konsum eines außergewöhnlichen Produkts beteiligt, fördert letztendlich die Gemeinschaft der Kultgemeinde.

Ein Kult umfasst also in jedem Fall folgende drei Aspekte:

- ein Objekt (um das sich der Kult dreht),
- eine Gruppe von Individuen (die diesen ausführen) und
- eine Reihe mehr oder weniger ritualisierter Handlungen.

Was Konsumenten mit Kultmarken verbinden

Um sein Online-Projekt gezielt mit dem Kult-Attribut zu verknüpfen, muss man jedoch nicht nur wissen, was einen Kult ausmacht, sondern was Konsumenten von Kultmarken überhaupt erwarten:

- Kultmarken setzen Trends.
- Kultmarken verkörpern ein besonderes Lebensgefühl.
- Kultmarken haben ein außergewöhnliches Design.
- Kultmarken sind authentisch.
- Kultmarken bleiben sich selbst treu.
- Kultmarken haben eine eigene Tradition.
- Kultmarken machen entweder ausgefallene Werbung oder gar keine.

Neben einem außergewöhnlichen Design, Authentizität und einem besonderen Lebensgefühl zeichnet Kultmarken vor allem eine Unabhängigkeit von aktuellen Strömungen mittels einer unnachahmlichen Trendkreation aus. Kultmarken sind also alles andere als von Werbeagenturen erdachte Angebote. Sie setzen Trends, wo vorher keine waren, und sie vermitteln diese Trends auf eine einzigartige Art und Weise, die Menschen fasziniert.

Kultmarketing im Internet

Die eigene Kultmarke im Internet gezielt zu planen und umzusetzen, ist also theoretisch möglich, aber bestimmt nicht einfach. Wer sich auf den ungewissen Kult-Pfad im Internet wagt, muss ein paar grundlegende Regeln beachten und Ausdauer beweisen.

Charakter beweisen

Das Zeug zum Kult haben nur Projekte, die sich selbst treu bleiben. Dabei geht es nicht etwa um ein gleichbleibendes Image, sondern um Identität. Kultmarken besitzen einen unverwechselbaren Charakter, der sie merklich von anderen Online-Angeboten abhebt. Kultig sind häufig Webseiten, die bewusst polarisieren, also absichtlich und von vorneherein bestimmten Zielgruppen vor den Kopf stoßen oder sie sogar gezielt ausschließen.

Ein solches Beispiel sind die HappyTreeFriends.com, mittlerweile zwar auch schon zehn Jahre alt, aber immer noch ein gutes Beispiel für Kult im Internet. Happy Tree Friends sind eine Cartoonserie um eine Gruppe von kitschig-niedlich gezeichneten Comic-Figuren, die allerlei Abenteuer erleben. Das Besondere daran ist, dass alle Erlebnisse der virtuellen Tiere immer mit dem äußerst blutigen und perversen Tod eines oder mehrerer Protagonisten enden. Das macht die Serie einzigartig und abstoßend zugleich. Wenn beispielsweise Lumpy der blaue Elch über einen Stein stürzt und sich mit seinem eigenen Geweih aufspießt, vergeht vielen „normalen" Cartoon-Liebhabern schnell der Geschmack. Dennoch behielten die Macher ihr ursprüngliches Konzept bei und überraschen seitdem mit immer neuen Ideen und Abenteuern rund um den Tod der niedlichen Hauptdarsteller.

Als reines Internetprojekt gestartet, haben sich die Happy Tree Friends in den letzten Jahren zu einer wahren Online-Kultmarke entwickelt. Mittlerweile hat die im Flash-Format produzierte Serie so viele Anhänger, dass sie weltweit auf DVD erhältlich ist und auf MTV zu sehen ist.

Emotionen auslösen

Emotionen und Kultmarken sind untrennbar miteinander verbunden. Zwar empfindet man selbst für Seife eine gewisse Sympathie (man mag zum Beispiel den Geruch oder nicht), doch bei Kultmarken sind die positiven Gefühle, die dem Objekt entgegengebracht werden, viel extremer: Sie werden von ihren Anhängern regelrecht verehrt und geliebt. Wer also nach Kultstatus sucht, muss gezielt emotionalisieren.

Die Community begeistern

Wichtigster Bestandteil jedes Kults sind seine Mitglieder und ihre Begeisterung für die Sache. Kultmarketing im Internet heißt also Community-Building. Doch wie baut man eine Community auf? Ein Beispiel dafür, wie man seine Käufer (schon vor der Markteinführung) faszinieren kann, ist das australische Bier „Blowfly", dessen Entwicklung und Vermarktung der Unternehmer Liam Mulham geschickt zusammen mit Tausend Biertrinkern gemeinsam vorangetrieben hat. 13 Wochen lang konnten Interessierte über das Internet in Form von Abstimmungen beispielsweise das Design der Flasche, die Verpackung oder die Distributionskanäle mitbestimmen und sich so an dem Werdegang des Biers beteiligen. Sogar der Geschmack des Biers wurde erst nach einer großen Party mit ausgiebigem Produkttest festgelegt. Obwohl Liam Mulham die einzelnen Abstimmungen anfangs nur über einen kleinen E-Mail-Verteiler mit Freunden und Bekannten bewarb, entwickelte sich das Konzept, sein eigenes Bier gestalten zu können, schnell zum virtuellen Stadtgespräch. Mittlerweile hat sich Blowfly auf dem hochkonzentrierten australischen Markt etabliert und zählt zu den modernen Kultmarken. Brewtopia.co.au bietet nicht mehr nur Blowfly an, sondern jeder kann sich online seine eigene Biermarke erstellen und sich die Kästen nach Hause liefern lassen.

Kultstatus zu erreichen, ist die Krone der Markenführung. Selten erfährt eine Marke auf andere Art und Weise so viel Anerkennung und Akzeptanz. Doch der Weg in die Annalen des Konsumentenhirns ist lang und beschwerlich. Wer sein Online-Projekt gezielt mystifizieren will, muss daher nicht nur Charakter beweisen, polarisieren oder sich selbst treu bleiben, sondern sein anvisiertes Publikum gezielt begeistern, faszinieren und involvieren können. Nur dann besteht die Chance auf den eigenen Kult.

18.2 Motivation

Eine Motivation ist ein innerer Antrieb, der das Verhalten auf ein konkretes Ziel ausrichtet, idealerweise auf den Kauf einer Leistung.[1] Wodurch kann aber in der Online-Kommunikation eine (Kauf-)Motivation erzeugt werden? Die wohl gängigste Technik zur Motivation ist die Verknappung. Dabei wird dem Nutzer das Signal gesendet, dass nur noch wenige Produkte auf Lager sind und er sich besser sputet, noch eines abzubekommen. Einkaufsratgeber beziehen sich auf den Kontext des Kaufprozesses und unterstützen den Nutzer beispielsweise bei der Auswahl eines Geschenks oder beim Stöbern nach einer DVD für den nächsten Filmabend. Durch Individualisierung wird bei dem Nutzer das Bedürfnis nach Individualität gestillt. Individualisierung bietet hervorragende Möglichkeiten zum sogenannten Upselling. Coupons und Zugaben zielen auf die preissensiblen Kunden ab, Feiertagsaktionen auf solche, die das nächste Weihnachtsfest schon im Sommer kaum erwarten können.

18.2.1 Verknappung

Die Entscheidung für oder gegen den Kauf eines Produkts ist häufig abhängig von dessen Verfügbarkeit. Ist ein Artikel knapp, so gewinnt er dadurch entscheidend an Anziehungskraft. Es ist eine Schwäche vieler Menschen, etwas gerade dann haben zu wollen, wenn es kaum noch verfügbar ist. Vor allem im Internet lässt sich diese Schwäche gezielt ausnutzen. Man muss nur die richtigen virtuellen Verlockungen schaffen. Fast jeder ist anfällig für das Phänomen der Knappheit. Hier zwei Beispiele:

> Beispiel 1: Bei einer Umfrage stuften die Studenten einer amerikanischen Universität die Qualität des Essens ihrer Mensa nur mit unbefriedigend ein. Eine zweite Befragung der Studenten zum gleichen Thema ergab neun Tage später jedoch einen deutlichen Meinungsumschwung. Irgendetwas war in der Zwischenzeit passiert. Jedoch hatte die Mei-

nungsänderung nichts mit der Qualität des Essens zu tun, die war gleich geblieben. Nur die Verfügbarkeit hatte sich geändert. Am Tag der zweiten Befragung wurde den Studenten nämlich mitgeteilt, dass ihre Mensa aufgrund eines Feuerschadens zwei Wochen lang geschlossen bleiben würde.

Beispiel 2: Sammler sind ein weiteres Beispiel zur Veranschaulichung der Wirkung des Knappheitsphänomens. Egal ob Briefmarke, Münze oder Sammelbilder, je seltener ein Exemplar ist, desto wertvoller ist es auch. Besonders gut lässt sich die Bedeutung der Knappheit in der Sammlerszene anhand des Phänomens „Precious Mistake" (deutsch: kostbarer Fehler) erklären. Es beschreibt die Tatsache, dass gerade mangelbehaftete Objekte (wie eine falsch geprägte Münze oder eine schiefbedruckte Briefmarke) nicht selten besonders hoch bewertet werden. Das Paradoxe daran ist, dass die Minderwertigkeit, derentwegen ein Gegenstand eigentlich Ausschuss ist, ihn zu einem begehrten Besitztum macht, nur weil er dadurch Seltenheitswert erlangt.

Die Wirkung des Knappheitsphänomens lässt sich bei vielen gewöhnlichen Produkten beobachten. Ist ein Ladenregal fast leer, hat dies einen interessanten Effekt auf die Einschätzung der Wertigkeit des entsprechenden Produktes. „Stark nachgefragt" verbindet man häufig mit einer positiven Qualitätsbeurteilung: Wenn so viele Menschen das Produkt gekauft haben, dann kann es doch gar nicht schlecht sein. Selbst wenn das entsprechende Produkt in vielen anderen Läden womöglich in großen Mengen verfügbar ist, kommt der Zwang auf, den Artikel gleich mitzunehmen. Vielleicht bekommt man ja andernfalls keinen mehr ab.

Taktik-der-kleinen-Mengen und Fristentaktik

Die gezielte Ausnutzung des Knappheitsphänomens wird auch als Taktik-der-kleinen-Mengen bezeichnet. Hierbei wird der Konsument gezielt darüber informiert, dass ein bestimmtes Produkt nur in begrenzter Anzahl vorhanden und vermutlich bald vergriffen ist.

Viele Online-Händler haben die Taktik der kleinen Mengen auf das Internet übertragen und bei ihren Angeboten eine unübersehbare Lagerstandsanzeige eingefügt. Ist ein Produkt knapp, wird es rot oder sogar penetrant blinkend angezeigt, sodass man fast gar nicht anders kann, als sich das Angebot einmal genauer anzuschauen. Amazon bedient sich beispielsweise dieser Taktik. Ist ein Buch knapp, so listet das Online-Kaufhaus die Anzahl der noch im Lager befindlichen Stückzahl auf und fordert zum Kauf auf.

Eine andere Form, das Knappheitsphänomen auszunutzen, ist, ein Angebot in seiner Gültigkeit zu begrenzen (auch Fristentaktik genannt). Die optimale Länge der Frist ist dabei abhängig vom jeweiligen Produkt, jedoch nimmt der „Druck" auf den Konsumenten generell kurz vor Ablauf der Frist überdurchschnittlich zu. Typische Verkaufsbotschaften im Sinne der Fristentaktik sind:

„Dieses Angebot gilt nur bis zum 31.12.2009 und wird nicht verlängert."

„Nur für kurze Zeit im Sortiment."

„Exklusiv, begrenzte Spielzeit, bald abgelaufen!"

„Abschlusstournee, zum letzten Mal auf der Bühne."

Im Internet bedienen sich häufig Internet-Provider der Fristentaktik und erhöhen den Druck auf potenzielle Kunden, indem bestimmte Angebote immer nur für eine begrenzte Zeit zu einem besonders günstigen Preis angeboten werden.

Auch für das E-Mail-Marketing bietet sich die Fristentaktik an. Wenn einer der Kunden per Mail ein aktuelles Angebot erhält, sollte man ihn nicht zu lange überlegen lassen. Wenn der Konsument glaubt, dass er auf das Angebot auch noch in einer Woche zurückgreifen kann, ist die Wahrscheinlichkeit groß, dass er die Nachricht einfach löscht. Anders verhält es sich, wenn das vorliegende Sonderangebot nur für drei Tage gilt, nur eine begrenzte Stückzahl vorhanden ist und vielleicht nur mit einem in der Nachricht angegebenen Code günstiger zu erhalten ist. Wer jetzt eines der begehrten Produkte erstehen will, muss folglich sofort handeln und kann nicht gleich die E-Mail löschen.

Natürlich hat auch Amazon die Fristentaktik bereits aufgegriffen, mit seiner Goldbox (siehe **Abbildung 18.3**). Hierbei handelt es sich um eine Schatzkiste, die jeden Tag mehrere besonders günstige Angebote bereithält. Jedes Angebot ist nur eine bestimmte Zeit gültig und danach für immer verloren.

Abbildung 18.3   Amazons Goldbox (Quelle: www.amazon.com)

18.2.2 Informative Einkaufsratgeber

Nicht alle Online-Käufer haben eine klare Meinung darüber, was sie kaufen wollen und warum. Wenn es beispielsweise darum geht, ein Geschenk auszusuchen, sehnen sich viele nach einer helfenden Hand. Dennoch setzen viele Online-Shops keine Ratgeber ein, die Kunden helfen, eine gute und vernünftige Entscheidung zu treffen. Ganz unabhängig vom informativen Umfang eines Ratgebers ist es wichtig, Gründe für einen Kauf des ein oder anderen Produkts zu liefern. Gerade dadurch fällt es Menschen leichter, eine Entscheidung zu treffen.

Wie einfach man einen aussagekräftigen Ratgeber gestalten kann, zeigt der DVD-Bereich von Amazon (siehe **Abbildung 18.4**). Neben der Vorschau auf Neuerscheinungen bietet der Online-Händler auch eine von Filmen zu bestimmten Anlässen an. Viel besser kann man einen Grund zum Kaufen nicht formulieren.

Abbildung 18.4 Einkaufsratgeber (Quelle: www.amazon.de)

Die richtige Unterhaltung für jede Gelegenheit

Für einen Themenabend
- Klassiker und Epen
- Fernoestliches: Asiatische Filme
- Western

> Entdecken Sie weitere Ideen

Action und Adrenalin
- Action pur
- Thriller
- Horror

> Entdecken Sie weitere Ideen

Für gute Laune
- Deutsche Komödie
- Action-Komödie
- Comedy

> Entdecken Sie weitere Ideen

Für einen Familiennachmittag
- Naturdokus
- Spass für die ganze Familie
- TV-Serien für Kids

> Entdecken Sie weitere Ideen

Für einen Serien-Abend
- Action und Thriller in Serie
- Science Fiction
- TV-Serien: Wundertüte

> Entdecken Sie weitere Ideen

Für einen Abend nur mit den Freundinnen
- Romantische Komödie
- Bollywood
- Musicals und Musikfilme

> Entdecken Sie weitere Ideen

18.2.3 Individualisierung und Upselling

Im Kern zielt Individualisierung darauf ab, die Kundenbeziehung zu intensivieren und so persönlich wie möglich mit jedem Kunden umzugehen – im Idealfall 1:1 – weil es günstiger ist, ein Produkt an einen bestehenden Kunden zu verkaufen, als einen neuen zu gewinnen. Dies ist nichts Neues oder Weltbewegendes. Schon Tante Emma hat es verstanden, ihre Kunden zu binden und ihnen die ein oder andere Sache mehr zu verkaufen. „Herr Müller, Sie lieben doch Schokolade, kennen Sie schon die neue Milka Trauben-Nuss?" oder „Ihre Lieblingskaffeesorte ist gerade eingetroffen, soll ich Ihnen gleich ein Pfund einpacken?" sind typische Äußerungen, die im Zuge der Ausbreitung von Supermärkten und Einkaufszentren immer seltener werden.

Im Grunde ist es nicht so, dass niemand von den Vorteilen persönlicher Kundenbeziehungen weiß, sondern dass die meisten sie nicht nutzen. Dabei macht es gerade die technologische Entwicklung durchaus einfacher, eine große Anzahl von individuellen Kundeninformationen zu speichern und für Personalisierungen zu nutzen.

Oft scheitert eine intensivere Kundenbeziehung an der Einstellung. Individualisierung heißt, Kundenkontakt und Service eben nicht auf kurzfristige Profitabilität hin zu optimieren. Dabei ist es gar nicht so schwierig, eine effiziente und zugleich tiefe Kundenbeziehungen zu führen. Dafür sollten Unternehmen ihre Kunden nicht einfach als einmalige Geldquelle ansehen, sondern als langjährigen Euro-Strom, den es zu hegen und zu pflegen gilt. Man kauft nicht jedes Jahr ein neues Haus, sondern steckt Energie und Geld in Unterhalt und Renovierungen. Genauso wie es günstiger ist, die Substanz eines Gebäudes zu pflegen, ist es effizienter, Individualisierung zu betreiben. Dazu muss man:

- Daten sammeln: Der erste Schritt ist, Daten der Kunden in Form einer Datenbank zu sammeln: Anrede, Name, Adresse, Telefon, Fax, E-Mail, Bestellhistorie, Geburtstag und so weiter. Man muss nicht versuchen, alle Informationen einer Person auf einmal zu bekommen (zum Beispiel über ein großes Formular). Wenn man den Informationsgewinnungsprozess mehrstufig aufbaut, gibt man dem Kunden die Gelegenheit, Vertrauen aufzubauen, und er wird Stück für Stück freiwillig mehr Daten freigeben.

- Analyse und Targeting: Anhand der gewonnenen Informationen sind Kundengruppen und Marktsegmente abzugrenzen. Daraufhin ist zu bestimmen, welche Kundenmerkmale entscheidend sind für das Targeting. Hierbei sind die passenden Informationen für die jeweilige Zielgruppe zur richtigen Zeit anzubieten.

Wie sieht aber Individualisierung in der Praxis aus? Wo sind Personalisierungen nützlich, und wo ist es effektiver, Kundebeziehungen weniger intensiv zu führen? Die wichtigsten Prinzipien sind:

- Produkte managen, nicht Menschen: Unternehmen, die Individualisierung betreiben, stellen ihre Interessenten und deren individuelle Bedürfnisse in den Mittelpunkt. Abteilungen sollten um ausgewählte Kundensegmente und nicht um unterschiedliche Produkte organisiert werden.

- Relevanz: Relevanz sollte der Kern aller Personalisierungsbemühungen sein. Alles, was den Kunden mit der personalisierten Webseite oder E-Mail geboten wird, muss relevant sein. Andernfalls ergibt die Personalisierung keinen Sinn und erhöht nicht den Umsatz, sondern erzeugt nur Kosten.

- Angebot besserer Informationen: Bessere Informationen heißt in der Regel, weniger Informationen anzubieten. Je personalisierter das Angebot ist, desto gezielter sind die Informationen, die der Kunde erhalten sollte. Die Vorzüge einer Software für Bauunternehmer interessieren keinen Wirtschaftsprüfer.

- Aufmerksamkeit: Personalisierung heißt nicht nur eine individualisierte Zusammenstellung von Informationen, sondern auch persönliche Kommunikation (via E-Mail, Fax, Telefon und so weiter). Wenn man beispielsweise die Kunden, wann immer möglich, mit Namen anspricht, zeigt dies Aufmerksamkeit für deren individuelle Bedürfnisse. So bekommt auch eine allgemeine Antwort beispielsweise zu den Lieferkonditionen eine persönliche Note. Aufmerksamkeit ist mehr wert als teure Geschenke oder Preisnachlässe.

- Lokal ausgerichtete Personalisierung: Auch wenn Nutzer im Internet in der ganzen Welt surfen, wird der Großteil aller Ausgaben immer noch in einem Umfeld von 20 km um den Wohnort getätigt. Standortbasierte Dienste (Location-Based-Services) werden für die Personalisierung in Zukunft eine große Rolle spielen. Aber nicht nur das Einkaufsgebiet kann aus der Adresse des Kunden abgeleitet werden, sondern im Rahmen eines sogenannten Geomarketings auch sein Einkommen. Anhand von demografischen Daten lässt sich allein über die Postleitzahl bestimmen, welches ungefähre monatliche Gehalt und Budget dem Kunden zur Verfügung stehen.

- Dem Kunden Zeit sparen: Zeit ist zu einem äußerst knappen Gut geworden. Aus diesem Grund sollten Online-Unternehmen darauf achten, ihren Kunden Zeit zu sparen. Man sollte daher nie eine Frage zweimal stellen und die Kunden schon gar nicht mehrmals das gleiche Formular ausfüllen lassen. Kunden verlieren, selbst bei noch so preisgünstigen Angeboten, die Geduld, wenn sie bei jedem Kauf die Rechnungsadresse, die Lieferadresse und ihre Kreditkarteninformationen (Nummer, Ablaufdatum) erneut eingeben müssen. Die Zeitersparnis ist Kunden durchaus ein paar Euro mehr wert.

- Keine Änderungen der Benutzerführung: Bei allen Änderungen und Personalisierungen, die vorgenommen werden, muss sehr behutsam vorgegangen werden. Die Kunden haben sich an spezifische Benutzerführung gewöhnt, sie wissen, was sie erhalten, wenn sie einen bestimmten Link anklicken. Personalisierungen sollten deshalb nur sehr behutsam durchgeführt werden. Zunächst sollten immer die Informationen angepasst und erst dann, wenn notwendig, Verbesserungen an der Benutzerführung implementiert werden. Das Interface sollte nie schlagartig geändert werden. Dieses führt bei Kunden zu Verunsicherungen und womöglich zu Ärger und Frust über die zunächst ungewohnte Benutzerführung. Wenn einschneidende Änderungen an Navigationsstruktur oder Informationsarchitektur unabdingbar sind, muss ein Plan für eine schrittweise Überführung aufgestellt werden. Auch müssen die Kunden vor jedem einschneidenden Schritt informiert werden. Hierdurch erreicht man nicht nur Verständnis für die Änderungen, sondern erhält vielleicht sogar noch den ein oder anderen nützlichen Tipp.

- Personalisierung und Datenschutz: Sobald personenbezogene Daten von Kunden gesammelt werden, sind Experten im Datenschutzgesetz zu konsultieren, ob die Personalisierungsbemühungen auch legal sind. Alle Bemühungen können vergebens sein, wenn herauskommt, dass man möglicherweise fahrlässig mit persönlichen Daten umgeht. Um eine schnelle, persönliche Einschätzung zu erhalten, kann man sich einfach in die Rolle der Kunden versetzen. Wenn davon auszugehen ist, dass das Vorgehen von den Kunden oder der Presse womöglich nicht gutgeheißen wird, sollte es umgehend gestoppt werden.

- Kontrolle über die Informationen: Den Kunden sollte die Möglichkeit gegeben werden, zu entscheiden, wie, wann und wofür die Informationen verwendet werden. Es sollten nie Kundeninformationen ohne deren ausdrückliche Erlaubnis verwendet werden. Dazu muss das Unternehmen dem Kunden verständlich erläutern, wofür die Informationen verwenden werden.

- Belohnung der Kunden: Wenn man Informationen von Kunden benötigt, sollten diese dafür auch entlohnt werden. Vor allem in Deutschland sind die Menschen vorsichtig im Umgang mit ihren persönlichen Daten. Man senkt die Hemmschwelle, indem man einen Anreiz schafft. Außerdem können durch viele Formen der Personalisierung auch die Kosten des Online-Unternehmens gesenkt werden. Warum die Kunden daran nicht partizipieren lassen?

- Beschränkung auf relevante Informationen: Es gibt immer noch Unternehmen, die nach dem Mädchennamen der Mutter fragen oder wissen wollen, wo ihre Kunden geboren wurden. Nun gut, es mag historisch bedingt sein, dass solche Informationen abgefragt werden, aber sind sie wirklich nützlich? In Analysephase und Tuning sollte geklärt werden, welche Informationen zur Kundengruppenbestimmung und dem Targeting wirklich benötigt werden. Nur diese sollten auch gesammelt werden. Wenn später mehr Informationen benötigt werden, kann man immer noch danach fragen.

- Fehlerbehebung durch Kunden: Wenn Personalisierungen durchgeführt werden, sollte Kunden die Möglichkeit eingeräumt werden, Verbesserungsvorschläge zu machen und Fehler zu beheben. Amazon.com fragt bei individuellen Produktvorstellungen immer, ob diese den Geschmack des jeweiligen Kunden treffen. Mit einem Klick kann man auf einer Skala entscheiden, wie gut das Produkt den eigenen Ansprüchen entsprach oder auch nicht.

Man darf nicht zu weit gehen
Ein Unternehmen will Geschäfte machen und ist nicht der umsorgende Freund seiner Kunden. Bei der Personalisierung sollte man nicht zu persönlich werden, das kommt bei den meisten Kunden nicht gut an. Personalisierungen haben auch ihre Grenzen. Angenommen jemand verschenkt fünf Pferdebücher, macht es dann Sinn, ihm einen individuellen Pferdebuch-Shop anzuzeigen? Häufig stellen indirekte Personalisierungen, die auf die

gegenwärtige Situation des Kunden zugeschnitten sind, die bessere Lösung dar. Intelligente Suchalgorithmen verknüpft mit den Kaufhistorien aller Kunden („Kunden, die dieses Buch gekauft haben, haben auch diesen Titel gekauft ...") helfen den Kunden mehr als individuelle Buchvorschläge.

Mass Customization als Form der Individualisierung

„Mass Customization" ist ein Ansatz, bei dem der Kunde über das Internet das gewünschte Produkt konfigurieren kann. Der Kunde hat dabei keine grenzenlose Freiheit und kann (zur Reduzierung des Produktionsaufwands) nur in bestimmten Grenzen sein Wunschprodukt konzipieren.

Abbildung 18.5 Mass Customization (Quelle: www.dell.de)

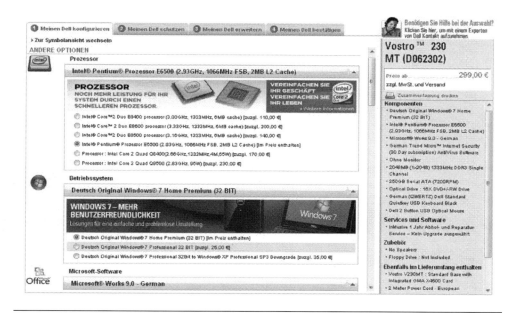

Wer beispielsweise bei Dell einen Desktop-Computer bestellt, kann im Online-Shop eine individuelle Auswahl der Komponenten vornehmen. Die Preise für die Einzelkomponenten werden dabei direkt bei der Bestellung angezeigt und bei Änderungen sofort aktualisiert. Mass Customization ist ein Ansatz der Produktdifferenzierung, der das Bemühen von Unternehmen unterstützt, die besonderen Bedürfnisse einzelner Segmente oder sogar einzelner Kunden zu befriedigen.

Upselling

An die Taktik der Individualisierung knüpft auch das Upselling an. Es kostet weniger, ein neues Produkt einem bestehenden Kunden zu verkaufen, als an jemanden, der das Online-Unternehmen noch gar nicht kennt. Wie viel man für einen neuen Kunden bezahlen muss, kommt darauf an, welcher der vielen Studien zu diesem Thema man Glauben schenkt. In der Regel kostet es sechs- bis zehnmal mehr, einen neuen Kunden zu gewinnen, als einen Bestandskunden zum erneuten Kauf zu bewegen. Verkürzt gesagt: Man kann 60 Euro ausgeben, um einen neuen Kunden zu gewinnen oder für das gleiche Geld sechs bestehende Kunden zu einem Wiederkauf anregen. Obwohl diese Tatsache der Mehrzahl der Verantwortlichen bewusst ist, zielen die meisten Kampagnen, Banner oder Anzeigen darauf ab, „Frischfleisch" zu ergattern.

Nachdem ein Konsument ein Produkt gekauft hat, sind ein paar entscheidende Einzelheiten über ihn bekannt:

- Er ist interessiert an den Produkten,
- er verlässt sich auf das Unternehmen, bei dem er den Kauf getätigt hat und
- er war bereit, den geforderten Preis zu bezahlen.

Gerade für Online-Unternehmen ist es schwierig, ein solches Vertrauen zu einer Person aufzubauen, aber ist es geschafft, fühlt sich dieser Kunde in der Regel sicher genug, um wieder beim Unternehmen zu kaufen. Auf dieses Vertrauen müssen gerade Online-Unternehmen aufbauen.

Doch wie kann man die bisherigen Kunden ansprechen? Die Antwort lautet Upselling.

> „Kunden, die dieses Buch gekauft haben ..."

Upselling bedeutet nichts anderes, als jedem Kunden nach dem Kauf eines Artikels gleich ein weiteres Produkt mitzuverkaufen. Diese Technik ist schon sehr alt und wird im herkömmlichen Einzelhandel mit großem Erfolg eingesetzt. Schuhverkäufer bieten bei jedem Schuhkauf ein passendes Lederpflegemittel oder einen Schuhspanner gleich mit an. Das Beste daran ist, man ist sogar glücklich darüber. Denn laut Schuhverkäufer halten die Schuhe ja nun doppelt so lange. Auch im Internet ist diese Technik erfolgreich. Amazon.de empfiehlt unter der Überschrift „Kunden, die dieses Buch gekauft haben, haben auch dieses Buch gekauft ... " weitere Bücher zum gleichen Thema.

Affine Produkte

Nahezu jede Webseite kann von Upselling profitieren und zu den eigenen Produkten weitere finden, für die sich der Kunde ebenfalls interessieren könnte. Dieses können zum Beispiel Zubehör, wie das Headset fürs Handy, die 3D-Brille zur neuen Grafikkarte oder das Gläserset zur Weinbestellung sein. Wenn sich das Online-Unternehmen für die Bestellung bedankt, bietet es sich an, diese Produkte als Zubehör vorzustellen. Am besten man bietet einen besonderen Rabatt, wenn sich die Kunden sofort entscheiden. Es gibt nur wenige, die dann der Versuchung widerstehen können.

Kooperationen

Falls das Unternehmen nur ein paar Produkte oder vielleicht nur ein einziges anbietet, dann kann ein passendes Produkt von einer anderen Firma mit verkauft werden. Oft ist der andere Unternehmer ebenfalls bereit, das eigene Produkt in sein Sortiment mit aufzunehmen. Dabei sollten aber nur Partnerschaften mit Unternehmen eingegangen werden, die komplementäre, nicht ähnliche Produkt anbieten. Ein Hersteller von Software für die Erstellung von Steuererklärungen könnte gleichzeitig das Handbuch „1001 ganz legale Steuertricks" mitverkaufen. Bestandskunden dürfen nicht so schnell wieder von der Leine gelassen werden.

18.2.4 Coupons und Zugaben

Eine wesentliche Komponente der Preisgestaltung sind Rabatte. Hierbei wird die Preisgestaltung für individuelle Kunden vom Unternehmen initiiert. Ziele der Rabattierung können Erhöhung des Umsatzes durch Kundenakquisition oder Wiederholungskäufe, Steigerung der psychologischen Kundenbindung durch „Treuerabatte", Kundenrückgewinnung und der „Abverkauf" bestimmter Warengruppen oder einzelner Artikel (um beispielsweise

das Lager frei zu machen) sein. Durch Coupons werden dem Nutzer Preisnachlässe vom Fixpreis, aber auch andere Leistungen wie beispielsweise eine kostenlose Lieferung angeboten.

Im Vergleich zum papiernen Coupon wird die Online-Variante wegen der Bequemlichkeit sehr viel häufiger eingelöst. Meistens reicht es, den Couponcode aus einer E-Mail in das entsprechende Formularfeld zu kopieren. Daher können mit Coupons im Online-Handel Verkäufe sehr wirksam stimuliert werden. Coupons können darüber hinaus auch zur Kundenbindung eingesetzt werden, etwa indem sie als Aufmerksamkeit zum Geburtstag des Kunden verschickt werden.

In der Kundenrückgewinnung werden Coupons beispielsweise von Spiele-Communities wie gameduell.de genutzt. Diese Communities bieten neuen Spielern an, die Plattform kostenlos auszuprobieren. Nachdem aber das Gratisspielgeld verspielt wurde, muss der Nutzer, um weiter an den Spielen teilnehmen zu können, virtuelles Spielgeld für reales kaufen. Viele Nutzer steigen zu diesem Zeitpunkt aus der Community aus und sollen per Coupon dazu gebracht werden, die Spiele-Plattform weiter zu nutzen.

Mit dem Fall des Rabattgesetzes ist auch die Zugabeverordnung aufgehoben worden. Mit ihr wurde die Möglichkeit beschränkt, die Attraktivität eines Angebots durch die kostenlose Zugabe anderer Produkte zu steigern. Was in den USA schon seit Jahrzehnten als effektives Mittel zur Umsatzsteigerung eingesetzt wurde, steht damit auch in Deutschland zur Verfügung. Jetzt kann man Interessenten Angebote unterbreiten, denen sie kaum widerstehen können. Man kann nicht nur einen Rabatt anbieten, sondern stattdessen zwei bis drei Zugaben. Hier ein Beispiel:

Holen Sie sich jetzt diese ausgefallene Kollektion aus erlesenen Weinen der Provence, inkl. Lieferung für nur 89,95 Euro!

Plus die folgenden kostenlosen Zugaben (die Sie behalten können, auch wenn Sie von Ihrer „Geld-zurück-Garantie" Gebrauch machen):

- Sechs erlesene Weiß- und Rotweingläser

- Zwei Weinkaraffen aus wertvollem Kristallglas

- Ein moderner Korkenzieher aus Edelstahl

Zugaben können auch eine ähnliche Funktion wie Garantien erfüllen, wenn sie der Kunde behalten darf, egal ob er das eigentliche Produkt behält oder nicht. Man darf allerdings keinen wertlosen Plunder anbieten, sonst sind Zweifel an der Qualität des eigentlichen Produktes vorprogrammiert. Außerdem sollte man nur Zugaben anbieten, die vom Kunden als nützlich eingestuft werden und einen Wert besitzen: Wenn nötig, sollte man qualitativ hochwertige Bilder zeigen, damit man nicht in die Nähe von Neppern, Schleppern oder Bauernfängern gerückt wird.

18.2.5 Feiertagsaktionen

Für viele Kaufleute sind die Monate vor den Festtagen die lukrativste Zeit überhaupt. Grund genug auch für Online-Händler, für das Weihnachtsgeschäft Vorkehrungen zu treffen. Besonders zur Weihnachtszeit werden die Konsumenten mit Werbung überhäuft. Es gibt kaum ein Unternehmen, das nicht für diese Zeit ein ordentliches Werbebudget eingeplant hat. Dies ist angesichts der Tatsache, wie viel Geld von den Konsumenten jedes Jahr für die Feiertage ausgegeben wird, vollkommen verständlich. Davon profitiert auch der Online-Handel, jedes Jahr werden gerade im Weihnachtsgeschäft neue Umsatzrekorde erzielt.

Zwei der wichtigsten Einflussgrößen bei der Ausgestaltung von Feiertagsaktionen sind Preis und Lieferkosten. In konjunkturell angespannten Zeiten wird – egal, ob der Geldbeutel gefüllt ist oder nicht – der Preis zum dominanten Faktor; wo es geht, wird gespart. Dadurch nehmen es viele Konsumenten auch auf sich, relativ lange nach einem Produkt zu suchen, wenn sie dadurch einen günstigeren Preis erzielen können.

Gleiches gilt für die Lieferkosten. Sie sind für den Großteil aller verlassenen Warenkörbe bzw. Bestellabbrüche verantwortlich. Auch zu Feiertagen müssen Online-Händler also nicht nur mit günstigen Preisen, sondern auch mit niedrigen Versandgebühren punkten.

Die meisten Konsumenten kaufen ihre Geschenke vier Wochen vor den Festtagen. Dabei nehmen sich die Konsumenten für die Findung eines günstigen Händlers jedoch nicht die gesamten vier Wochen, sondern je nach Produkt nur ein bis fünf Tage Zeit. Eine kurze Zeitspanne, um die Aufmerksamkeit der Kunden auf das eigene Unternehmen und die eigenen Produkte zu lenken.

Online-Händler sollten sich daher bei Feiertagsaktionen auf ihre Bestandskunden und Newsletter-Abonnenten konzentrieren und diesen

- Aktionsrabatte und zeitlich oder thematisch begrenzte Gutscheine bieten
- oder die Lieferkosten senken.

Amazon beschreitet diesen Weg und versendet thematisch begrenzte (zum Beispiel nur für Computerspiele) und zeitlich begrenzte (einzulösen bis 30. November, 6. Dezember und so weiter) Gutscheine über 5 und 10 Euro an seine Kunden. Dazu fallen ab einer Bestellung von über 20 Euro keinerlei Versandkosten an. Der Online-Händler ist damit nicht nur als erster im Bewusstsein seiner Kunden, wenn es um bestimmte Weihnachtsgeschenke geht, sondern er schlägt zwei Fliegen mit einer Klappe. Über die Gutscheine bietet er günstige Produkte und über die Versandkostenbefreiung einen Anreiz, mehr als nur einen Artikel zu bestellen. Und diese Technik hat noch einen weiteren Vorteil. Durch die Verwendung von Gutscheinen muss keine generelle Preissenkung durchgeführt werden. Dadurch entfallen generelle Gewinnreduzierungen und von Kunden ungeliebte Preissteigerungen nach den Festtagen.

Bei der Verwendung von höheren Gutscheinen (> 5 Euro) ist es sinnvoll, einen Mindestbestellwert festzulegen. So verhindert man nicht nur Missbrauch, sondern stellt sicher, dass man keinen Verlust durch Kleinstbestellungen macht.

Jeder Kunde will die Gewissheit haben, dass das gekaufte Geschenk auch rechtzeitig ankommt. Deshalb sollten klar und deutlich Lieferarten und -zeiten aufgelistet werden. Was kostet der Versand, wann ist das Paket da und wird es per Post oder über einen Paketdienst geliefert?

Express-Service
Nicht wenige Menschen sind Jahr für Jahr spät dran und kaufen ihre Geschenke in letzter Sekunde. Diesen Menschen ist es in der Regel egal, ob sie einen erhöhten Preis bezahlen müssen, damit das Geschenk noch rechtzeitig ankommt. Daher sollten Online-Händler mit ihrem Logistikpartner einen Express-Service arrangieren und eine Lieferzeitgarantie vereinbaren. Nichts ist schlimmer für die Reputation des Händlers, als wenn das zugesicherte Geschenk nicht rechtzeitig zu Weihnachten da ist.

Lieferadressen
Oft werden Geschenke gekauft, um sie an Verwandte und Freunde zu versenden. Diesen Kunden kann der Weg zum Postamt erspart werden, indem ermöglicht wird, dass sie unterschiedliche Lieferadressen angeben können.

Verpackungen und Geschenkpapier
Online-Händler sollten gerade in der Weihnachtszeit einen Geschenkpapierservice anbieten. Viele Menschen haben keine Lust oder nicht genügend Zeit, Geschenke selbst einzupacken. Sie begrüßen es, wenn ihnen jemand diese Arbeit abnimmt. Dabei können unterschiedliche Geschenkpapier- und Verpackungsarten angeboten werden. Wenn möglich, sollten im Online-Shop Bilder des Geschenkpapierbogens oder von fertig verpackten Ge-

schenken gezeigt werden. Die Kunden wissen so genau, was sie erhalten; das erhöht das Vertrauen.

Testen Sie, ob die Kunden bereit sind, für die Verpackung Geld auszugeben. Oft kann man an dieser Stelle noch zusätzlichen Umsatz erwirtschaften. Verlangen Sie aber nicht zu viel. Im stationären Einzelhandel ist die Geschenkverpackung kostenlos, daher sollten besondere Verpackungen angeboten werden. Je schöner und ausgefallener ein Geschenk aussieht, desto mehr sind die Konsumenten bereit, dafür zu bezahlen. Bieten Sie den Kunden die Möglichkeit, optional eine Grußkarte auszufüllen. Für den Text sollte ein Handschriftenfont verwendet werden, so bekommt die Karte einen persönlichen Touch und wird von den Kunden besser angenommen.

E-Mails zur Weihnachtszeit
Genauso wie das Besucheraufkommen der Webseite steigt, so nehmen ab Oktober auch die Anfragen per E-Mail zu. Dies können Sie zur Kommunikation nutzen, indem Sie in jeder ausgehenden E-Mail auf die Weihnachtsangebote hinweisen. Am effektivsten ist es, den Werbetext geschickt in den Nachrichtentext selbst einzubauen. Da ja eine Frage beantwortet wird, kann dies nicht als Spam ausgelegt werden. Wem dies zu verfänglich oder zu aufwendig ist, der kann auch einen Hinweis in Form eines Post Scriptums geben. Hier ein Beispiel:

> Mit freundlichen Grüßen
>
> Klaus Mustermann
>
> PS: Männerspielzeug. Diese Geschenke machen das starke Geschlecht ganz schwach. Spannende Technik und Werkzeug sind die Renner unterm Weihnachtsbaum: http://www.mustermann.de/maennerweihnachten

Newsletter und Mailinglisten
Die Abonnenten des Newsletters sind besonders wertvolle Kunden, da sie dem Online-Händler vertrauen und eingewilligt haben, Informationen zu erhalten. Besonders vor Weihnachten, wo jeder Konsument mit Werbung und Angeboten überhäuft wird, ist dies ein nicht zu unterschätzender Vorteil.

Weisen Sie ab Mitte Oktober in jeder Ausgabe explizit auf die Weihnachtsangebote hin. Anderthalb Monate vor Weihnachten können Sie zusätzlich eine Weihnachtssonderausgabe herausgeben. Ein spezielles, zeitlich begrenztes Festtagsangebot nur für Abonnenten motiviert viele Kunden zum Kauf. Erinnerungen an das Weihnachtsspecial können mit einem besonderen Bonus versehen werden, den jeder Käufer kostenlos beim Kauf dazubekommt. Mit dieser Strategie können Sie das gesamte Potenzial abschöpfen. Schnellentschlossene reagieren gleich auf das erste Angebot, Unentschlossene werden nach und nach mit Zugaben überzeugt.

Design
Gestalten Sie auch Ihren Shop zu den Festtagen festlich. Mit kleinen grafischen Details auf der Webseite können Sie eine weihnachtliche Stimmung schaffen. Nicht umsonst ist die

Dekoration in allen Kaufhäusern zur Weihnachtszeit die teuerste und aufwendigste des ganzen Jahres. Es ist psychologisch erwiesen, dass eine positive Grundstimmung die Aufmerksamkeit der Konsumenten eher auf positive Produktdetails lenkt. Wobei eine neutrale bis negative Grundeinstellung die Aufmerksamkeit eher auf die negativen Eigenschaften der Produkte lenken kann. Nur wenige Menschen verbinden mit Weihnachten etwas Negatives. Alle anderen sind in der Regel der sogenannten Weihnachtsstimmung verfallen. Erzeugen Sie daher auch auf der Webseite ein wenig Weihnachtsstimmung. Dabei muss kein Neudesign vorgenommen werden, einige kleine Änderungen und Verfeinerungen – ein Weihnachtsmann hier oder eine Lichterkette dort – reichen bereits aus.

Häufige Fragen
Vor Weihnachten haben die Kunden spezielle Fragen. Hier gilt es, Supportmitarbeiter und FAQ-Listen auf den neuesten Stand zu bringen. Die wichtigsten Fragen zu Weihnachten sind:

- Kommt das Paket noch rechtzeitig zu Weihnachten an?
- Wenn ich das Produkt schon jetzt kaufe, kann ich es dann nach Weihnachten trotzdem wieder umtauschen?
- Wann ist der letzte Termin für eine Bestellung, die noch rechtzeitig zu Weihnachten da ist?
- Wird das Geschenk verpackt? Was kostet eine Geschenkverpackung?
- Gibt es einen Express-Lieferservice?
- Gibt es eine Bestellverfolgung?

Zusammenfassung

- Die Instrumente der Online-Kommunikation können viel effektiver eingesetzt werden, wenn man sich darüber Gedanken macht, wie eine Beeinflussung von Konsumenten funktioniert und welche konkreten Techniken besonders erfolgversprechend sind. In diesem Teil wurden Techniken aus drei Kategorien vorgestellt:

- Durch die Instrumentalisierung der sozialen Verhaltensorientierung werden:
    - glaubwürdige Personengruppen (im Zweifel die Mehrheit), Personen und glaubwürdige Institutionen für die eigene Online-Kommunikation eingespannt,
    - die „gute Erziehung" der Nutzer und das Prinzip der Gegenseitigkeit genutzt,
    - Signale ausgesendet, die der eigenen Glaubwürdigkeit dienen und die es dem Nutzer erleichtern, eine geschäftliche Beziehung mit dem Online-Unternehmen einzugehen.

- Die Instrumentalisierung der Wahrnehmungsprozesse besteht darin, dass:
  - optische Schlüsselreize benutzt werden, denen sich nur wenige Nutzer entziehen können,
  - die Wahrnehmungsschemata, also die Art und Weise, wie Konsumenten Reize wahrnehmen, gezielt angesprochen werden.

- Die Gestaltung der Rahmenbedingungen bietet die reichhaltigsten Möglichkeiten zur Beeinflussung. Genauso wie der stationäre Einzelhandel durch die Schaufenstergestaltung, Preis- und Hinweisschilder sowie Musik die Rahmenbedingung gestaltet und so den Kunden zum Kauf motivieren kann, stehen auch Online-Unternehmen vielfältige Möglichkeiten zur Verfügung, die Rahmenbedingungen und damit die Internetnutzer zu beeinflussen. Die dargestellten Techniken zielen auf eine Aktivierung der Nutzer ab, Emotionalisierung auf die Gefühle der Nutzer, Motivation auf andere Bedürfnisse der Nutzer (zum Beispiel das Preisbewusstsein).

- In der Praxis gibt es natürlich eine Vielzahl weiterer Techniken, die erfolgreich angewendet werden, die meisten lassen sich aber den hier vorgestellten drei Kategorien zuordnen. Haben Sie also ein waches Auge bei Ihren nächsten Online-Käufen.

Literatur

[1] Walsh, G./Klee, A./Kilian, T. (2009): Marketing: Eine Einführung auf der Grundlage von Case Studies, Berlin.
[2] Hauptverband des Deutschen Einzelhandels (2009): E-Commerce-Umsatz 2010: HDE erwartet 23,7 Mrd. Euro. http://www.ebusiness-handel.de/pb/site/eco/node/142076/Lde/index.html, abgerufen am 17.02.2010.
[3] Anderson, C. (2004): The Long Tail. The Future of Entertainment is in the Millions of Niche Markets at the Shallow End of the Bitstream. http://www.wired.com/wired/archive/12.10/tail.html, abgerufen am 17.02.2010.
[4] Online-Vermarkter-Kreis im BVDW (2009): OVK Online-Report 2009/01: Zahlen und Trends im Überblick. http://www.ovk.de/fileadmin/downloads/fachgruppen/Online-Vermarkterkreis/OVK_Online-Report/OVK_Online-Report_200901_Webversion.pdf, abgerufen am 17.02.2010.
[5] Surowiecki, J. (2004): The Wisdom of Crowds: Why the Many Are Smarter Than the Few and How Collective Wisdom Shapes Business, Economies, Societies and Nations Little, New York.
[6] van Eimeren, B./Frees, B. (2009): Ergebnisse der ARD/ZDF-Onlinestudie 2009: Der Internetnutzer 2009 – multimedial und total vernetzt? in: media perspektiven 7/2009, S. 334-348.
[7] Oehmichen, E./Schröter, C. (2007): Erklärungsbeiträge der MedienNutzer- und der OnlineNutzerTypologie: Zur typologischen Struktur medienübergreifender Nutzungsmuster, in: media perspektiven 8/2007, S. 406-421.
[8] Trompenaars, F. (1993): Handbuch Globales Managen. Wie man kulturelle Unterschiede im Geschäftsleben versteht, Düsseldorf.
[9] Langner, S. (2009): Viral Marketing: Wie Sie Mundpropaganda gezielt auslösen und Gewinn bringend nutzen, 3. Auflage, Wiesbaden.
[10] Levine, R./Locke, C. (2002): Das Cluetrain Manifest. 95 Thesen für die neue Unternehmenskultur im digitalen Zeitalter, Berlin
[11] Göttgens, O./Dörrenbacher, S. (2008): Markenmanagement im Web 2.0 und Web 3D am Beispiel von Mercedes-Benz, in: Hass, B./Walsh, G./Kilian, T. (Hrsg.): Web 2.0: Neue Perspektiven für Marketing und Medien, Berlin.
[12] Lamnek, S. (2005): Qualitative Sozialforschung: Lehrbuch, Landberg.
[13] Cialdini, R.B. (2008): Die Psychologie des Überzeugens, 5. Aufl., Bern.
[14] Behrens, G. (1989): Sozialtechniken der Beeinflussung, in: Kroeber-Riel, W./Behrens, G./Dombrowski, I. (Hrsg.): Kommunikative Beeinflussung der Gesellschaft – Kontrollierte und unbewusste Anwendung von Sozialtechniken, Wiesbaden, S. 1-31.
[15] Schwartz, B. (2004): The Paradox of Choice - Why More Is Less, New York.

Weitere Quellennachweise:

Kroeber-Riel, W./Meyer-Hentschel, G. (1982): Werbung, Steuerung des Konsumverhaltens, Würzburg/Wien.

Walsh, G. (2002): Konsumentenverwirrtheit als Marketingherausforderung, Wiesbaden.

Stichwortverzeichnis

A

Above the Line 9
AdClicks 67
Affiliate-Marketing 70
Affiliatenetzwerke 70, 73
AIDA 40, 188
Autoresponder 79, 191
Awards 186

B

Bannergrößen 61
Bannerwerbung 61
Behavioral Targeting 162
Below the Line 9
Benutzerfreundlichkeit 33
Blogs 132, 136

C

Consumer Communities 132
Contextual Targeting 99
Cookies 151
Corporate Blog 136, 158
Coupons 231
Cross-Selling 79

D

Danksagungen 192
Diffuse Informationsvermittlung 58
Double Opt-in 82
Dynamic Keyword Insertion 94

E

E-Consumer 27
Einkaufsratgeber 224
Ein-Prozent-Regel 135

E-Mail-Marketing 79
Emoticons 19
Erfolgskontrolle 149
Evoked Set 211

F

Facebook 138
FAQ 48, 197, 203
Farbwahl 59
File Sharing Communities 132
Flat fee 67
Foren 141, 201
Fristentaktik 223
Früherkennung 152
Fünf-Sekunden-Test 209
Fuß-in-der-Tür-Strategie 188

G

Google Analytics 152
Google Juice 133
Gütesiegel 186

H

Handlungsaufforderungen 218
Hard-bounce 157
Herdenverhalten 177
HTML-Mails 83
HTML-Tags 109

I

Individualisierung 22
Informationsarchitektur 44
Interaktivität 20
IP-Mapping 151

J

Junge Flaneure 27
Junge Hyperaktive 27

K

Keyword Density Analyzer 107
Keyword-Auswahl 92
Keyworddatenbanken 94
Klassische Online-Werbung 61
Klickpfade 156
Knowledge Communities 132
Kontaktziele 25, 158
Kontextsensitive Werbung 99
Konversionsrate 25
Kostenziele 26
Kultmarketing 219

L

Landeseite 64
Landing Page 99
Layer Ads 62
Leserfreundlichkeit 36
Lifetime-Provision 71
Linkpopularität 112
Live-Shopping 217
Logfileanalyse 151
Logfiles 107
Long Tail 14
Long-Tail-Optimierung 94

M

Mashups 144
Mass Customization 229
Meinungsführer 184
Multimedialität 21
Mundwerbung 25

N

Nanosites 63

Navigationsstruktur 44
Newsletter-Marketing 79
Nichtlinearität 24

O

Öffentlichkeitsarbeit 116
Öffnungsrate 155
Online-Nutzer-Typologie 27
Online-Nutzung 26
Onsite-Optimierung 106
Open Source Marketing 14
Opt-in 82

P

Page Tagging 151
Partikularismus 57
Performanceorientierung 23
Permission-Marketing 81
Podcasts 139
Pressemitteilungen 48, 116
Produktvideos 215
Psychologische Wirkungsziele 25, 159
Pull-Kommunikation 24
Push-Kommunikation 24

R

Randnutzer 27
Raumzeitliche Unabhängigkeit 24
Referenzen 182
Reziprozität 188
Rich-Media-Banner 62
Routinierte Infonutzer 27

S

Schlüsselreize 205, 206
Schneeball-Prinzip 126
Scratch Banner 63
Selektivnutzer 27
Sequentielle Kommunikation 57

Stichwortverzeichnis

Social Networks 132
Social-Media-Kommunikation 132
Soft-bounce 157
Spam 81
Spamming 105, 134
Spezifische Informationsvermittlung 58
Startseiten-Usability 51
Sticky Ads 62
Suchmaschinenoptimierung 91, 104
Suchmaschinenwerbung 91
Synchrone Kommunikation 57

T

Taktik-der-kleinen-Mengen 223
Tausender-Kontakt-Preisen 67
Testergebnisse 186
Top of Mind 213
Trackingwerkzeuge 73, 150, 151
Twitter 138

U

Überauswahl 212
Universalismus 57
Upselling 229
URL 35

URL-Erweiterung 156

V

Verhaltensbasierung 22
Verhaltensbezogene Wirkungsziele 25, 159
Verkaufsränge 180
Verknappung 222
Vernetzung 21
Virales Marketing 14, 125
Vlogs 137

W

Web 2.0 13
Webcrawler 104
Webseitengestaltung 33
Weiterempfehlung 125
Weiterleitungsseiten 156
Werbebuttons 62
Wisdom of the Crowds 21

Z

Zugaben 231

Die Autoren

Dr. Thomas Kilian ist Experte für Internet-Marketing und Konsumentenverhaltensforschung. Seine Forschungsschwerpunkte liegen in den Bereichen Konsumentenverhalten, Marktforschung, Internet-Marketing und Medienwirtschaft. Er ist Co-Autor eines grundständigen Marketinglehrbuchs, veröffentlicht regelmäßig Artikel in Marketingzeitschriften und ist in der universitären Weiterbildung aktiv.

Seit Juni 2006 ist Kilian Mitarbeiter und Habilitand an der Arbeitsgruppe für Marketing und elektronischer Handel an der Universität Koblenz-Landau. Zuvor war er unter anderem als Unternehmensberater tätig und hat im Jahr 2000 einen Businessplanwettbewerb für eine Geschäftsidee im Internetkontext gewonnen.

Kontakt: kilian@uni-koblenz.de

Sascha Langner, Dipl. Ökonom, ist Experte für Internet-Marketing. Seine Arbeitsschwerpunkte liegen in den Bereichen Konsumentenverhalten, Guerilla Marketing und Beeinflussungsforschung. Er ist Autor dreier Praxisleitfäden zum Thema Online-Marketing und schreibt für eine Vielzahl von angesehenen Online-Magazinen. Sein kostenloser Marketing-Newsletter informiert regelmäßig mehr als 8 500 Entscheider aus Marketing und Vertrieb über neue Online-Strategien und -Taktiken (www.marke-x.de).

Seit November 2004 ist Langner wissenschaftlicher Mitarbeiter des Instituts für Marketing & Management der Universität Hannover. Zuvor war er langjährig als Projektleiter und Unternehmensberater bei E-Business-Projekten tätig.

Kontakt: sascha.langner@marke-x.de

Printed in Germany
by Amazon Distribution
GmbH, Leipzig